“十二五”普通高等教育本科国家级规划教材

综合日语

（修订版）

总 主 编　彭广陆　〔日〕守屋三千代
副总主编　何　琳　〔日〕近藤安月子　姬野伴子
审　　订　孙宗光　〔日〕阪田雪子

第三册

主　　编　王轶群　〔日〕今井寿枝
副 主 编　孙佳音　〔日〕野畑理佳
编　　者　何　琳　李奇楠　彭广陆　孙佳音
孙建军　王轶群　周　彤
〔日〕今井寿枝　岩田一成　小泽伊久美　押尾和美
驹泽千鹤　近藤安月子　阪田雪子　野畑理佳
姬野伴子　丸山千歌　守屋三千代

北京大学出版社
PEKING UNIVERSITY PRESS

图书在版编目(CIP)数据

综合日语第三册(修订版)/彭广陆,〔日〕守屋三千代总主编;王铁群,〔日〕今井寿枝主编.—北京:北京大学出版社,2010.8
(21世纪日语系列教材)
ISBN 978-7-301-17691-7

Ⅰ.①综… Ⅱ.①彭…②守…③王…④今… Ⅲ.①日语—高等学校—教材 Ⅳ.①H36

中国版本图书馆CIP数据核字(2010)第163819号

书　　名:综合日语第三册(修订版)
著作责任者:彭广陆　〔日〕守屋三千代　总主编　王铁群　〔日〕今井寿枝　主编
责 任 编 辑:兰　婷
标 准 书 号:ISBN 978-7-301-17691-7/H · 2623
出 版 发 行:北京大学出版社
地　　址:北京市海淀区成府路205号　100871
网　　址:http://www.pup.cn
电　　话:邮购部62752015　发行部62750672　编辑部62767347　出版部62754962
电 子 信 箱:lanting371@163.com
印　刷　者:北京鑫海金澳胶印有限公司
经　销　者:新华书店
787毫米×1092毫米　16开本　22.5印张　480千字
2005年1月第1版
2010年8月第2版　2023年2月第15次印刷(总第22次印刷)
定　　价:56.00元

《综合日语》中方编委会成员：

主任：彭广陆（东北大学秦皇岛分校教授）
顾问：孙宗光（原北京大学教授、原广岛女学院大学教授）

（以汉语拼音为序）
何　琳（首都师范大学副教授）
李奇楠（北京大学副教授）
孙佳音（北京语言大学讲师）
孙建军（北京大学副教授）
王轶群（中国人民大学副教授）
周　彤（北京科技大学讲师）

《综合日语》日方编委会成员：

主任：守屋三千代（创价大学教授）
顾问：阪田雪子（原东京外国语大学教授）

（以日语五十音为序）
今井寿枝（国际交流基金关西国际中心日语教育专门员）
岩田一成（广岛市立大学讲师）
小泽伊久美（国际基督教大学讲师）
押尾和美（国际交流基金日语国际中心专任讲师）
国松昭（东京外国语大学名誉教授）
驹泽千鹤（国际关系学院日语专家）
近藤安月子（东京大学教授）
野畑理佳（国际交流基金关西国际中心日语教育专门员）
姬野伴子（明治大学教授）
丸山千歌（横滨国立大学准教授）
结城圭绘（大泉学园中学教谕）

插图：〔日〕高村郁子

本教材编写得到日本国际交流基金会的资助，特此鸣谢

修订版前言

《综合日语》（第1—4册）是第一套中日两国从事日语教学与研究的专家学者全面合作编写的面向中国大学日语专业基础阶段的主干教材，较之以往的教材，无论在内容还是在形式上均有不少突破。第一版自2004年8月陆续问世以来，以其显著的特点受到国内日语界的广泛关注和好评，许多高等院校的日语专业先后选用本教材。《综合日语》也因此获得了“2006年北京高等教育精品教材”的称号。

2006年《综合日语》被指定为“普通高等教育‘十一五’国家级规划教材”以后，我们旋即开始了修订工作。首先，中日双方的编委会都进行了适当的调整，新的编写队伍更加年轻化。在修订的过程中，广泛听取教材使用者的反馈意见，反复进行研究，最后确定的本次修订方针是：保持特色，弥补不足，使《综合日语》更加完善，更加实用。

修订版的《综合日语》保持了原教材的以下几个特色：

（1）关注语言的功能和意义；（2）关注语言使用的真实性；（3）关注文化因素；（4）关注故事情节；（5）关注人物的个性；（6）关注中国人的学习特点；（7）重视学习过程；（8）重视日语学科的专业性。

为了给《综合日语》的使用者提供最大限度的使用空间，使学习素材层次清晰，修订版基本保持了第一版的整体结构。第1、2册的会话和课文基本保持不变，重点对解说部分进行了修改，力求在准确的基础上更加简明易懂；练习部分也有很大程度的改善，基础练习与语法条目对应，会话练习的语境更加清晰，使其更具实用性。另外，根据学习的需要丰富了拓展练习，增加了一些供开展课堂活动使用的素材。修订后的练习更加充实、多样化，且更加具有针对性和可操作性。第3、4册的会话和课文有一定的改动，篇幅上也有一定的删减。同时进一步完善了练习和解说。

应广大师生的要求，我们将进一步充实配套的练习册和教师用书的内容，为学生提供更加有针对性的练习，为教师提供更多的教学上的具体建议，使《综合日语》更加便于使用。

总之，修订版的《综合日语》更加实用，特色更加突出。衷心地感谢广大读者对《综合日语》的厚爱，同时也希望《综合日语》能够拥有更多的读者。

《综合日语》修订版编辑委员会

2010年8月10日

修订版前言

[illegible]

本册的使用方法

1. 本册的目标

本册是为完成《综合日语》第1、2册基础阶段学习的学生提供的中级教材，帮助学生获得中级水平的日语综合应用能力，并为今后学习高级日语奠定基础。

本册每课分为两个单元，分别根据口语大纲和书面语大纲编写而成。日语无论是口语还是书面语，都会根据不同的对象、功能、表达意图等选择不同的语体、语法形式和词汇，这是日语的表达特征。只有正确掌握了这些表达形式的自由切换，才能够保证交流顺利进行，并使文章和口头表达功能得到充分的发挥。我们不能只简单地理解表面的形式，而应该学习语言规则，学习在怎样的场景如何使用，否则将无法准确地传达信息，更无法理解母语与日语之间的差异。本册每一课分别设定了口语（ユニット１）和书面语（ユニット２）的学习目标，希望大家通过学习各课内容，达成这些目标，提高日语的表达和应用能力。

2. 关于第1单元——会话

《综合日语》第1、2册的故事情节将在第3册的第一单元继续展开，并在第4册告一段落。也许你还记得第1、2册讲述的是发生在北京的故事，而从第3册起主人公王宇翔来到日本留学，也将把我们带到位于东京的“东西大学”。王宇翔将在日本接触不同文化，经历各种有趣的体验和失败。具体出场人物请参照卷头的「登場人物一覧」。

会话课文能够帮助你自然地理解各单元的学习重点。请多听由专业的配音演员精心录制的CD，细心留意语音语调、强调的方法、停顿的节奏等，感受这些表达方式所包含的信息。同时，希望大家在老师的帮助下，体会每个语篇中的“会话重点”。

2. 1 关于练习A、B、C

A. 内容理解

这是确认大家是否理解了会话的内容、结构、“噱头”的练习，此外还从不同的角度提出问题帮助大家加深对课文的理解。

B. 语法练习

这是帮助大家熟练掌握语法知识的练习。根据句型的特点分别设计了选择答案、完成句子、排列顺序等题型，希望大家通过这部分练习能够正确理解并使用这些句型。语法练习主要选择了相当于中国大学日语专业4级以及日本的日语水平测试（日本語能力試験）3级、2级的主要学习项目。

C. 会话练习

这是结合各课的学习目标及「解説・会話」中的要点设计的练习，以帮助大家提高日语会话能力。

①会话的重点和会话样例

在开始练习之前，首先提示了会话重点，并提供会话的样例。例句选自会话课文，大家可以先根据课文的语境体会相关会话重点的意思、使用场景、使用条件等。我们为每个会话重点设计了会话样例，请朗读这些样例，然后回答「ここをおさえよう！」中的问题，以达到正确理解会话重点的目的。至此，会话练习的准备工作就完成了。

② 练习的结构

这部分练习由以下内容构成：

(1) 言ってみよう！

(2) 正しいのはどっち（どれ）？

(3) 発展練習

每个会话重点都配有2～3项练习题。

(1) 言ってみよう！：

为了让大家能够流利地使用会话重点项目进行交际，首先请大家根据不同场景进行简单的会话练习，这部分练习中有时会重现一些初级的内容，亦便于巩固和复习。

(2) 正しいのはどっち（どれ）？：

这项练习选取大家在会话时容易出错的难点，设计成选择题的形式，目的是避免类似表达方式的混淆。请大家参照会话情景及人物关系，选择相应的表达方式后进行会话练习。

(3) 発展練習：

这部分练习是模仿真实的会话情景而设计的，请大家根据会话情景和角色会话卡片的提示完成会话练习。这个练习没有统一的正确答案，有足够的自由发挥的空间，请大家积极地去挑战！

3. 关于第二单元——阅读

阅读课文的选择主要从以下几个方面着手：

（1）选择大学生关注、感兴趣的话题，以及能够帮助大家扩大知识面、开阔视野的素材。

（2）有意识地选择传达目的和传达对象不同的文章。

（3）选择能够体现书面语特征的句型和表达方式。

（4）兼顾与会话课文的关联性。

因此，希望大家在学习阅读课文时，仔细体会文章面对不同的对象、为实现不同的目的所采用的表达方式和文体。此外，希望大家能够充分利用在学习过程中查找的资料以及自己的感受，以口头或文章的形式积极地输出信息、表达思想。

3. 1 关于练习A、B、C

A．内容理解

帮助大家确认对阅读课文内容的理解情况，包括简答问题、判断正误等形式。根据每篇文章的特点，设计了把握文章大意、概括段落大意、根据文章内容完成图表、理解指示词等问题。

B．文法練習

与第一单元语法练习相同。

C．発展練習

这部分拓展练习主要分为两类，一类重点是体会、学习、练习文章的结构特点。我们从课文中选择能够体现文章结构特点、具有典型性的表达方式组合，请大家模仿课文写短文，希望大家在掌握了一定的格式的基础上，能够进一步拓展写出有个性的文章。还有一类练习需要结合阅读课文的内容在班里进行讨论，通过合作学习，拓展思路，加深对相关知识、内容的理解，提高传递信息、表达思想的能力。许多活动可以延伸至课堂外，给大家留出了自主学习的空间。

4. 关于附录的阅读文章

各学校的课时安排不同，进度也会有所不同。在课时容许的情况下，教师可以根据具体情况，给学生补充一定的阅读素材。附录内的阅读文章就是为此而准备的。

我们在附录中给大家提供了5篇阅读文章，这些文章既可以当作课堂上的补充学习材料，也可以作为学生自学的素材。『文京区千石と猫のピーター』的阅读重点是作家独特的写作风格和文章中无处不在的幽默。『風を巻き起こす宮崎アニメ』介绍了宫崎骏多部动画片中与“风”有关的要素，读了这篇文章，大家可以回忆起以前看过的宫崎骏的动画片并了解宫崎骏的创作手法。『記憶は寝ながら整理される』展现的或许是一个大家比较陌生的领域。『言葉についての敏感さ』选自大野晋先生的畅销书『日本語練習帳』，能够帮助我们加深对语言的思考。『さつまいも』是一篇怀旧的文章，许多具体情节的描写非常细腻、独特。

希望这本教材能够帮助你顺利完成中级日语的学习。

《综合日语》修订版编辑委员会

2010年8月10日

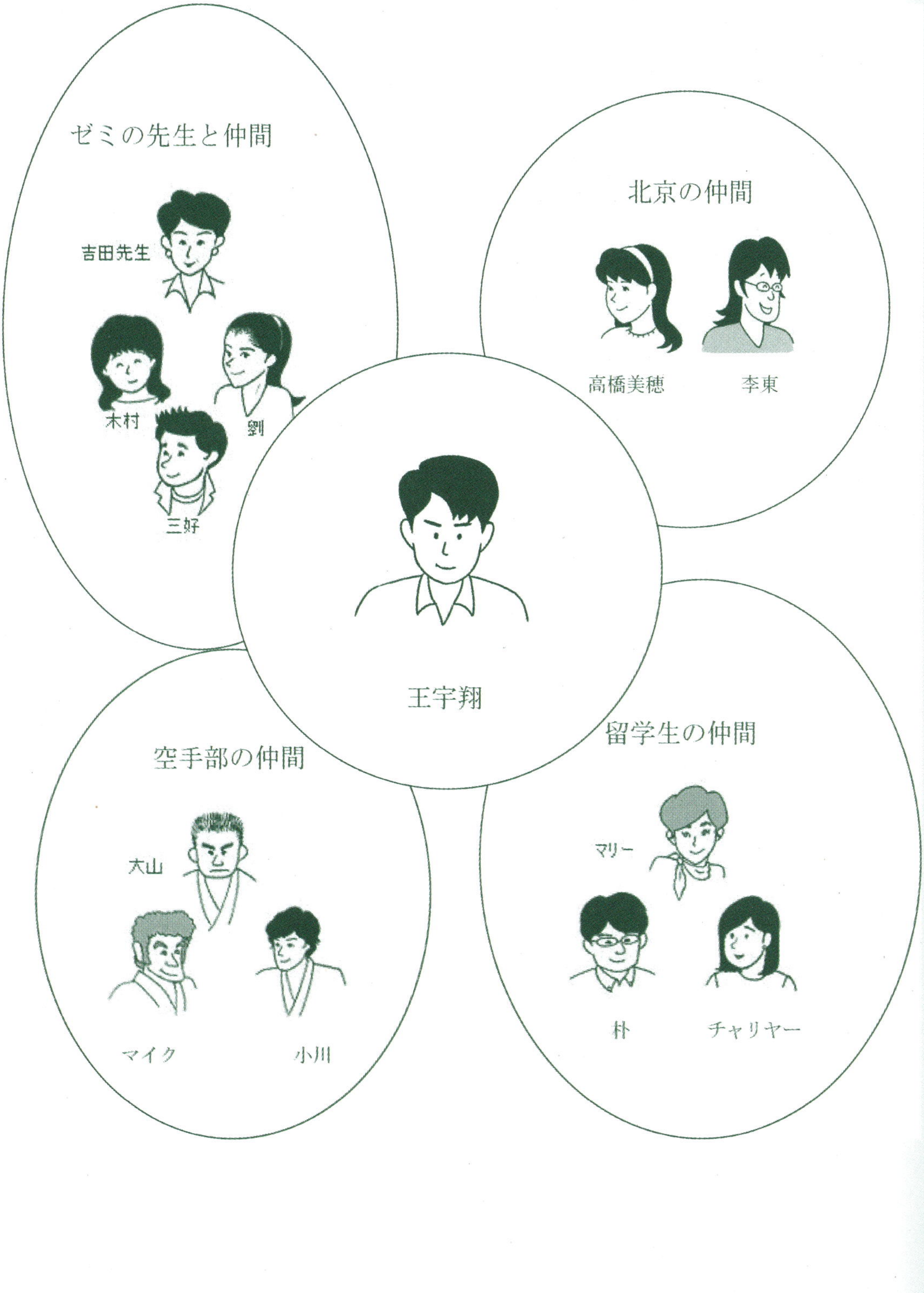

ゼミの先生と仲間
吉田先生
木村
劉
三好
北京の仲間
高橋美穂
李東
王宇翔
空手部の仲間
大山
マイク
小川
留学生の仲間
マリー
朴
チャリヤー

登場人物一覧

王　宇翔　京華大学３年生・東西大学に交換留学中
　　　　　国際関係学部　吉田ゼミ所属　空手部所属

東西大学の人々

［吉田ゼミ］　（異文化コミュニケーション）

吉田　英子《えいこ》　　国際関係学部教授
三好　　学　　４年生　（テニス部副部長）
劉　　芳　　４年生
木村　あゆみ　　４年生

［空手部］

マイク・スミス　３年生　アメリカ出身（国際関係学部　空手部副部長）
小川　春彦《はるひこ》　４年生　（空手部部長）
大山　　強　１年生　（文学部心理学科）

［留学生］

マリー・ギャバン　３年生　フランス出身
チャリヤー・アンパーポン　３年生　タイ出身
朴・ユンジョウ　３年生　韓国出身

北京の人々

高橋　美穂　　京華大学１年生
李　　東　　京華大学４年生

缩略语、符号一览表

N —— 名詞（名词）

　固名 —— 固有名詞（专有名词）

A —— 形容詞（形容词）

　A_{I} —— I類形容詞（I类形容词）

　A_{II} —— II類形容詞（II类形容词）

V —— 動詞（动词）

　V_{I} —— I類動詞（I类动词）

　V_{II} —— II類動詞（II类动词）

　V_{III} —— III類動詞（III类动词）

　Vる —— 動詞辞書形（动词词典形）

　自 —— 自動詞（自动词、不及物动词）

　他 —— 他動詞（他动词、及物动词）

副 —— 副詞（副词）

連体 —— 連体詞（连体词）

感 —— 感動詞（叹词）

接 —— 接続詞（连词）

判 —— 判断詞（判断词）

助 —— 助詞（助词）

　格助 —— 格助詞（格助词）

　取立て助 —— 取立て助詞（凸显助词）

　終助 —— 終助詞（语气助词）

　接助 —— 接続助詞（接续助词）

　並助 —— 並列助詞（并列助词）

　引助 —— 引用助詞（引用助词）

　準助 —— 準体助詞（准体助词）

S —— 文（句子）

　⓪①②③ —— 声调符号（有两个声调者，常用者在前）

〖 〗—— 本书的会话、课文中未采用，但实际上使用的书写形式。

▼ 非常用汉字

▽ 非常用汉字音训

目次

第 1 課　新生活のスタート

学習目標

ユニット１　会話

(1) 場面や聞き手との関係に応じて丁寧な文体に切り替えて話すことができる。

(2) 聞き手と情報や認識を共有していることを表現し合って、親しさを伝えることができる。

ユニット２　読解

(1) 文章の要旨をとらえることができる。

(2) 言葉の意味や事物の特徴についてわかりやすく説明することができる。

- ゼミとはどんな授業だと思いますか。
- １年生の時と、時間割はどう変わりましたか。

	月	火	水	木	金
1		日本語Ⅱ A		異文化間心理学	日本語作文
2	国際関係概論		日本語Ⅱ B		国際文化政策
3	日本語ＬＬ	言語と文化	異文化理解入門	ゼミ	日本文化特論
4	国際文化政策研究	中国文化特論	日中交流史	国際理解教育論	

（王さんの時間割）

ユニット１　会話

王さん、ゼミに入る

（大学の演習室で）

劉　：きょうの発表、三好さんだったっけ？　遅いね。

木村：そうね。三好さんのことだから、また寝坊したんじゃない？…あ、来た、来た。

三好：おはようございまーす。あー、よかった。間に合った。

劉　：三好さん、遅い、遅い。

三好：でも、先生、まだ来てないでしょう。

木村：さっき一度見えたのよ。ちょっと事務室にいらっしゃったけど…。レジュメは？

三好：うん。ゆうべ遅くまでかかって、やっと…。

劉　：ちゃんとコピーしてきた？

（ノックの音）

三好：はーい。どうぞ。

王　：あの、失礼します。吉田先生のゼミはこちらでしょうか。

三好：はい、そうですけど…。

王　：わたくし、京華大学からの交換留学生で、王宇翔と申します。

木村：ああ、今学期からいらっしゃった留学生の方ですね。先生から伺ってます。さ、どうぞ。

劉　：王さん、お待ちしてました。劉芳です。どうぞよろしく。

王　：こちらこそ、よろしくお願いします。

三好：じゃあ、きょうのゼミは王さんの歓迎会だ！

（先生が入ってくる）

先生：おはようございます。三好さん、発表だからはりきってますね。

三好：ええ、まあ…。

先生：王さん、きょうからですね。

王　：はい。よろしくお願いします。

先生：じゃあ、三好さんの発表の前に、お互いに自己紹介をしましょうか。じゃ、こちらから順番に…。

木村：はい、木村あゆみです。年少者を対象とした日本語教育に関心があります。中国が大好きなので、将来はぜひ中国でも日本語を教えてみたいです。どうぞよろしくお願いします。

第１課

王　：こちらこそ、よろしくお願いします。
三好：三好学です。
劉　：（王に）“三好学（sānhǎoxué）”。
王　：えっ、いいお名前ですね。
三好：といっても、スポーツしかできない“一好（yī hǎo）”で…。
王　：どんなスポーツですか。
三好：テニス部で副部長をやってます。王さんがいらっしゃったのをきっかけに、もう一度中国語を勉強しようと思います。
劉　：劉芳です。出身はアモイです。卒論のテーマは異文化コミュニケーションです。えー、私はおっちょこちょいなので、日本に来てもう４年になるわりには、失敗ばかりしています。でも、困ったことがあったら、いつでも相談にのりますので、何でも聞いてください。
先生：はい、では最後に王さん。
王　：はい、その前にちょっと伺いたいんですが、「おっちょちょちょ…」って何ですか。

新出単語

演習室（えんしゅうしつ）③	〈名〉	研究讨论室；教室
三好学（みよし-まなぶ）⓪-⓪	〈固名〉	（人名）三好学
っけ	〈終助〉	（表示确认或询问）是～吧；～来着
遅い（おそい）②⓪	〈形Ⅰ〉	晚的；慢的；迟缓的
寝坊（ねぼう）⓪	〈名・自Ⅲ・形Ⅱ〉	睡懒觉；贪睡晚起（的人）
見える（みえる）②	〈自Ⅱ〉	（「来る」的敬语）来
レジュメ（法语résumé）⓪	〈名〉	提纲
コピー（copy）①	〈名・他Ⅲ〉	复印；复制；复制品
あの ⓪	〈感〉	请问；啊
吉田（よしだ）⓪	〈固名〉	（姓）吉田
今学期（こんがっき）③	〈名〉	本学期；这学期
劉芳（りゅうほう）①	〈固名〉	（人名）刘芳
歓迎会（かんげいかい）③⓪	〈名〉	欢迎会
はりきる（張り切る）③	〈自Ⅰ〉	兴奋；干劲十足；紧张
お互いに（おたがいに）⓪	〈副〉	互相；相互
自己紹介（じこしょうかい）③	〈名・自Ⅲ〉	自我介绍
木村あゆみ（きむら-あゆみ）⓪-⓪	〈固名〉	（人名）木村亚由美
年少者（ねんしょうしゃ）③	〈名〉	少年；年纪轻者(未成年人)
日本語教育（にほんごきょういく）⑤	〈名〉	日语教学；日语教育
～といっても		虽说～，不过～；虽说～，但是～
テニス部（tennisぶ）③	〈名〉	网球俱乐部；网球队
副部長（ふくぶちょう）③	〈名〉	副部长
一度（いちど）③	〈副〉	一次
アモイ（葡萄牙语Amoy）①	〈固名〉	（地名） 厦门
卒論（そつろん）⓪	〈名〉	毕业论文
異文化（いぶんか）②	〈名〉	异国文化；跨文化
おっちょこちょい ⑤	〈名・形Ⅱ〉	不稳重；轻浮；马虎

解説・語彙

相談にのる

「相談にのる」是一个惯用语，意思是“给人出主意；帮人斟酌”。

(1) でも、困ったことがあったら、いつでも**相談にのります**ので、何でも聞いてください。

(2) 「先生、ちょっと**相談にのっていただきたい**のですが…。」

(3) 今まで**相談にのってくださった**皆様、アドバイスをくださった皆様、本当にありがとうございました。

解説・文法

1.（だった）っけ＜确认＞＜询问＞

表示疑问的语气助词「っけ」接在判断词「だ」或其过去时「だった」以及名词、形容词的过去时或「んだ（った）」后时，用于对记忆不清的事情进行确认、询问，是口语中较随便的说法。

「だっけ」和「だったっけ」表达的含义基本相同，二者的细微差别在于：「だっけ」偏重于对眼前事实的确认和询问，「だったっけ」则更倾向于搜索记忆、回想当时的情况后进行确认和询问。句子读升调时一般为疑问的语气，有时也表示说话人的自言自语；降调时多为确认，有时也表达疑问。例如：

(1) きょうの発表、三好さんだった**っけ**？

(2) あの人、メリーさんだった**っけ**、それともジュリーさんだった**っけ**？

(3) この前の日曜日、寒かった**っけ**？

(4) きょうは何日だった**っけ**？

(5) 島田さん、きょうは必ず来るって言ってませんでした**っけ**？

2. Nのことだから＜对人物的判断＞

「のことだから」接在指人（有时为组织、场所）的名词后面构成表原因的从句，表示根据说话人了解的该人的性格或行为特征，可以推断出主句所示的相关事件。主句的句尾多表示说话人的判断。相当于汉语的“因为是～样的人（事物），所以～”。例如：

(1) 三好さん**のことだから**、また寝坊したんじゃない？

(2) 積極的な加藤さん**のことだから**、やれるかもしれない。

(3) 頑張《がんば》り屋《や》の彼**のことだから**、きっと合格すると思いますよ。

(4) 田舎**のことだから**、二人の噂《うわさ》はすぐ広まるだろう。

ユニット1 会話

3. ～んじゃない<肯定性的判断>

「～んじゃない」这个句式是说话人以否定问句的形式向听话人传达自己肯定的判断，并向听话人进行确认，句尾要读升调。相当于汉语的“～吧”。例如：

(1) 三好さんのことだから、また寝坊した**んじゃない**？
(2) ほかにも行きたい人がいる**んじゃない**？
(3) 教室より図書館のほうが静かな**んじゃない**？
(4) 彼、体の調子でも悪い**んじゃない**？

4. N_1をN_2とする<确定>

这个句式表示将N_1看作或确定为N_2，相当于汉语的“以～为～；把～当作～”。例如：

(1) 年少者**を**対象**とした**日本語教育に関心があります。
(2) 日本語能力試験N１合格を目標**としている**。
(3) 委員長の任期《にんき》**を**４年**とする**。
(4) 自分のやりたいこと**を**仕事**とする**のがいちばんよいのだが、なかなかそう簡単にはいかない。

5. VたN<连体修饰>

表示状态的「Vている」形式在做连体修饰语修饰名词时，经常变为「Vた」之后再接名词。尤其是日语中有一类动词，其做谓语时只以「Vている」的形式出现，如「似る」「優《すぐ》れる」「そびえる」等，这类动词在做连体修饰语时一般要变为「Vた」的形式。例如：

(1) 年少者を対象**とした**日本語教育に関心があります。
(2) クラスにめがねを**かけた**人が多い。
(3) **晴れた**日が続いていて夏らしくなってきました。
(4) 退職したら田舎で**のんびりした**生活を送りたい。
(5) 妹はどちらかと言うと父に**似た**性格だと思う。

6. といっても<补充说明>

「といっても」接在名词或动词、形容词简体形式的后面，构成转折从句，主句用来对从句所指的事物进行修正、补充、限定性的说明，表示实际上该事物并没有达到所想像的那种程度。「といっても」也可以与前面的部分断开独立使用。相当于汉语的“虽说～，不过～；虽说～，但是～”。例如：

(1) 劉　：“三好学”。
王　：えっ、いいお名前ですね。

三好：**といっても**、スポーツしかできない“一好”で。

(2) すぐ行く**といっても**10分はかかる。

(3) 調査をする**といっても**そんなに簡単ではない。

(4) 安い**といっても**学生にとってはかなりの負担《ふたん》だろう。

(5) 合格した**といっても**まだ1次試験を通過《つうか》しただけです。

7. ～わりには <不一致>

「わりには」接在动词、形容词的连体形或“名词＋の”的后面，构成表示转折关系的从句，即以从句所示的状态或程度为标准进行推测的话，主句所示的实际情况未达到预测的程度。相当于汉语的“但～；却～”。例如：

(1) 私はおっちょこちょいなので、日本に来てもう4年になる**わりには**、失敗ばかりしています。

(2) テレビも見ないで勉強した**わりには**、成績が上がらなかった。

(3) 人生経験が豊かな**わりには**、人を見る目がない[見る目がない：没有眼光]。

(4) このマンションは駅に近い**わりには**安い。

(5) 新幹線で行けるので、距離《きょり》の**わりには**、往復《おうふく》が楽である。

解説・会話

1. 语体——简体与敬体

日语中有两个基本的语体，即简体（也称“する・だ体”）和敬体（也称“ます・です体”）。简体一般用于关系对等或好朋友之间。例如：

(1) あー、**よかった。間に合った。**

(2) 三好さん、**遅い、遅い。**

(3) ちゃんと**コピーしてきた**？

当关系不那么亲近（陌生或疏远）时，则使用敬体。例如：

(4) 王　：あの、失礼します。吉田先生のゼミはこちら**でしょうか**。

三好：はい、そう**です**けど。

(5) A：あの、駅はどちら**ですか**。

B：この道をまっすぐ行くと駅に**出ます**。

但是，当初次见面的人在场，需要进行自我介绍时，由于是比较正式的场合，关系亲近的人之间也要改用敬体。例如：

(6) 木村あゆみです。年少者を対象とした日本語教育に関心が**あります**。

(7) はい、その前にちょっと伺いたいんですが、「おっちょちょちょ…」って**何ですか**。

不过，即使有初次见面的人在场，如果不是正式场合，并且不是对初次见面的人讲话，而是抒发说话人自己的感情，此时可以使用简体。例如：

(8) じゃあ、きょうのゼミは王さんの歓迎会**だ**！

另外，虽然对身分、年龄低于自己的人不必使用敬体，但实际上学校的教师、尤其是女教师，在跟学生讲话时，经常使用敬体。例如：

(9) 三好さん、発表だから**はりきってます**ね。
(10) 王さん、きょうから**です**ね。

2. 语体的转换

日语口语中的语体会根据听话人、情景及话题的不同而变换，我们把这种现象称之为"语体的转换"。根据上述条件的不同，简体会向敬体转换（上升转换），反之，敬体也会向简体转换（下降转换）。日语没有所谓一成不变的语体，即使会话成员不变，采用哪种语体讲话，也会因具体场合等发生改变。

3. 敬语的使用

敬语是用来向听话人或话题中的人物表示敬意的表达方式。例如：

(1) 吉田先生は異文化コミュニケーションを**研究していらっしゃいます**。

如果双方关系比较陌生，即使对方是跟自己年龄相仿的同学，一般也使用敬语。例如：

(2) ああ、今学期から**いらっしゃった**留学生の方ですね。（尊他语）
(3) 王さん、**お待ちしておりました**。（自谦语）

另一方面，虽然是表示身份或年龄高于自己的人的动作行为，如果对方不在场，则未必一定要使用敬语。例如：

(4) でも、先生、まだ**来てない**でしょう。

当然像（4）的这种情况，说话人大多还是采用敬语的形式。如例（5）：

(5) さっき一度**見えた**のよ。ちょっと、事務室に**いらっしゃった**けど。

跟身份、年龄低于自己的人或关系比较亲近的人讲话时，可以不使用敬语。例如：

(6) ちゃんと**コピーしてきた**？

4. 表示观点相同的「ね」

当说话人认为对方与自己观点相同时，就会使用语气助词「ね」。由此表达双方基于同感的某种亲密、友好的关系。例如：

(1) 劉　：きょうの発表、三好さんだったっけ？　遅い**ね**。

木村：そうね。

(2) A：きょうは暑いね。

B：うん。早く涼しくなるといいね。

(3) A：これ、おいしいね。

B：そうね。もっと食べたいね。

当然，如果没有同感，则不在此列。例如：

(4) A：きょうは暑いね。

B：そうかなあ。

(5) A：きょうの試験、難しかったね。

B：そう？ このあいだよりもやさしかったけど…。

5. 评价对方或对方的物品时使用的语气助词「ね」

当评价对方的出色行为以及对方的物品、品位等时，句尾要加语气助词「ね」。此时，被评价者不可以用「ね」表示同意或有同感。例如：

(1) 先生：三好さん、発表だからはりきってますね。

三好：ええ、まあ…。

(2) 王　：えっ、いいお名前ですね。

三好：といっても、スポーツしかできない“一好”で…。

另外，当谈话内容与听话人有关，希望引起对方的关注，给予认可时，需要慎重对待「ね」的使用。如果直接触及对方的隐私，就不宜使用「ね」，否则将成为不礼貌的用法。下面例（3）中的「ね」就是一个错误的用法，这种情况下对老师是不能使用「ね」的。

(3) ×日本語が上手になったのは先生のおかげですね。

練習用単語

社交的（しゃこうてき）⓪	〈形Ⅱ〉	喜欢交际的；善于社交的
マンション（mansion）①	〈名〉	（高级）公寓
グッズ（goods）①	〈名〉	概念商品
癒し（いやし）⓪	〈名〉	治疗；恢复；缓解（紧张的心理状态）
注目（ちゅうもく）⓪	〈名・自Ⅲ〉	注目；注视；关注
職業（しょくぎょう）②	〈名〉	职业
資格（しかく）⓪	〈名〉	资格；身份
安定（あんてい）⓪	〈名・自Ⅲ〉	稳定；安定

母国語（ぼこくご）⓪	〈名〉	母语
ポイント（point）⓪	〈名〉	点数；得分；要点
聞き手（ききて）⓪	〈名〉	听话人；听者
応じる（おうじる）⓪③	〈自Ⅱ〉	根据；按照；接受；相应
アップシフト（up shift）④	〈名・他Ⅲ〉	上升转换
モデル（model）①⓪	〈名〉	示范；模范；模型；模特
大山（おおやま）⓪	〈固名〉	（人名）大山
部員（ぶいん）⓪	〈名〉	（学生团体、俱乐部的）成员；部员
部室（ぶしつ）⓪	〈名〉	（学生团体、俱乐部的）活动室
入部（にゅうぶ）⓪	〈名・自Ⅲ〉	加入(学生团体、俱乐部)；成为～一员
おさえる（押さえる）③	〈他Ⅱ〉	压；按；捂；按住；抓住
初対面（しょたいめん）②	〈名〉	初次见面
右側（みぎがわ）⓪	〈名〉	右边；右侧
唐辛子（とうがらし）③	〈名〉	辣椒
部分（ぶぶん）①	〈名〉	部分
イントネーション（intonation）④	〈名〉	声调；语调
涼しい（すずしい）③	〈形Ⅰ〉	凉快；凉爽
エアコン（「エアコンディショナー」air conditionerの略語）⓪	〈名〉	空调
轟（とどろき）⓪	〈固名〉	（人名）轰
顧問（こもん）①	〈名〉	顾问
活躍（かつやく）⓪	〈名・自Ⅲ〉	活跃；大显身手
期待（きたい）⓪	〈名・自他Ⅲ〉	期待；希望
デジカメ（「デジタルカメラ」digital cameraの略語）⓪	〈名〉	数码相机
持ち物（もちもの）③②	〈名〉	携带物品；随身带的东西
特技（とくぎ）①	〈名〉	特技；拿手的技术
ヘディング（heading）⓪	〈名〉	（足球）顶球；头球
おしゃれ〖お洒落〗②	〈形Ⅱ〉	爱打扮；时髦；臭美
味付け（あじつけ）⓪	〈名・自Ⅲ〉	调味；加佐料
盛り付け（もりつけ）⓪	〈名〉	把食物放在盘中；装盘
リズム（rhythm）①	〈名〉	韵律；节奏；格律
抜群（ばつぐん）⓪	〈名・形Ⅱ〉	超群；出众；出类拔萃

練　習

A．内容確認

会話文について、次の質問に答えてください。

(1) 王さんが入ったゼミにはどんな学生がいますか。次の表を完成させてください。

名　前	出身／研究テーマ／将来の希望	クラブ／性格
	・年少者を対象とした日本語教育	—
三好　学		
	・アモイ出身	

(2) 三好さんが遅刻をしたのは、この日が初めてですか。

(3) 三好さんが教室に入ってきたとき、先生はどこにいましたか。

(4) 三好さんはレジュメを用意してきましたか。

(5) 木村さんと劉さんは、王さんが自分たちのゼミに来ることを知っていましたか。

(6) なぜ先生には三好さんがはりきっているように見えたのですか。

(7) 木村さんはどこで日本語を教えたいと思っていますか。

(8) 「三好学」の中国語の意味を日本語で説明してください。

(9) 三好さんはどんなスポーツをしていますか。

(10) 王さんが意味を知りたいと思った言葉は何ですか。

B．文型練習

1．次の①②はaまたはbの正しいほうを選んでください。③は文を完成させてください。

(1) Nのことだから

①社交的な趙さんのことだから、____________________。

a．日本でもすぐ友達ができただろう

b．日本でもたくさん友達ができたそうだ

②おっちょこちょいの彼女のことだから、____________________。

a．言われたことはきちんとやってくれるだろう

b．きょうも教室の場所を間違えないかと心配だ

③いつも遅刻してくる彼のことだから、____________________。

(2) といっても

①赤ワインが体にいいといっても、＿＿＿＿＿＿＿＿＿＿＿＿＿＿＿＿。

a．飲めば飲むほどいい　　　b．飲みすぎるのはよくない

②＿＿＿＿＿＿＿＿＿＿＿＿＿＿＿＿といっても、天安門ぐらいは知っている。

a．北京に行ったことがない　　　b．北京で生活したことがある

③英語が話せるといっても、＿＿＿＿＿＿＿＿＿＿＿＿＿＿＿＿。

(3) ～わりには

①あの店は味がいいわりには、＿＿＿＿＿＿＿＿＿＿＿＿＿＿＿＿。

a．値段が安い　　　b．値段が高い

②あの人は新入社員のわりには、＿＿＿＿＿＿＿＿＿＿＿＿＿＿＿＿。

a．仕事が速い　　　b．まだ仕事ができない

③このマンションは交通が不便なわりには、＿＿＿＿＿＿＿＿＿＿＿＿。

2．①②は（　　）の中の言葉を正しい順番に並べてください。③は文を完成させてください。

(1) N_1をN_2とする

①（を・とした・テーマ・グッズ）

癒し＿＿＿＿＿＿＿＿＿＿＿＿＿＿＿＿が注目されている。

②（職業・資格・を・とする・必要）

＿＿＿＿＿＿＿＿＿＿＿＿＿＿＿＿のほうが安定している。

③中国語を母国語とする日本語学習者にとって＿＿＿＿＿＿＿＿＿＿。

C．会話練習

1．ポイント：聞き手、状況に応じたアップシフト

「あの、失礼します。吉田先生のゼミはこちらでしょうか。」

モデル会話

（小川（空手部部長）とマイク（空手部副部長）が部室で話している。そこへ大山（新入生）が来る。）

小川　：きょうは新入生が来る日だね。
マイク：うん、どんな人が来るかな。
（ノックの音）
マイク：はーい、どうぞ。
大山　：あのう、すみませんが、空手部の部室はこちらでしょうか。
マイク：はい、そうですが…。
大山　：あの、入部を希望している１年の大山と申しますが。
小川　：ああ、お待ちしてました。部長の小川です。どうぞよろしく。

ここをおさえよう！

(1) 会話の中のどの部分でアップシフトをしましたか。
(2) どうしてアップシフトをしたのでしょうか。

✤言ってみよう！

次の文を初対面の人同士が話す言葉に変えて言ってください。

(1) A：ここ、テニス部の部室？
　　B：うん、そうだよ。
(2) A：トイレはどこ？
　　B：廊下をまっすぐ行って右側。
(3) A：今、何学部で勉強してるの？
　　B：文学部。
(4) A：ちょっと聞いてもいい？　日本語はどこで勉強したの？
　　B：京華大学。
　　A：ああ、だからそんなに上手なんだね。

✤正しいのはどっち？

次の文を初対面の人同士が話す言葉に変えて言ってください。
状況：Aは留学生交流会の会長、Bは副会長で、親しい友人同士です。
　　留学生交流会に京華大学の交換留学生の新入会員、Cさんが来て挨拶をします。

A：きょうは京華大学からの交換留学生が（来るんでしたね／来るんだったね）。
B：（そうだね／そうですね）。京華大学って、行ったこと（ある／あります）？
A：（うん／はい）、北京の西のほうの、伝統のある大きな（大学だよ／大学ですよ）。
B：へえ。それは（知らなかった／知りませんでした）。
（ノックの音）
C：失礼します。あの、（ここ／こちら）は留学生交流会の（部屋？／部屋ですか）。
A：（うん／はい）、（そう／そうです）。
B：あ、（京華大学の留学生だね／京華大学の留学生の方ですね）。
C：（うん／はい）、（王宇翔／王宇翔です）。
　　（よろしく／よろしくお願いします）
A：会長の（佐藤／佐藤です）。どうぞよろしく。

✤発展練習：会話しよう！

本文の会話文では王さんは自己紹介をしていません。王さんの立場になって自己紹介してみましょう。

2. 会話のポイント：話し手と聞き手の共通認識を表す「ね」

「きょうの発表、三好さんだったっけ？　遅いね。」

モデル会話

（吉田先生、木村さん、王さんがレストランを探しながら街を歩いている）

吉田：きょうは暑いですね。
木村：そうですね。
王　：本当に暑いですね。どこもみんな、混んでますね。
吉田：そうですね。
木村：なかなか席が見つかりませんね。
（レストランで）
木村：このスープ、おいしいですけど、ちょっと辛いですね。
吉田：そうですね。唐辛子がかなりきいてますね。
王　：そうですか。私には、あまり辛くないですけど…。

ここをおさえよう！

(1) 吉田先生は「きょうは暑いですね」と言いましたが、なぜ「ね」を使ったのでしょうか。
(2) 王さんは「混んでますね」と言いました。吉田先生、木村さんもそう思っていますか。
(3) レストランで、木村さんは「ちょっと辛いですね」と言いました。吉田先生、王さんもそう思っていますか。それは、どの部分でわかりますか。

✤言ってみよう！

次の文末に「ね」をつけて、イントネーションに注意して言ってください。

(1) A：いいお天気です。
　　B：そうです。
(2) A：あーあ、来週も試験があるんだ。
　　B：そうだ。まだまだ遊べない。

(3) A：中華料理はおいしい。
B：うん、やっぱりおいしい。
(4) A：（体育の授業のあとで）運動すると、気持ちがいい。
B：ほんとだ。
(5) A：この本、おもしろかった。
B：そうだ。何度でも読みたくなる。

✤正しいのはどれ？

次の会話の（　　）から適当なものを選び、会話を練習しましょう。

（三好さんと木村さんが教室で話している。そこへ吉田先生が来る。）

三好：きょうは暑いなあ。
木村：（そうだ／そうだね／そうか）。きのうはあんなに涼しかったのに…。
三好：きょうは32度だって。
木村：あ、先生、おはようございます。きょうは（暑いです／暑いですね／暑いですか）。
吉田：え、（そうです。／そうですね。／そうですか？）　私は大丈夫です。うちではいつもエアコンを使わないんです。
三好：へえ、（そうです／そうですね／そうですか）。
吉田：あら、この部屋はちょっと（寒いです／寒いですね／寒いですか）。エアコンを切りましょう。
三好：えっ、ちょ、ちょっと待って…。

3．会話のポイント：聞き手へのコメント「ね」

「三好さん、発表だからはりきってますね。」

モデル会話

（轟（空手部顧問）とマイク（部員、３年生）、大山（部員、１年生）が話している）

轟　　：大山君、優勝おめでとう。よく頑張ったね。
大山　：ありがとうございます。
マイク：ほんと、すごいね。まだ１年生なのに。
大山　：先生や先輩方のおかげです。
轟　　：これからも活躍、期待してるね。
大山　：はい、これからも頑張ります。

ここをおさえよう！

(1) 轟先生とマイクさんは、大山さんをほめるとき、どんな言葉を使っていますか。

(2) 大山さんは「先生や先輩方のおかげです」と言いましたが、ここで「先生や先輩方のおかげですね」と言うことはできません。これはなぜだと思いますか。

✤言ってみよう！

次の文の「ね」のイントネーションに気をつけて、会話をしてください。
ほめられたときの答え方も練習してみましょう。

(1) A：そのデジカメ、かっこいいですね。
B：え、ほんと？　これ、安かったんだ。

(2) A：いつもきちんと予習してくるね。
B：ううん、そんなことないよ。

(3) A：Bさんの作るギョーザはいつもおいしいね。
B：本当？　よかった。

(4) A：Bさんは英語も日本語もお上手ですね。
B：いいえ、まだまだですよ。

(5) A：その服、センスがいいですね。
B：そう？　ありがとう。

✤発展練習：会話しよう！

例と表現を参考にして、相手の持ち物や特技などをほめましょう。
例：サッカーの試合で活躍した人をほめる

A：きのうのサッカーの試合、見たよ。Bさん、活躍してたね。
B：え、そんなことないよ。
A：ほんとに、すごいヘディングだったね。
B：ありがとう。Aさんも、バドミントン上手だよね。このあいだの大会で…

表現

(1) センスのいい服を着ている人に
かっこいいシャツだ　／　おしゃれだ　／　雰囲気に合っている…

(2) おいしい料理を作ってくれた人に
味付けが上手だ　／　盛り付けがきれいだ　／　何でも作れる…

(3) カラオケがうまい人に
いい声だ　／　歌手みたいだ　／　リズム感が抜群だ…

ゼミとは何か

本学では、３年になると、ゼミに所属することになっている。ゼミというのは、自分が興味のあるテーマにしぼって勉強するために設けられている授業のことである。

大学の授業時間割は、高校までと違い、時間割表を見て、自分で科目を選択して自分で作るのが特徴である。むろん外国語の授業などのように、必修になっていて自分の自由にならないものもあるが、概して自由に選択できるはずである。同じ時間帯の中から「文学」を取るか、「法学」を選ぶかなどは学生それぞれにまかされる。自分で自分の時間割を作るということは、その作業を通じて、自主性、主体性を確立していく、ということでもある。大学における勉強は与えられるものではない。学生は自ら自主的、主体的に勉強することが期待されているのである。

その大学での勉強の一つの区切りが、ゼミを選択するこの時期とも言えるだろう。人文学部の「履修ガイド」を見ると、「山の手と下町」「日本人と漢字」「日本語教育のための教材と教具の研究」「日中関係の歴史」「マスコミの発達と民主主義の関係」など、興味をひくテーマが並んでいる。そこから、自分が最も興味が持てそうなものを選んで、２年間それを中心に勉強するわけだ。ゼミの指導教員のもとで、同じ関心を持つ先輩や学友とともにさまざまな角度から学んでいくのである。

ゼミの主役はあくまでも学生である。講義のように先生の話を一方的に聞くのではなく、自分で調べたり考えたりしたことを発表する。それをもとにみんなで討論する。先生は、学生が道に迷ったときに方向を示したり、必要な手助けをする役をつとめるべきなのである。このゼミを通して学生の自主性、主体性が養われるはずである。大学において身につけるべきこととは、単に知識の量ではなく、自分で考え判断する力であろう。その意味で、ゼミこそが、大学生活の締めくくりに最もふさわしい時間と言えるだろう。

『東西大学履修ガイド』より

新出単語

本学(ほんがく)①	〈名〉	本校（专指大学）
しぼる(絞る)②	〈他Ⅰ〉	挤；限定；集中
設ける(もうける)③	〈他Ⅱ〉	准备；设立；设置
時間割表(じかんわりひょう)⓪	〈名〉	时间表；课程表
むろん(無論)⓪	〈副〉	当然；不用说
必修(ひっしゅう)⓪	〈名〉	必修；必选
概して(がいして)①	〈副〉	一般；大体；大概
時間帯(じかんたい)⓪	〈名〉	时间带；时间段
法学(ほうがく)⓪	〈名〉	法律；法学
まかす(任す)②	〈他Ⅰ〉	交给；听任；任凭
~における		在～（方面）的；关于～的
自主性(じしゅせい)⓪	〈名〉	自主性
自主(じしゅ)①	〈名〉	自主；独立自主；主动
-性(-せい)		-性
主体性(しゅたいせい)⓪	〈名〉	主体性；独立性
主体(しゅたい)⓪	〈名〉	主体；～人；核心
確立(かくりつ)⓪	〈名・自他Ⅲ〉	确立
区切り(くぎり)③	〈名〉	阶段；句子的停顿处；段落
山の手(やまのて)⓪	〈名〉	（在农村或城镇里）靠山的地方；城市中地势较高的地区。在东京特指四谷、青山、市谷、小石川等住宅密集的地区。
下町(したまち)⓪	〈名〉	（都市中）低洼地区；在东京特指下谷、浅草、神田、日本桥等老城区
教材(きょうざい)⓪	〈名〉	教材
教具(きょうぐ)①	〈名〉	教具
マスコミ(mass communication)⓪	〈名〉	大规模宣传报道；宣传工具
発達(はったつ)⓪	〈名・自Ⅲ〉	发达；发展
民主主義(みんしゅしゅぎ)④	〈名〉	民主主义
ひく(引く)⓪	〈他Ⅰ〉	引起
並ぶ(ならぶ)⓪	〈自Ⅰ〉	排列；排；摆满；比得上
わけ ①	〈名〉	（进行解释说明）因此～
もと(下)②	〈名〉	在～下
学友(がくゆう)⓪	〈名〉	学友；同学；校友
角度(かくど)①	〈名〉	角度；观点；立场
主役(しゅやく)⓪	〈名〉	（影・剧）主角；（转）主要人物

あくまで（飽くまで）②①	〈副〉	始终；到底
講義（こうぎ）①	〈名·他Ⅲ〉	讲授；讲解；讲义
一方的（いっぽうてき）⓪	〈形Ⅱ〉	单方面的；一方面的；片面的
討論（とうろん）①	〈名·自他Ⅲ〉	讨论
迷う（まよう）②	〈自Ⅰ〉	迷路；困惑；茫然
手助け（てだすけ）②	〈名·他Ⅲ〉	帮助；帮
役（やく）②	〈名〉	角色；任务；工作
つとめる（務める）③	〈他Ⅱ〉	担任；扮演；做
～を通して（～をとおして）		通过～
養う（やしなう）③	〈他Ⅰ〉	培养；抚养
～において		在；在～方面
単に（たんに）①	〈副〉	只；仅；单
判断（はんだん）①	〈名·他Ⅲ〉	判断；推测
締めくくり（しめくくり）⓪	〈名〉	总结；结束
ふさわしい（相応しい）④	〈形Ⅰ〉	适合的；相称的；般配的
履修ガイド（りしゅうguide）④	〈名〉	学习指导；课程介绍
履修（りしゅう）⓪	〈名·他Ⅲ〉	（在规定的期间内学习规定的课程）学习科目；完成学业；学完

解説・語彙

1. しぼる

「しぼる」的本义为“挤；拧；榨；绞”，例如「レモンをしぼる」「タオルをしぼる」等；在本课中的意思是“限定范围；集中”，这时它与“ニ格”名词搭配。例如：

(1) ゼミというのは、自分が興味のあるテーマに**しぼって**勉強するために設けられている時間のことである。

(2) 問題点を一つに**しぼって**話す。

(3) この教材は対象をビジネスマンに**しぼって**作成しました。

2. 概して

「概して」意为“大概；一般；总的说来”。例如：

(1) むろん外国語の授業などのように、必修になっていて自分の自由にならないものもあるが、**概して**自由に選択できるはずである。

(2) 若い頃は**概して**目的がはっきりしない傾向がある。

(3) 日本語の成績は**概して**よいほうだ。

3. まかす

「まかす」意为“委托；托付；交给”。例如：

(1) 同じ時間帯の中から「文学」を取るか、「法学」を選ぶかなどは学生それぞれに**まかされる**。

(2) 年を取ったので店を息子に**まかす**ことにした。

(3) 劉さんはとてもしっかりしていて、安心して仕事を**まかす**ことのできる人だ。

4. あくまで（も）

「あくまで（も）」表示程度，意为“彻底；到底；最终；归根结底”。例如：

(1) ゼミの主役は**あくまでも**学生である。

(2) 彼は**あくまでも**自分の考えを変えない。

(3) だれが何といっても、**あくまで**あの人を信じています。

(4) 結婚するかどうかは**あくまで**本人次第だ。

5. 一方的

「一方的」在本课中意为“一方的；单方面的；片面的”。例如：

(1) 講義のように先生の話を**一方的に**聞くのではなく、自分で調べたり考えたりしたことを発表する。

(2) 会社の**一方的な**理由でやめさせられた。

(3) **一方的に**相手を悪く言うのではなく、よく話し合うべきだ。

6. ふさわしい

「ふさわしい」意为“适合；相称”，常用的句式是「～にふさわしい」。例如：

(1) その意味で、ゼミこそが、大学生活の締めくくりに最も**ふさわしい**時間と言えるだろう。

(2) 彼は班長《はんちょう》に**ふさわしい**人だ。

(3) この本は子供が読むのには**ふさわしくない**。

解説・文法

1. ～ことになっている＜约定、惯例＞

「ことになっている」一般接在动词的词典形及其否定形式或“名词＋ということになっている”后面，表示日常生活中的计划、习惯、惯例、约定、法律或规章制度的约束以及客观规律等。有时也使用「ことになっていた」的形式。例如：

(1) 本学では、３年になるとゼミに所属する**ことになっている**。
(2) これからちょっと他のお客さんが来る**ことになっている**んで、お先に失礼します。
(3) 鈴木先生は新学期から大学院で講義する**ことになっていた**。
(4) 朝食は必ず家族そろって食べる**ことになっていた**のに、最近はなかなかそうはいかない。
(5) 日本では20歳以上が成人《せいじん》という**ことになっている**。

2. ～というのは～（の）ことである＜解释、说明＞

这个句式用于对某个词语进行释义或说明。相当于汉语的“所谓～，是（指）～”。例如：

(1) ゼミ**というのは**、自分が興味のあるテーマにしぼって勉強するために設けられている時間**のことである**。
(2) 学割《がくわり》**というのは**学生割引制度**のことである**。
(3) 千秋楽《せんしゅうらく》**というのは**、すもうや演劇公演の最後の日**のことである**。
(4) オリエンテーション**というのは**新入生や新入社員に行なう説明会**のことである**。
(5) 年中無休《ねんじゅうむきゅう》**というのは**商店などがどんな日も休まない**ことである**。

3. ～ということは～（ということ）である＜解释、说明＞

这个句式用于对某一事物或事项进行解释、说明，这种说明大多为说话人的推理、判断或评价。相当于汉语的“～是～；～就是～”。例如：

(1) 自分で自分の時間割を作る**ということは**、その作業を通じて、自主性、主体性を確立していく、**ということである**。
(2) 大人になる**ということは**自分の行動に責任《せきにん》を持つ**ということだ**。
(3) 試験に合格した**ということは**、勉強して知識を身につけ、合格レベルに達《たっ》している**ということだ**。
(4) 時給800円**ということは**、月曜から金曜まで毎日８時間働いても一か月で15万円にもならない**ということだ**。

4. Nにおける／において ＜空间＞＜时间＞

「における」与「において」接在名词后面，表示空间、时间、范围、领域等，相当于汉语的“在～；于～”。「における」用于连体，「において」用于连用。例如：

(1) 大学**における**勉強は与えられるものではない。
(2) 現代社会**における**環境問題について研究したい。
(3) 第29回オリンピックは中国の北京**において**開催されました。
(4) これらの作品《さくひん》のテーマは、現代**において**はあまり珍しくはないかもしれない。
(5) 人生**において**は何事《なにごと》も偶然《ぐうぜん》である。しかしまた人生**において**は何事も必然《ひつぜん》である。（三木《みき》清《きよし》『人生論ノート』）

5. Nを通じて<手段、方法><贯穿>

「を通じて」接在具体名词或抽象名词后面，表示借助某种工具、手段或方法达到后句所述的目的。相当于汉语的“通过～”。例如：

(1) 自分で自分の時間割を作るということは、その作業**を通じて**、自主性、主体性を確立していく、ということである。
(2) ３人はインターネット**を通じて**知り合った。
(3) そのコンサートはテレビ**を通じて**全国に放送された。

「を通じて」还可以接在「一年、年間、四季、一生、生涯」等表时间的名词后面，表示在此期间内一直持续某一状态。例如：

(4) ここは一年**を通じて**雨が多い。
(5) 温水プールは年間**を通じて**利用できる。
(6) この公園では、四季**を通じて**さまざまな花を楽しむことができる。
(7) 人間は、一生**を通じて**勉強することが必要である。

6. ～わけだ<说明>

「わけだ」接在动词、形容词连体形的后面，用于说明，即陈述某一个事实，认为它是事情发展的必然结果，也可以表示对因果关系的认同。例如：

(1) （「履修ガイド」にはいろいろ）興味をひくテーマが並んでいる。そこから、自分が最も興味が持てそうなものを選んで、２年間それを中心に勉強する**わけだ**。
(2) そんなことを言ったから、先生に怒られた**わけだ**。
(3) 時給20元だから、一日に５時間働けば、100元もらえる**わけだ**。
(4) カラオケの好きな人が増えたため、カラオケボックスがこんなに広がった**わけだ**。
(5) 彼女は日本に５年ぐらい留学していたらしい。なるほど、日本の事情に詳しい**わけだ**。

7. Nのもとで<影响、支配>

「のもとで」接在名词后面，表示在该人或事物的影响、支配下活动。相当于汉语的“在……之下”。例如：

(1) ゼミの指導教員**のもとで**、同じ関心を持つ先輩や学友とともにさまざまな角度から学んでいくのである。
(2) 木村先生のご指導**のもとで**研究を行ってきた。
(3) どうしてこの人**のもとで**働きたいと思っているんですか。
(4) きょうは、暖かい太陽**のもとで**のんびりと楽しい時間を過ごしましょう。

8. ～とともに＜共同动作主体＞＜同时＞

「とともに」通常有以下两种用法：

1）「とともに」接在指人（有时为组织、部门等）名词后面时，大多表示共同动作的主体。相当于汉语的“与～一起”。例如：

（1）同じ関心を持つ先輩や学友**とともに**、ゼミの指導の先生を中心に、さまざまな角度から学んでいくのである。

（2）週末は家族**とともに**過ごしたい。

（3）両親**とともに**初めて海外に滞在したのはニュージーランドだった。

（4）地域の住民は、地域の子供たちの活動を学校**とともに**支援している。

2）「とともに」接在名词、Ⅱ类形容词词干或动词、Ⅰ类形容词连体形后面，可以表示两种状态同时存在。相当于汉语的“在～的同时”。例如：

（1）不安**とともに**期待があった。

（2）日本語を勉強する**とともに**経済学の授業にも出ている。

（3）多くの方々に協力していただき、うれしい**とともに**感謝の気持ちでいっぱいです。

（4）あの人は学者である**とともに**、教育者でもある。

9. こそ＜凸显＞

凸显助词「こそ」接在名词或「に」「で」「と」等格助词后面，用于凸显、强调名词所指的事物，以区别于其他同类事物。前接的名词做主语时，往往用「Nこそが」。相当于汉语的“才是；正是”。例如：

（1）その意味で、ゼミ**こそ**が、大学生活の締めくくりに最もふさわしい時間と言えるだろう。

（2）健康**こそ**がこの上《うえ》ない幸せだ。

（3）こちら**こそ**、失礼いたしました。

（4）姉は、今年**こそ**結婚したいと言っていた。

（5）こういう時に**こそ**、友達の大切さがわかる。

（6）この作品《さくひん》は、今で**こそ**知られているが、当時は無名《むめい》だった。

練習用単語

負ける（まける）⓪	〈自Ⅱ〉	输；让步；屈服
価値観（かちかん）②	〈名〉	价值观
感性（かんせい）①	〈名〉	感性；感受性；悟性
リラックス（relax）②	〈名・自Ⅲ〉	放松；轻松；缓和
一員（いちいん）⓪	〈名〉	一员；一分子

義務（ぎむ）①	〈名〉	义务
国民（こくみん）⓪	〈名〉	国民
訓練（くんれん）①	〈名・他Ⅲ〉	训练
公開（こうかい）⓪	〈名・他Ⅲ〉	公开；开放

練　　習

A．内容確認

1．①～⑥に適当な言葉を入れてください。

1段落＜ゼミとは何か(1)＞　ゼミ＝①＿＿＿＿＿＿＿＿について勉強する時間

2段落＜大学の勉強の特徴＞

大学の時間割の特徴＝自分で時間割を作る

↓

大学の勉強で大切なこと＝②＿＿＿＿＿、③＿＿＿＿＿を確立すること

3段落＜ゼミとは何か(2)＞

ゼミ＝2年間①＿＿＿＿＿＿について勉強する

＝④＿＿＿＿＿、⑤＿＿＿＿＿といっしょに学ぶ

4段落＜大学の勉強の特徴＝ゼミ＞

ゼミ＝自分で⑥＿＿＿＿＿たり⑦＿＿＿＿＿たりしたことを発表する

⇒学生の②＿＿＿＿＿、③＿＿＿＿＿を養う／育てる

↓

大学で身につけるべきこと＝自分で考え判断する力

2．読解文を読んで次の質問に答えてください。

(1)「その作業」（8・9行目）とはどんな作業のことか。

(2)「この時期」（12行目）とはいつのことか。

(3)「ゼミの主役」（19行目）というのはどんな意味か。

(4) ゼミと普通の講義の違いは何か。

(5)「ゼミこそが、大学生活の締めくくりに最もふさわしい」（24・25行目）のはなぜか。

B．文法練習

1．次の文を完成してください。

(1) ～ことになっている

①私の学校では、＿＿＿＿＿＿＿＿＿＿＿＿＿＿ことになっている。

②私の家では、＿＿＿＿＿＿＿＿＿＿＿＿＿＿ことになっている。

(2) ～というのは～（の）ことである

①Uターン就職というのは＿＿＿＿＿＿＿＿＿＿＿＿ことである。

②中国語の「粉丝」というのは＿＿＿＿＿＿＿＿＿＿のことである。

(3) ～ということは～（ということ）である

①結婚するということは、＿＿＿＿＿＿＿＿＿＿＿＿＿ことである。

②コミュニケーションするということは、＿＿＿＿＿＿＿＿＿＿＿＿ということである。

(4) ～わけだ

①田中さんは４年間ドイツの大学で勉強したから、＿＿＿＿＿＿わけだ。

②もう冬休みに入っているから、＿＿＿＿＿＿＿＿＿＿＿＿わけだ。

(5) こそ

①＿＿＿＿＿＿＿＿こそ財産である。

②去年は負けてしまったが、今年こそ＿＿＿＿＿＿＿＿＿＿＿。

2．次の①②は（　）の中の言葉を正しい順番に並べてください。③は文を完成させてください。

(1) Nにおける／において

①（において・が・意見・違う・この点）

私たちは、＿＿＿＿＿＿＿＿＿＿＿＿＿＿＿＿＿＿＿＿。

②（価値観・における・80年代・は）

＿＿＿＿＿＿＿＿＿＿、今とはかなり異なるようだ。

③外国語の学習において、＿＿＿＿＿＿＿＿＿＿＿＿＿＿。

(2) Nを通じて

①（を・通じて・言葉の使い方・例文）

＿＿＿＿＿＿＿＿＿＿＿＿＿＿＿を正しく理解しましょう。

②（通じて・を・インターネット・最新情報）

＿＿＿＿＿＿＿＿＿＿＿＿＿＿＿を手に入れることができる。

③＿＿＿＿＿＿＿＿を通じて、協力の大切さを知りました。

(3) Nのもとで

①（研究・指導・を・のもとで）

先生の＿＿＿＿＿＿＿＿＿＿＿＿＿＿行った。

②（感性・環境・の・を・もとで）

リラックスできる＿＿＿＿＿＿＿＿＿＿＿磨いた。

③みんなの協力のもとで＿＿＿＿＿＿＿＿＿＿＿。

(4) ～とともに

①（の・とともに・私・親友・日本語の先生・である・でもある）
佐藤さんは＿＿＿＿＿＿＿＿＿＿＿＿＿＿＿＿＿＿＿＿＿＿＿＿。

②（であるとともに、社会の一員でもある）
私たちは学生＿＿＿＿＿＿＿＿＿＿＿＿＿＿＿＿＿＿＿＿＿＿＿。

③義務教育は、国民の義務であるとともに、＿＿＿＿＿＿＿＿＿。

C. 発展練習

1．例のように「ことになっている」「～というのは～のことである」を使って、自分の大学や高校の特徴について簡単に述べてください。

例１）私の大学では３年になるとゼミに所属する**ことになっている**。ゼミと**いうのは**、自分の興味のあるテーマについて自主的・主体的に勉強する時間の**ことである**。ゼミでの勉強を通して、自分で考え判断する力を身につけることができる。

例２）私の高校にはさまざまなクラブ活動がある。１、２年次には全員クラブ活動に参加する**ことになっている**。クラブ活動**というのは**、授業では十分にできない運動や芸術、英会話や地学の勉強などをする活動**のことである**。クラスや学年に関係なく、興味や関心を持つ活動に参加するのである。

(1) 軍事訓練(军训)
(2) 公開講座（大学里各种公开讲座）
(3) 社会活動（大学生社会实践活动）
(4) その他（你所在学校的有关活动）

2．次の点について、クラスメートと話し合ってください。

(1) 大学生が自分で時間割を決めることについて、いい点と悪い点をあげてください。
(2) 日本の大学のゼミは学生の発表や討論が中心になると書いてありますが、このような授業のやり方について、どう思いますか。いい点と悪い点を考えながら話してください。

日本大学的「ゼミ」

「ゼミ」是「ゼミナール」或「セミナー」的简称，是来自德语“Seminar”的外来词。「ゼミ」是大学的教育方式之一，即少数学生集中在一起在教师的指导下进行研究、讨论的授课方式。在日语中与「ゼミ」同义的汉语词是「演習《えんしゅう》」。

「ゼミ」通常从大学二、三年级开始。不同的大学、专业，对「ゼミ」的要求也不同，有的「ゼミ」是必修课，有的则为选修课。比起普通课程，「ゼミ」的人数较少，一般为几个人到十几个人。比较受欢迎的「ゼミ」如果报名人数超过了限额，有时会进行面试，主要看学生的研究方向是否与任课教师一致，有时还要抽签决定人选。

「ゼミ」的形式也相对自由。有时是轮读，即教师指定一本书，由一名学生或几名学生课下准备，上课时给大家讲解其中的一个章节，然后阐述自己的感想或提出问题。有时是分组发言，题目由教师和学生商定或学生自定，分在一组的几名学生在课下一起准备，查资料，列提纲，上课时宣讲。无论是轮读还是分组发言，都会给其他学生留出提问的时间，这样大家共同讨论，每个人都能参与其中。有的问题发言的学生回答不上来或回答得不全面时，教师再做补充。

不同年级的「ゼミ」其内容和侧重点也各不相同。2年级的「ゼミ」可以说是入门阶段，主要培养学生的阅读能力和初步的写作能力；在3年级时「ゼミ」通常是帮助学生确定自己的研究方向和研究课题；到了4年级「ゼミ」则以指导学生完成毕业论文为主。

和普通课程相比，「ゼミ」突出的特点是注重培养学生的主体性和主动性。「ゼミ」的核心是学生，教师只起引导和辅助的作用。要想在「ゼミ」中有所收获，无论是发言者还是听者，都必须积极准备、勤于思考。在使个人能力得到锻炼和提高的同时，「ゼミ」还注重培养学生的团队精神和协作能力。每个小组的成员为完成一次发言要分头准备，而后还要集体讨论，彼此间的配合和适应是很重要的。有时一个小组的发言完成之后，老师还会打乱分组让大家重新组合、重新适应，并就同一个题目进行多次发言。

第 2 課　サークル活動

学習目標

ユニット１　会話

(1) 指示語を使い分けることにより、話し手と聞き手が知識・認識を共有しているかどうかを意識しながら話すことができる。

(2) 誘いに対して、積極的に受けたいかどうかの気持ちが相手に伝わるように返事をすることができる。

ユニット２　読解

(1) 自分に必要な情報を速くつかむことができる。

(2) 読み手の興味を引きつけるような勧誘のポスターを作成することができる。

- どんなサークル活動やクラブ活動に興味がありますか。
- サークル活動をする楽しみは何だと思いますか。

東西大学の学生がサークルに求めるもの・加入している理由（複数回答、二つ）

友達や仲間ができる	69%	いろいろな情報が得られる	4.6%
サークル活動の内容が好き、楽しい	58%	試験に有利	1.1%
自分をきたえる	12%	誘われて・勧められて	1.1%
趣味を深める	12%	就職に有利	0.8%
無回答	10%	その他	0.8%
技術の向上	7.3%	リーダーシップを発揮できる	0.4%
男性の友達ができる	5.4%	目立ちたい	0.4%
先輩・後輩とのつながりができる	5%		

ユニット１　会話

おす！

（王がキャンパスを歩いている途中で、同じ寮に住むアメリカ人のマイクに会う）

王　　：あ、マイクさん、こんにちは。
マイク：おす！
王　　：（王がびっくりする）えっ、今、何て言ったんですか。
マイク：おす。空手部の挨拶なんだ。
王　　：へえ。じゃ、それは…？
マイク：これ？　これは空手着。今から空手部の練習なんだ。
王　　：えっ、空手？　空手って、あの…？
マイク：そう、あの空手。日本文化といえば空手だよね。
王　　：へえ、そうですか…。
マイク：アメリカではそうだよ。アメリカ人は、日本人ならみんな空手ができると思ってるんだ。
王　　：ふうん。じゃあ、中国人は？
マイク：うーん、中国人ならカンフーかな。あの有名なジャッキー・チェンがやってる…。
王　　：ジャッキー・チェン？　誰ですか？　その人？
マイク：ほら、あの香港の映画スターだよ。
王　　：ああ、“成龙”のことですね。
マイク：ああ、そうかな。王さんはカンフーができるの？
王　　：いいえ。中国人だからといって、みんなカンフーができるとは限りませんよ。私は太極拳なら少しやったことがありますけど…。
マイク：じゃあ、ちょっとやってみせて。
王　　：ええ？！　私がやったのは中学校のときで、もう忘れてしまいました。それよりもマイクさん、空手の型をぜひ見せてください。
マイク：オッケー！

第２課

（マイクが空手の型を見せる）

王　　：すごいですね。

マイク：じゃあ、一緒に空手やらない？　空手部に入れば、友達も増えるし、体も強くなるし。ね、やろうよ！　ね、ね！

王　　：うーん…。でも、私はまだ日本の生活に慣れてないし、今から私みたいな初心者が入ったら、かえって迷惑になるんじゃないですか。

マイク：ううん、そんなことないよ。王さん、せっかく日本に来たんだから、何でも挑戦したほうがいいよ。

王　　：そうかなあ…。

マイク：さあ、そろそろ練習が始まるから、王さんも一緒に行こうよ！　ね！

王　　：うーん…、まいったな。じゃあ、ちょっとのぞくだけ…。

（王は不承不承、承諾し、マイクに空手部に連れて行かれる）

新出単語

マイク(Mike)①	〈固名〉	（人名）迈克
おす①	〈感〉	你好（用于年轻男性之间打招呼）
何て(なんて)		意同「何と」，口语中使用
空手着(からてぎ)⓪	〈名〉	空手道服
-着(-ぎ)		～服；～衣
カンフー(Kungfu)①	〈名〉	功夫；中国武术
ジャッキー・チェン(Jackie Chan)⑤	〈固名〉	（人名）成龙
香港(ホンコン)①	〈固名〉	（地名）香港
映画スター(えいがstar)⑤	〈名〉	电影演员；电影明星
太極拳(たいきょくけん)③④	〈名〉	太极拳
型(かた)②	〈名〉	（技艺、运动等传统的）形式；样式；型
オッケー(OK)①	〈副〉	（表示同意）好；可以
迷惑(めいわく)①	〈名・形Ⅱ・自Ⅲ〉	麻烦；为难；打搅
まいる(参る)①	〈自Ⅰ〉	（常用「まいった」的形式表示）认输；服了；服输
のぞく〖▼覗く〗③	〈他Ⅰ〉	稍微看看；瞧瞧
不承不承(ふしょうぶしょう)④	〈副〉	不情愿；勉勉强强
承諾(しょうだく)⓪	〈名・他Ⅲ〉	答应；承诺；允许

解説・語彙

1. かえって

副词「かえって」表示转折——后面所叙述的内容一般是从前面的句子或分句所叙述的内容无法推断出来的，即前面的内容如果成立的话，不应该出现后面的内容，这一内容是出乎说话人意料、与动作者的意图相反的、或者是违反一般常识的。相当于汉语的“反而～”。例如：

(1) でも、私はまだ日本の生活に慣れてないし、今からわたしみたいな初心者が入ったら、**かえって**迷惑になるんじゃないですか。
(2) 薬を飲んだら、**かえって**病気が悪くなった。
(3) 勉強しすぎて病気になり、**かえって**成績が落ちてしまった。

2. 迷惑

「迷惑」意为“麻烦；烦扰；打搅”，常用的短语有「迷惑をかける」「迷惑になる」等。例如：

(1) 今から私みたいな初心者が入ったら、かえって**迷惑になる**んじゃないですか。
(2) **ご迷惑をおかけして**申し訳ございません。
(3) **ご迷惑でなければ**あさってお邪《じゃ》魔《ま》したいのですが。

要注意区别以下几种用法的意思：「迷惑する」表示说话人或话题中提到的人受到了困扰，如「隣の家のテレビの音でたいへん迷惑しています」；「迷惑になる」表示给他人添麻烦、使他人受到困扰，如「テレビの音を小さくしてくださいね。近所の人の迷惑になるから」；「～は迷惑だ」表示说话人受到了困扰、感到麻烦，如「こんな傘の持ち方は迷惑だ」；「ご迷惑ですが、～」表示说话人认为自己的行为将会给对方添麻烦，如「ご迷惑ですが、これをお持ち帰りください」。

解説・文法

1. ～といえば<提出话题>

「といえば（言えば）」接在名词或动词、形容词的简体形式后面（Ⅱ类形容词既可以接在词干后面，也可以接在「A_{II}だ」后面），用于提出话题。该话题多为刚才谈话中所涉及的事物，谓语部分则是由此联想到的内容，一般为对该话题的说明。其口语形式为「～っていえば」。相当于汉语的“提到～；说起～”。例如：

(1) 日本文化**といえば**空手だよね。
(2) 四川料理**といえば**、マーボードーフでしょう。

(3) インターネット**といえば**ホームページを思い浮かべる人が多い。

(4) 携帯電話**といえば**、どこでも電話できる便利なものというイメージがある。

(5) バレンタイン**っていえば**チョコレート。

2. ～からといって～(とは限らない)<转折>

「からといって（言って）」或其口语形式「からって」用于连接两个句子，表达转折关系，后句常用「とは限らない」或其它否定性的表达方式，意为前后两句之间未必能够构成因果关系。相当于汉语的“虽然～，未必～；虽说～，但也（不）～”。例如：

(1) 中国人だ**からといって**、みんなカンフーができるとは限りませんよ。

(2) ビールが好きだ**からといって**、毎日飲むとは限らない。

(3) やせている**からといって**、体が弱いとは限らない。

(4) 日本で暮らしていた**からといって**、日本語が上手だとは限らない。

(5) 海外での仕事がうまく行かなかった**からといって**、帰国を考える必要はない。

3. Vてみせる<演示><决心>

动词接「てみせる」表示向对方演示或示范某一动作，相当于“做给～看”的意思。例如：

(1) ちょっと**やってみせて**。

(2) この機械の使い方は彼にはまだわからないだろうと思って、まず**やってみせた**。

「Vてみせる」还可用于表达说话人一定要做成某事的决心，多含有“说我不行，偏要做成给你们看看”的语气。例如：

(3) 今度の試験は絶対**合格してみせる**！

(4) 大学を卒業したら、一流企業に**就職してみせる**！

4. それより(も)<递进>

「それより(も)」用比较的方式凸显后句所述内容比前句的内容更加重要，相当于“与此相比，～”。使用「それより(も)」往往具有转换话题的功能。例如：

(1) 私がやったのは中学校のときで、もう忘れてしまいました。**それよりも**、マイクさん、空手の型をぜひ見せてください。

(2) 科学技術の発展は大切だ。しかし、**それよりも**教育を充実させるべきだ。

(3) 試合に勝ってよかった。**それよりも**選手たちの一生懸命な姿に深く感動した。

5. ～だけ<限定>

第二册第16课第1单元已学习过「だけ」接在名词后的用法，「だけ」还可以接在动

词、形容词的连体形后面，表示限定。相当于“只～”。例如：

(1) ちょっとのぞく**だけ**。
(2) 彼は文句を言う**だけで**、何も手伝ってくれない。
(3) あの店の料理は高い**だけで**全然おいしくない。
(4) 彼はコミュニケーションが嫌いなんじゃなく、苦手な**だけだ**と思う。

「～だけでは」表示“只进行，（不能）～；单单凭着～，（不能）～”，后句常常为否定的表达方式。例如：

(5) 説明書を読む**だけでは**わからない。やはり一度やってみたほうがいいかな。
(6) こんなことをしてしまったら、「ごめんなさい」と謝る**だけでは**不十分だ。
(7) 人に教える能力というのは学歴**だけでは**判断できないと思う。

解説・会話

1. ～んです

「～んです／のです」多用于叙述前提内容或说明谈话的情景，它大多是提供只有说话人自己知道的信息。例如：

(1) すみません、午後は欠席してもいいですか。ちょっと頭が痛い**んです**。
(2) この本は難しいです。何といっても外来語《がいらいご》が多い**んです**。
(3) 日本文化といえば、空手だよね。アメリカ人は日本人ならみんな空手ができると思ってる**んだ**。

因此，「～んです」还用于询问只有对方了解的信息及对此进行的回答。例如：

(4) 王　　：えっ、今、何て言った**んです**か。
　マイク：おす。空手部の挨拶な**んだ**。
(5) A：その、手に持っているものは何ですか。
　B：これは最新型の携帯な**んです**。
　A：どんなことができる**んです**か。
　B：電話もメールもできるし、添付文書《てんぷぶんしょ》も送受信できる**んです**。

2.「あ」系列指示词

「あ」系列词用于指示说话人与听话人共有的信息，有时可能只是说话人单方拥有的信息，但如果说话人主观认为听话人拥有该信息，则说话人也会使用「あ」系列词。例如：

(1) 中国人なら、カンフーかな。**あの**有名なジャッキー・チェンがやってる…。

(2) 王　　：ジャッキー・チェン？　誰ですか？　その人。

マイク：ほら、**あの**香港の映画スターだよ。

王　　：ああ、"成龙"のことですね。

下面例子中的「あ」系列词就用于指示说话人、听话人共有的信息。例如：

(3) 王　　：えっ？　空手って、**あの**…？

マイク：そう、**あの**空手。

(4) 佐藤　：このごろおもしろいテレビドラマが少ないですね。

鈴木　：そうですねえ。そうだ、あれ、見ました？　**あの**、今、人気の韓国ドラマ。

这种用法是通过指示共有的信息，间接表达出说话人与听话人之间的友好关系。例如：

(5) A：お茶を飲むなら、また、**あそこ**に行きたいね。

B：うん、そうだね。**あそこ**ならいいね。

尽管「あ」系列可以指示存在于远处的事物，但是在指示上下文的内容时，除语境当中的概念采用「あ」系列指示，其余均需使用「こ」系列或「そ」系列指示词。「こ」系列指示词用于强调对方所不了解的信息。例如：

(6) あした中国から林芳さんという友達が来るんだ。**この／その**人はすごくピンポンが上手なんだ。

如果听话人知道所谈论的人物，则可以使用「あ」系列指示词。例如：

(7) あした林芳さんが来るんだ。**あの**人のことは君も知ってるね。

3. 语气助词「よ」

语气助词「よ」出现在名词和Ⅱ类形容词后面时，如果说话人为男性，接续方式为「N、A_{II}＋だよ」；如果说话人为女性，则为「N、A_{II}＋よ」或「N、A_{II}＋だよ」。动词和Ⅰ类形容词后接「よ」时，无论说话人是男性还是女性，接续形式完全相同。

当说话人告知听话人所不了解的信息，且需要特别引起对方关注时，便会在句尾加上「よ」。表示信息共有时，「ね」基本上是必不可少的；而「よ」表示非共有信息，因此使用过多，会给人一种强加于人的感觉，所以需要慎重使用。请看下面的例子。

(1) あの、すみません、財布を落としました**よ**。

（2）携帯電話が鳴ってますよ。
（3）マイク：ほら、あの香港の映画スターだよ。
　　王　　：ああ、成龙のことですね。
（4）これは私のじゃない。木村さんのだよ。

当建议、要求对方进行某一动作行为时，句尾加上「よ」，就会成为直接向对方表示强烈祈使义的表达方式。例如：

（5）王さん、せっかく日本に来たんだから、何でも挑戦したほうがいいよ。
（6）さあ、そろそろ練習が始まるから、王さんも一緒に行こうよ！
（7）今からでも、走れば間に合いますよ。

4.「そ」系列指示词

表示听话人方面的信息时，使用「そ」系列指示词。这一点与「こ」系列和「あ」系列不同。例如：

（1）ジャッキー·チェン、誰ですか？　その人。
（2）A：あした中国から林芳さんという友達が来るんだ。
　　B：その人も留学生ですか。

即使信息属于说话人一方，如果无需特意强调，多数情况下也会使用「そ」系列而非「こ」系列指示词。例如：

（3）あした林芳さんという友達が来るんだ。その人、ピンポンがすごく上手なんだ。
（4）新しい携帯電話を買ったんだ。それ、とっても小さくて軽くて便利でね、とても気《き》に入《い》ってる[気に入る：喜欢；中意]。

5.「Vない？」——邀请・劝诱的表达方式

「Vない？」表示邀请、劝诱，意为「よかったら、一緒に～してはどうか（如果可以的话，一起～怎么样？）」。它采用否定的形式，表示动作行为的实现不容乐观。惟其如此，说话人格外希望它能够实现。而采用否定疑问的形式，表明决定权完全交给对方。从这种结构方式的使用，可以说它是一种礼貌的邀请、劝诱（⇒V（よ）う）。例如：

（1）じゃあ、一緒に空手やらない？
（2）よかったら、私のうちに遊びに来ない？
（3）これ、食べてみない？
（4）A：チケットがあるんだけど、来週、映画を見に行かない？
　　B：うん！　行く、行く。
（5）A：チケットがあるんだけど、来週、映画を見に行かない？

B：え、それっておもしろいの？

A：うん、話題の映画なんだ。絶対後悔しないから見に行こうよ。

6. 语气助词「ね」

语气助词「ね」出现在名词和Ⅱ类形容词后面时，如果说话人为男性，接续方式为「N、A_{II}＋だね」；如果说话人为女性，则为「N、A_{II}＋ね」或「N、A_{II}＋だね」。与「よ」不同，如果说话人认为能够与听话人共有某信息，则基本上都可以使用「ね」，表示确认或有同感。这种情况下，尤其是敬体的句子，如果不使用「ね」，则句子就无法成立，日语学习者的这种错误并不鲜见，因此需要引起重视和注意。例如：

(1) A：いい天気です**ね**。
B：そうです**ね**。気持ちがいいです**ね**。

(2) A：このレストラン、おいしい**ね**。
B：ええ、そうです**ね**。いつも混んでるんですよ。
A：人気があるんです**ね**。

当某事项未得到听话人的同意，在表达时却使用了「ね」，此种用法相当于强求听话人同意，或将说话人自己的观点强加于对方。例如：

(3) ああ、"成龙"のことです**ね**。

(4) A：王さんもパーティーに誘う**ね**。
B：私はかまわないけど…。

(5) A：じゃあ、やってくれる**ね**。こっちも困ってるんだ。よろしく。
B：そ、そんな…。

(6) A：じゃ、これ、次の授業までに100部コピーしてきて**ね**。
B：ええっ！

「よね」是语气助词「よ」和「ね」的重叠形式，二者所表示的意义也融合在一起——「よ」表示说话人将自己知道的信息明确地传递给听话人；在这层意思之上又叠加了「ね」的强求听话人持有同感的另一层意思。例如：

(7) マイク：日本文化といえば、空手だ**よね**。
王　　：へえ、そうですか。

(8) A：やっぱり、お茶は緑茶が一番**よね**。
B：そうです**よね**。

(9) A：何といってもお金が大事です**よね**。
B：は、はい…。

7. 叹词「ね」

叹词「ね」（也作「ねえ」）表示让听话人将注意力转向说话人，继而向听话人发出邀请或征求同意。这个「ね」用于句首或句中，是一种亲密、友好的表达方式，但使用过度，容易给人一种强加于人的感觉。如果在句首或句末重复使用，则表示强烈要求对方的同意。「ね」只用于关系同等亲密的人之间。例如：

(1) **ね**、やろうよ！　**ね、ね**！
(2) **ね**、ちょっとこれ、教えてくれない？
(3) **ね**、もう一度考え直してみよう。**ね**？
(4) A：**ね**、今度はいつ会える？
　　B：そうだね、あさってだね。

解説・表現

1. そんなこと(は)ないよ

「そんなこと（は）ないよ」用于反驳对方所说的内容，多用来表示客套、谦虚或劝慰，一般用于关系较亲密者之间。相当于汉语的“没那么回事儿；哪儿的话”。

2. まいったな

「まいったな」表示说话人非常为难的处境，多用来间接地拒绝对方的请求或邀请，有时也是说话人的自言自语。一般用于关系较亲密者之间。相当于汉语的“这可不好办”。

練習用単語

天壇公園(てんだんこうえん)⑤	〈固名〉	（地名）天坛公园
観光地(かんこうち)③	〈名〉	旅游胜地；旅游点
立ち上げる(たちあげる)⓪④	〈他Ⅱ〉	启动（项目或工程）；开始；着手；起动（电脑等）
エベレスト(Everest)③	〈固名〉	（地名）珠穆朗玛峰
楊(よう)①	〈固名〉	（人名）杨
ぴったり③	〈副・自Ⅲ〉	正合适；恰好
東京育ち(とうきょうそだち)⑤		在东京长大的
-育ち(-そだち)		生长；成长；长大成人；教育
DVD(ディーブイディー)⑤	〈名〉	DVD
魔法(まほう)⓪	〈名〉	魔术；妖术；魔法

ユニット1　会話

城(しろ)⓪	〈名〉	城；城堡；领域
作品(さくひん)⓪	〈名〉	作品
勧誘(かんゆう)⓪	〈名·他Ⅲ〉	劝；劝说；邀请
大学院生(だいがくいんせい)⑤	〈名〉	研究生
近代小説(きんだいしょうせつ)⑤	〈名〉	近代小说；现代小说
仲間(なかま)③	〈名〉	伙伴；同事；朋友
平和(へいわ)⓪	〈名〉	和平
プリンター(printer)⓪	〈名〉	打印机；印刷机
持ち運ぶ(もちはこぶ)⓪	〈他Ⅰ〉	搬运；挪动
タイプ(type)①	〈名〉	类型；型号；型
駅前(えきまえ)⓪	〈名〉	站前；车站前面
スキャナー(scanner)⓪②	〈名〉	扫描仪；测量仪
指示(しじ)①	〈名·他Ⅲ〉	指示
従う(したがう)⓪③	〈自Ⅰ〉	按照；遵照；服从；跟随
役割(やくわり)⓪③	〈名〉	任务；作用；角色
消極的(しょうきょくてき)⓪	〈形Ⅱ〉	消极(的)

練　習

A. 内容確認

1. 会話文について、次の質問に答えてください。

(1) 王さんはマイクさんに会ったとき、なぜびっくりしたのですか。

(2) マイクさんはよく知られている日本文化は何だと思っていますか。

(3) マイクさんによると、アメリカ人は日本人についてどんなイメージを持っていますか。

(4) マイクさんによると、アメリカ人は中国人にどんなイメージを持っていますか。

(5) マイクさんが持つ中国人のイメージを聞いて、王さんは実際はどうだと言いましたか。

(6) マイクさんは、空手部に入るとどんないいことがあると言っていますか。

(7) 王さんはどうして空手部に入ることを迷っているのですか。

(8) 王さんはマイクさんに空手部に入るように勧められて、ぜひ入部したいと思っていますか。

B. 文型練習

1. 次の①②は(　　)の中の言葉を正しい順番に並べてください。③は文を完成させてください。

(1) ～といえば

①(を・が・富士山・人・思い浮かべる)

日本といえば、＿＿＿＿＿＿＿＿＿＿＿＿＿＿多い。

②(といえば・でしょう・天壇公園・観光地)

北京の＿＿＿＿＿＿＿＿＿＿＿＿＿＿＿＿＿＿＿＿。

③中国では日本料理といえば、＿＿＿＿＿＿＿＿＿＿＿＿＿＿です。

(2) ～からといって

①(が・敬語・うまく・とは限らない・使える)

日本人だからといって、＿＿＿＿＿＿＿＿＿＿＿＿＿。

②(が・チャイナドレス・とは限りません・似合う)

中国人だからといって、＿＿＿＿＿＿＿＿＿＿＿＿＿。

③若いからといって、＿＿＿＿＿＿＿＿＿＿＿＿＿＿＿。

2．例のように文を作ってください。

(1) Ｖてみせる

例　やる　→　やってみせる。

①難しい字を書く　→

②客の前で伝統的な踊りを踊る　→

③まず一度やる　→

3．次の①②はＡまたはＢの正しいほうを選んでください。③は文を完成させてください。

(1) それより(も)

①会社に就職しても、やりたい仕事ができなければ、おもしろくない。それよりも＿＿＿＿＿＿＿＿＿＿＿。

ａ．自分で会社を作ったほうがやりがいがある

ｂ．自分で会社を立ち上げることもできない

②人は外見も重要だと思うが、それよりも、＿＿＿＿＿＿＿＿＿＿＿＿。

ａ．外見で人を判断する傾向がある　　ｂ．中身のほうがもっと大事だと思う

③あの喫茶店のコーヒーはおいしいが、それよりも、＿＿＿＿＿＿＿＿＿＿から、よく行っている。

(2) Ｎ／Ｖだけでは

①運動だけでは＿＿＿＿＿＿＿＿＿＿＿＿＿＿。

ａ．やせられる　　　　　　　ｂ．やせられない

②一度読んだだけでは＿＿＿＿＿＿＿＿＿＿＿＿＿＿。

ａ．理解できない　　　　　　ｂ．理解できる

③エベレストに登るのに、二日分の食料だけでは＿＿＿＿＿＿＿＿＿。

(3) かえって

①敬語は使いすぎると、かえって＿＿＿＿＿＿＿＿＿＿＿＿。

　a．丁寧だ　　　　　　　　　　b．失礼になることがある

②歩くより早く着くと思ってタクシーに乗ったが、かえって＿＿＿＿＿＿＿＿。

　a．遅くなってしまった　　　　b．早く着いた

③やるなと言われたら、かえって＿＿＿＿＿＿＿＿＿＿＿＿。

C．会話練習

1．ポイント：聞き手もよく知っていると考えられる場合の指示詞「あ～」

「うーん、中国人ならカンフーかな。あの有名なジャッキー・チェンがやってる…。」

モデル会話

（三好と黄先生（中国人教師）が話している）

三好　：きのう、紹介していただいた楊先生にお会いしました。（ ① ）方は料理も日本語も本当にお上手ですね。

黄先生：ええ、（ ② ）方、東京育ちなんですよ。

三好　：へえ、そうなんですか。

　　　　そう言えば、楊先生は、あの人気料理番組の陳先生に似てませんか。

黄先生：ああ、あの番組ですね。陳先生は楊先生のお母さんなんですよ。

ここをおさえよう！

(1)（ ① ）（ ② ）には「この」「その」「あの」のどれが入りますか。それはどうしてですか。

(2)「人気料理番組」のことは三好さんと黄先生の会話の中で初めて出てきました。それなのに、三好さんが「あの人気料理番組」と言っているのはなぜですか。

✤正しいのはどれ？

（こ～／そ～／あ～）の中から適当なものを選んでください。

朴　　：マリーさん、最近何か日本のアニメ、見ましたか。

マリー：いいえ。見たいなあと思ってるんですが、どれがいいかわからなくて。何かお勧めのアニメはありませんか。

朴　　：そうですね。「魔法の城」は知っていますか。

マリー：はい、有名なアニメですね。（これ／それ／あれ）は本当にすばらしい作品ですね。私も見ました。
朴　　：そうですか。じゃあ、「隣のジジ」は？
マリー：（これ／それ／あれ）は知りません。
朴　　：（これ／それ／あれ）も、とてもおもしろいアニメですよ。
じゃあ、あした（この／その／あの）DVDを持ってきます。
マリー：ありがとうございます。ぜひ見せてください。

2. ポイント：聞き手のほうがよく知っている場合の指示詞「そ～」

「ジャッキー・チェン？　誰ですか？　その人？」

モデル会話

三好　：誰か中華料理を教えてくれる人はいないでしょうか。
黄先生：ああ、いい人がいますよ。
三好　：（ ① ）方は日本人ですか。
黄先生：いいえ、楊さんといって、中国人です。楊さんは以前テレビでも教えたことがあるんですよ。
三好　：そうですか。（ ② ）楊さんという方は、先生のお知り合いですか。
黄先生：ええ、古い友人なんです。

ここをおさえよう！

（ ① ）、（ ② ）には「この」「その」「あの」のどれが入りますか。
それはどうしてですか。

✤正しいのはどれ？

（こ／そ／あ）の中から最も適当なものを選んで、次の会話を完成してください。

マリー　：すみません、アルバイトを探しているんですが、（この／その／あの）近くで何かいい仕事はないでしょうか。
大学の人：そうですね…。（資料を見る）ああ、（これ／それ／あれ）はよさそうだな…。
マリー　：えっ、そうですか。（これ／それ／あれ）を教えてください。
大学の人：ちょっと待ってください…。（資料をよく読む）
マリー　：場所はどこですか。

大学の人：大学から近いです。正門を出て、正面にある白い建物の中ですから、（この／その／あの）部屋の窓から見えますよ。ちょっとこっちに来てください、ほら。

マリー　：ああ、（この／その／あの）建物ですね。わかりました。

大学の人：あ、でも、（この／その／あの）アルバイトは、フランス人のマリーさんにはぴったりかもしれません。

マリー　：えっ、どうしてですか。

大学の人：フランス料理のレストランで働いてる人たちに、簡単なフランス語を教えるアルバイトなんです。

マリー　：わあ、（これ／それ／あれ）は絶対やってみたいです。よろしくお願いします。

大学の人：わかりました。

第2課

3．ポイント：勧誘とその受け方

「じゃあ、一緒に空手やらない？　空手部に入れば、友達も増えるし、体も強くなるし。ね、やろうよ！　ね、ね！」

モデル会話

マリー：木村さん、実は大学院生の友達が日本の近代小説を一緒に読む仲間を探してるんだけど、よかったら、そのグループに入らない？ぜひ日本人に来てほしいみたいなんだけど。

木村　：近代小説を一緒に読む仲間？

マリー：うん。グループでいろいろな作家の小説を読むらしいんだけど、もし興味があったらと思って…。私も入ろうと思っているんだけど、一緒にどう？

木村　：うーん、いつ？

マリー：今度の日曜日の1時からだけど。

木村　：日曜日か…。

マリー：ちょっとだけでもいいから、行ってみない？

木村　：じゃあ、1回のぞいてみるだけなら…。

マリー：よかった。じゃあ、あとで詳しいこと連絡するね。

ここをおさえよう！

(1) マリーさんは木村さんを何に誘いましたか。

(2) 木村さんは、マリーさんの誘いを受けましたか。

(3) 木村さんは、その誘いを喜んで受けましたか。それは、どの言葉からわかりますか。

✤言ってみよう！

話し手、聞き手の気持ちを考えながら、言ってみましょう。イントネーションにも注意してください。

(1) A：来週の日曜日、ファッションショーのチケットもらったんだけど、一緒に見に行かない？
　　B：いいよ。おもしろそう。

(2) A：このマンガ、すごくおもしろいんだけど、読まない？
　　B：マンガ？　マンガはあんまり興味なくて…。

(3) A：土曜日、国際平和についての講演があるんだけど、一緒に聞きに行かない？
　　B：国際平和？　どうしようかな…。
　　A：有名な先生が来るらしいよ。行こうよ、ね？
　　B：うーん…じゃ、行くだけ行ってみようかな。

✤正しいのはどれ？

(　　) の中から適当なものを選んでください。

先輩：あのう、プリンターを買いたいと思ってるんだけど、どこかいい店知ってる？

後輩：最近、（この/その/あの）近くにパソコンショップができたらしいんですけど、（ここ/そこ/あそこ）はどうですか。

先輩：ああ、白い建物の隣？　（ここ/そこ/あそこ）は行ってみたんだけど、ほしいのがなかったんだ。持ち運べるタイプを探してるんだけど。

後輩：そうですか。じゃあ、駅前の専門店はどうですか。

先輩：（この/その/あの）いつも混んでる店？

後輩：はい。私も今、スキャナーを探してて、友達に聞いてみたんですけど、（ここ/そこ/あそこ）はかなり種類が多いらしいです（ね/よ）。

先輩：そうか。じゃ、きょう、よかったら、一緒に（行かない？/行ってもいい？）

後輩：いいですよ。行きましょう。

発展練習：ロールプレイをしよう！

ロールカードの指示に従って、話しましょう。

A

◆役割：Bさんの友達

◆状況：何かおもしろい映画を見たいと思っています。

①何かおもしろい映画を知っているか、Bさんに聞いてください。

②Bさんが言った映画について「あの映画」などのように指示語を使って話してみましょう。

③最後に、Bさんを映画に誘ってください。

B

◆役割：Aさんの友達

◆状況：Aさんと映画について話しています。

①Aさんにおもしろい映画について聞かれたら、見たことがある映画をいくつか紹介してください。

②Aさんに誘われたら、消極的な気持ちを表現しながら、誘いを受けましょう。

特集 サークル案内

テニス部

私たち東西大学テニス部は、「テニスを楽しもう」をモットーに、何よりもテニスが好きな人間が集まったクラブです。

活動内容としては、週２回の合同練習と朝の自主練習です。また、２か月に１回程度、他大学との交流試合もしています。

この機会にテニスをやってみたい方、ぜひ一度練習を見に来てください。

経験者に限らず、初心者も大歓迎 !!

連絡先：三好学（国際関係学部）

／e-mail:J021175m@u-tozai.ac.jp

空手部

やる気のある者を求む！　経験者歓迎！

ともに大学生活を充実したものにしようではないか！

われわれ空手部は地区大会団体戦優勝を目標に稽古に取り組んでいます。大学に入り、少し人とは違うことをしてみたい、体を鍛えてみたいと思っている人、一緒にやってみませんか。

未経験者も可。マネージャーも募集中！

活動場所：武道場

活動日時：月・火・木・金　17：00～19：00

連絡先：小川（経済学部）／090-0123-4321

毎週月曜日昼休みは学生会館１階の部室にいます。

手話サークル「こだま」

音のない世界でコミュニケーションを！

　後期の大学生活を始めるにあたり、何か新しいことにチャレンジしてみたいと思っている人も多いのではないかと思います。みなさんは大学に入学して、英語に加えて新たな外国語を習い始め、世界が広がったことでしょう。そこで、もう一つ、新しいことばの世界をのぞいてみませんか。「手話」です。手話を通して、音のない世界を知ることができ、自分の世界を広げることができるでしょう。

　さあ、大学入学を機に、手話を始めましょう！

活動日：毎週水曜日15:00～17:00
活動場所：南講義棟313教室

※夏合宿のほか、７月から９月にかけては自由参加でボランティア活動を行っています。興味のある方は活動日に南講義棟313教室へ。

留学生の声：マイク・ジェイソンさん（アメリカ／空手部副部長）

　国際関係学部3年のマイク・ジェイソンです。日本の大学のサークル活動には日本に来る前から関心があったので、入学してすぐに空手部の稽古を見に行き、その日のうちに入部しました。空手はアメリカにいる時、友だちに誘われて１年ぐらいやったことがあったのですが、最初は練習の方法やら先輩・後輩の関係やらでとまどいました。

　でも、今はなんでも話せる仲間もできて、入って本当によかったと思います。留学生のみなさん、みなさんも、ちょっと勇気を出してサークルに参加してみませんか。ただ授業に出るだけでは得られない友人を作ることができるし、ことばや習慣を知ることもできますよ。

『東西大学新聞』より

新出単語

特集(とくしゅう)⓪	〈名・他Ⅲ〉	专刊；专集
モットー(motto)①	〈名〉	宗旨；口号；格言
何より(なにより)①	〈副〉	比什么（都好）；最好
合同(ごうどう)⓪	〈名・自他Ⅲ〉	共同；联合；合并
程度(ていど)①⓪	〈名〉	程度
連絡先(れんらくさき)⓪	〈名〉	联系人；联系单位；联系地点
-先(-さき)		～去处；～目的地；～地点
やる気(やるき)⓪	〈名〉	干劲
求む(もとむ)②	〈他Ⅰ〉	寻求；希望
地区(ちく)①	〈名〉	地区
団体戦(だんたいせん)⓪	〈名〉	团体赛
-戦(-せん)		～之战；～的比赛
稽古(けいこ)①	〈名・自他Ⅲ〉	学习；练习；功夫
鍛える(きたえる)③	〈他Ⅱ〉	锻炼
未経験者(みけいけんしゃ)④	〈名〉	没有经验的人
未-(み-)		没有～；未～
可(か)①	〈名〉	可以
マネージャー(manager)②⓪	〈名〉	管理人；干事；经纪人；助理
武道場(ぶどうじょう)⓪	〈名〉	武馆；练武场
手話(しゅわ)①	〈名〉	手语；哑语
こだま⓪	〈名〉	回声
後期(こうき)①	〈名〉	下学期；后期；后半期
～にあたり		正值～；在～的时候
南講義棟(みなみこうぎとう)⑦	〈名〉	南教学楼
-棟(-とう)		（表示大型房屋建筑）～楼；～栋
機(き)①	〈名〉	机会；时机
合宿(がっしゅく)⓪	〈名・自Ⅲ〉	（为加强体育训练等）集体住宿；集训
～にかけて		（从～）到～
マイク・ジェイソン(Mike Jason)④	〈固名〉	（人名）迈克・杰森
とまどう(戸惑う)③	〈自Ⅰ〉	不知所措；犹豫不决；徘徊
勇気(ゆうき)①	〈名〉	勇气
得る(える)①	〈他Ⅱ〉	得到

解説・語彙

1. 何より(も)

「何より（も）」意为“比什么都……”。例如：

(1) 私たち東西大学テニス部は、テニスを楽しもうをモットーに、**何よりも**テニスが好きな人間が集まったクラブです。
(2) 彼のやさしい言葉が**何より**うれしかった。
(3) 正直であることは**何よりも**大切だ。
(4) みんな元気で**何より**です。

2. 求む

「求む」是一个文言动词，意思同「求める」，意为“寻求；寻找”。例如：

(1) やる気のある者を**求む**！
(2) **求む**！　新聞配達員《はいたついん》
(3) 営業経験者、**求む**！

3. 未-

「未」是一个前缀，意为“没～；还没～；尚未～”。由「未」构成的常用词主要有「未開拓、未完、未決、未熟、未遂、未成年、未知、未納、未発見、未満、未明」等。「未」的反义词是「既」，如「既習（未習）」「既婚（未婚）」等。例如：

(1) **未経験者**も可。
(2) 作家の死で、その小説は**未完**《みかん》のまま終わった。
(3) この分野《ぶんや》はまだまだ**未開拓**《みかいたく》で研究すべきことがたくさんある。

4. 可

「可」是名词，表示“可以；可能”。例如：

(1) 未経験者も**可**。
(2) その方法を**可**とする。
(3) アルバイト募集。高校生**可**。

5. 得る

「得る」在本课中是“得到；取得”的意思。例如：

(1) ただ授業に出るだけでは**得られない**友人を作ることができるし、ことばや習慣を知ることもできますよ。

(2) 彼は主に外国の本から知識を**得ている**。

(3) 信頼を**得る**ためには、約束を必ず守ることが第一だ。

解説・文法

1. Nとして(は)<具体化的对象>

抽象名词或词组后接「として（は）」时，表示具体化的对象，即后面的内容是对该词语的具体说明。例如：

(1) 活動内容**としては**、週2回の合同練習と朝の自主練習です。

(2) 予定**としては**、まず上海へ行って、その次に杭州へ行きたいと思います。

(3) 日本の伝統文化**としては**、茶道や能楽《のうがく》や相撲などが挙げられる。

2. Nに限らず<非限定>

名词后接「に限らず」时，表示后面所述的内容不仅限于该名词所指称的事物。相当于汉语的“不仅～；不限于～”，一般用于书面语。例如：

(1) 経験者**に限らず**、初心者も大歓迎 !!

(2) 勉強**に限らず**、どんなことでも努力が大切だ。

(3) 高校生**に限らず**、だれでも参加できます。

(4) 少子化《しょうしか》は高校野球**に限らず**、スポーツ界にとって深刻な問題だ。

3. V（よ）うではないか／じゃないか<号召>

动词的意志形「V（よ）う」后接「ではないか」时构成表示号召的句式，多用于书面语或演讲中，用于口语时则多用其敬体形式「V（よ）うではありませんか」或其音变形式「V（よ）うじゃないか／じゃありませんか」。相当于汉语的“～吧”。例如：

(1) ともに大学生活を充実したものに**しようではないか**！

(2) みんなの力を合わせて**がんばってみようではないか**。

(3) これから何をすべきか**考えようではありませんか**。

(4) みんなで楽しい教科書を**作っていこうではないか**。

(5) さあ、そろそろ**出かけようじゃないか**。

4. N_1をN_2に<作为～、当做～>

部分「N_1をN_2にして」的形式可以省略为「N_1をN_2に」，此时N_2多为「目標、機、きっかけ、目的、中心、モットー」等抽象名词，表示将N_1设定为N_2之意，相当于

“以N_1为N_2”。例如：

(1) われわれ空手部は地区大会団体戦優勝**を**目標**に**稽古に取り組んでいます。

(2) さあ、大学入学**を**機**に**、手話を始めましょう。

(3) 私たち東西大学テニス部は、テニスを楽しもう**を**モットー**に**、何よりもテニスが好きな人間が集まったクラブです。

(4) 彼女は1か月2キロ**を**目標**に**ダイエットしている。

(5) 設立《せつりつ》5周年**を**機**に**社名《しゃめい》を変更した。

(6) 海外生活の経験などを生かし、元気と笑顔《えがお》**を**モットー**に**頑張りたい。

5．N／Vるにあたり／にあたって＜进行动作行为的时间＞

动作性或变化性名词或动词后接「にあたり（当り）」或「にあたって（当って）」构成时间状语从句，表示进行该动作或发生该变化的时间，相当于汉语的“值此～之际”。此句式语气郑重，主要用于书面语或正式场合。例如：

(1) 後期の大学生活を始める**にあたり**、何か新しいことにチャレンジしてみたいと思っている人も多いのではないかと思います。

(2) 開会《かいかい》**にあたって**、一言《ひとこと》ご挨拶申し上げます。

(3) 面接を受ける**にあたって**、まず履歴書《りれきしょ》に書いた内容を、しっかりと頭に入れておかなければならない。

(4) 本書の出版《しゅっぱん》**にあたって**、いろいろとお世話くださった渡辺先生に心から御礼申しあげます。

6．N_1からN_2にかけて＜时间、空间范围＞

表示时间或处所的名词后接「から」和「にかけて」，表示事件、现象存在的时间或空间范围。相当于汉语的“从～到～”。例如：

(1) 夏合宿のほか、7月**から**9月**にかけて**は自由参加でボランティア活動を行っています。

(2) 渡《わた》り鳥《どり》は、春**から**夏**にかけて**南下《なんか》し、秋**から**冬**にかけて**北上《ほくじょう》する。

(3) 今晩、関東**から**東北**にかけて**大雨になるそうだ。

(4) 肩《かた》**から**腕《うで》**にかけて**かなりの火傷《やけど》を負《お》っている。

7．～やら～やら＜并列＞

两个以上的「やら」分别接在名词或动词、形容词的辞典形后面时，表示同类事物的并列。相当于汉语的“～呀，～呀”。例如：

(1) 空手はアメリカにいる時、友だちに誘われて1年ぐらいやったことがありましたが、最初は練習の方法**やら**先輩・後輩の関係**やら**でとまどいました。

(2) 来週はレポート**やら**試験**やら**で忙しくなりそうだ。

(3) 今日は洗濯**やら**部屋の片付け**やら**で、あっという間に半日が過ぎてしまった。

(4) スピーチコンテストで3位に入賞した時、うれしい**やら**悔しい**やら**複雑な気持ちだった。

(5) 皆で温泉に行って、飲む**やら**歌う**やら**、大騒ぎした。

練習用単語

抜き出す(ぬきだす)③	〈他Ⅰ〉	抽出；选出；挑选
取り上げる(とりあげる)⓪④	〈他Ⅱ〉	提出；拿起；采纳
不良(ふりょう)⓪	〈名〉	不好；不良；坏；次；品行不端正
進学(しんがく)⓪	〈名・自Ⅲ〉	进；升学
崩す(くずす)②	〈他Ⅰ〉	拆；拆毁；拆散；粉碎；使崩溃；使分裂瓦解
思い込み(おもいこみ)⓪	〈名〉	认定；深信；确信
認める(みとめる)⓪	〈他Ⅱ〉	同意；准许；认可；承认
梅雨(つゆ)②	〈名〉	梅雨
ラッシュアワー(rush hour)④	〈名〉	（交通的）高峰时间；拥挤时刻
中関村(ちゅうかんそん)③	〈固名〉	（地名）中关村
渋滞(じゅうたい)⓪	〈名・自Ⅲ〉	进展不顺利；停滞不前
書類(しょるい)⓪	〈名〉	文件；资料
提出(ていしゅつ)⓪	〈名・他Ⅲ〉	提出；提交
検討(けんとう)⓪	〈名・他Ⅲ〉	研究；探讨

練　習

A. 内容確認

1. 読解文の内容に合っているものに○を、合っていないものに×をつけてください。

(1)（　　　）東西大学テニス部はプロを目指して頑張る人の集まりです。

(2)（　　　）テニス部の朝の練習は出ても出なくてもいいです。

(3)（　　　）空手の経験がなくても空手部に入ることができます。

(4)（　　　）空手部は地区大会で団体優勝しました。

(5)（　　　）手話サークルでは英語だけでなく他の外国語も勉強できます。

(6)（　　　）手話サークルはいつでも見学できるようになっています。

(7)（　　　）マイクさんは空手部の稽古を初めて見た日に入部しました。

(8)（　　　）マイクさんは今も先輩・後輩の関係に悩んでいます。

2．読解文から適当な言葉を抜き出して、①～⑧に入れてください。

	モットー	練習回数	募集対象	連絡先
テニス部	テニスを楽しもう	③	⑤	⑦
空手部	①	4回／週	経験者（初心者も可）・マネージャー	⑧
手話サークル	②	④	⑥	南講義棟313（活動日）

B．文法練習

1．次の①②は（　　）の中の言葉を正しい順番に並べてください。③は文を完成させてください。

(1) Nとしては

①(としては・を・テーマ・関心が高い)

勉強会の内容＿＿＿＿＿＿＿＿＿＿＿＿＿取り上げる予定です。

②(理由・住みたい・田舎に・としては)

＿＿＿＿＿＿＿＿＿＿＿自然が身近に感じられるからと答える人が多い。

③体調不良の原因としては、＿＿＿＿＿＿＿＿＿＿＿＿＿＿が考えられる。

(2) N_1をN_2に

①(出て・一人暮らしを・始めた・家を・機に)

大学進学を＿＿＿＿＿＿＿＿＿＿＿＿＿＿。

②(勉強を・合格を・語学の・目標に・続けてきた)

ガイド資格試験の＿＿＿＿＿＿＿＿＿＿＿＿＿＿。

③私たちのサークルは＿＿＿＿＿＿＿＿＿＿＿＿＿＿をモットーに、全員で頑張っています。

(3) ～やら～やら

①(やら・やら・を・買って・洋服・楽しく・ショッピングした)

バッグ＿＿＿＿＿＿＿＿＿＿＿＿＿＿＿＿＿＿＿＿＿＿＿＿＿＿＿＿＿＿。

②(やら・やら・の・気温・変化・黄砂)

＿＿＿＿＿＿＿＿＿＿＿＿＿＿で体調を崩す人が多いらしい。

③子供ってどんどん成長しちゃって、母としてはうれしいやら＿＿＿＿＿＿＿やら、複雑な気持ちです。

2．次の①②はAまたはBの正しいほうを選んでください。③は文を完成させてください。

(1) Nに限らず

①大学の公開講座は学生に限らず、＿＿＿＿＿＿＿＿にも公開されている。

a．1年生　　　　　b．一般の人

②今ではすいかは夏に限らず、＿＿＿＿＿＿＿＿＿＿＿＿＿＿＿＿＿＿。

a．食べたい人が食べられるようになった

b．食べたい時に食べられるようになった

③＿＿＿＿＿＿＿＿＿＿に限らず、どんなことでも努力が大切だ。

3．例のように文を作ってください。

(1) V（よ）うではないか／じゃないか

例　元気を出しましょう　→　元気を出そうではないか。

①思い込みはやめましょう　→

②教育の目標をもう一回考えてみましょう　→

③自分で自分を認めてあげましょう　→

(2) N_1からN_2にかけて

例　日本・6月～7月・梅雨の季節です

→　日本は6月から7月にかけて、梅雨の季節です。

①関東地方・今晩～明日の昼・大雨が降るそうです　→

②この歌・80年代～90年代・はやっていたそうだ　→

③ラッシュアワーの時・中関村～首都体育館・渋滞が続いている　→

4．次のa～hを組み合わせて、4つの文を完成させてください。

a：卒業にあたり

b：帰国にあたり

c：町の将来について検討するにあたり

d：新製品の開発にあたり

e：市民の多くが意見を出した

f：様々な書類の提出が求められている

g：市場調査を予定している

h：後輩の皆さんに話したいことがあります

C．発展練習

1．例のように書き替えましょう。

例　経験者歓迎　→　経験者を歓迎しています。

(1) 新会員、募集中　→

(2) 未経験者も応募可　→

(3) 留学生の参加も大歓迎　→

2．いろいろな形で誘ってみましょう。

(1) 例のように文を完成させましょう。

例　10月8日（土）／ファッションショーを開く／モデルを募集する

▸募集の掲示を出す：

モデル募集中！

10月8日（土）に開かれるファッションショーのモデルを募集しています。あなたもファッションショーの舞台に立ってみませんか。

①遣唐使の会の会員を募集する。

▸募集の掲示を出す：

「遣唐使の会」会員募集中！

「遣唐使の会」の会員を＿＿＿＿＿＿＿＿＿＿＿＿＿＿＿＿

一緒に日本人留学生と＿＿＿＿＿＿＿＿＿＿＿＿＿＿＿＿

②12日（金）17:00～／国際交流会館でティーパーティーを開く／参加者を募集する。

▸募集の掲示を出す：

ティーパーティーのお知らせ

日時：10月12日（金）17:00～

場所：国際交流会館１階ホール

(2) グループに分かれ、本文のポスターの例を参考にして簡単なポスターを一つ作ってみましょう。必要な情報があれば、足してください。

3．日本の大学のサークルについて調べて、発表しましょう。

(1) インターネットで日本の大学にどんなサークルがあるか調べてみましょう。

(2) 日本から来ている留学生に日本の大学のサークルについて聞いてみましょう。

<サークルに入っていた人>

→　どんなサークルに入っていたか／１週間にどのくらい活動していたか／部員は何人ぐらいいるか　など

<サークルに入っていなかった人>

→　サークルに入らなかった理由は何か／他に何か活動しているか　など

日本大学生的课余生活

打工和社团活动是日本大学生课余生活的主要组成部分。

日本的大学生中利用课余时间打工的人非常多，一般是做家庭教师、补习班教师，或是在商场、超市、餐厅等处做导购员、收款员或服务员，有时还负责清扫工作。大学「学生課《がくせいか》（相当于中国大学的学生工作部或学生处）」的布告栏上经常张贴着家教、补习班教师的招聘广告，上面写明工作的时间、地点、报酬和应聘者的资格等。有意应聘的人先在学生处登记，然后自己去应聘，最后把应聘的结果告诉学生处。商场、超市、餐厅则很少通过学校招聘，通常是在店内外贴出广告，学生可直接去应聘。招聘信息还可在网上查询，现在有很多专门为大学生提供打工和就业信息的网站，可以根据打工地点、职业种类、工期长短、报酬高低等条件进行检索。

从报酬来看，商场、超市、餐厅等处的薪金一般是每小时800到1000日元不等，家教和补习班教师相对高一些，大约是1000到2000日元或更高一些。打工的地方通常都有交通补贴，有的是全额支付，有的则规定出上限。

大学生打工的目的各不相同，有的是为了支付学费和生活费，有的把打工挣来的钱用于旅游或发展自己的兴趣爱好，有的则单纯把打工当做大学生活中的一种体验。

此外还有志愿者活动，顾名思义，就是参加一些公益活动，不收取酬金。志愿者活动的内容大多是帮助照顾老人、为残疾儿童提供教育、或是在附近社区的文体兴趣班里做辅导教师。

社团活动是大学生活的另一项重要内容。每学年开学之初，各社团都会在校园里打出广告，热情邀请新生参加。社团大致可分为体育、艺术、学术等几类，学生根据自己的兴趣爱好自愿报名参加。每个社团都有各自的负责人，定期安排各种活动或比赛。学生参加社团活动不仅可以丰富课余生活，使自己的特长得到发挥，而且有机会和更多的人接触交流，锻炼和培养与人交往、协作的能力，有时对就业也有一定的帮助。有的公司在录用新人时比较注重大学期间的社团活动，例如参加过哪些社团、在其中担任过什么职位、有过哪些经历等。有的公司还会根据其自身的特点优先录用参加过某一类社团的学生。

第 3 課　大相撲

学習目標

ユニット1　会話

(1) 受益や受身の表現を使って、事態に対する話し手の共感や立場を伝えることができる。

(2) 情報が確かではない場合には断定を避けて話すことができる。

ユニット2　読解

(1) ある事柄についての解釈・評価の観点を読みとることができる。

(2) ある事柄について二つの異なる観点をまとめて書くことができる。

- 外国人に紹介したい中国のスポーツといえば何ですか。
- 日本の「相撲」について、どんなイメージがありますか。

ユニット1　会話

はっけよい！

（王、マイク、三好、木村は東京両国の新国技館に相撲を見に来ている）

王　　：あれ、次の力士、日本人じゃないみたいですね…。
マイク：そう、朝の海はハワイ出身なんだよ。
王　　：ふーん、そうなんですか。
マイク：うん。でも、何といっても今いちばん強いのはモンゴルの力士なんだ。
三好　：特に、北星山には誰も勝てないね。
王　　：モンゴルといえば、確か相撲があったと思いますけど…。
マイク：ああ、それでモンゴルの力士って強いんだね。
王　　：その北星山って、日本の力士よりも強いんですか。
木村　：そうなのよ。もっと頑張ってくれないかな、日本人力士も。
三好　：さあ、次は朝の海と千代乃花だよ。
木村　：千代乃花ー、負けるなー。
行司　：はっけよい、のこった！
マイク：いいぞ、朝の海、そこだ、押せ、押せ！
王　　：朝の海さーん、がんばってくださーい！
三好　：王さん、そんな丁寧な言葉を使わなくてもいいんだよ。
王　　：あ、そうですか。じゃ、遠慮なく…。
行司　：朝の海ー。
マイク：やったー！
木村　：あーあ、千代乃花、一方的に押されて、やられちゃった。
マイク：王さん、中国人力士って、いないようだね？
王　　：いえ、実は北京出身の力士がいるんですよ。
マイク：へえ、そうだったの。さすが王さん、詳しいね。王さんもどう？　やってみない？
王　　：とんでもない、私はもう、空手だけで精一杯ですよ。
三好　：さあ、いよいよモンゴルの北星山だ！
木村　：若の富士、きょうこそ、横綱らしく勝ってもらいたいな。

第3課

王　　：北星山ー、加油！
マイク・木村・三好：え？！

行司　：北星山ー。
王　　：やったー！
マイク：勝った、勝った！　でも、危なかったね。ハラハラしちゃった。
三好　：うん、横綱もよく頑張ったね。
木村　：ねえ、王さんもマイクさんも、外国人力士のファンなの？
王　　：えっ、そ、そんなことはないですけど…。
木村　：もうちょっと日本の力士を応援してくれてもいいのに…。
マイク：うーん…僕は好きな力士なら、誰でも応援してるつもりだけど。
王　　：でも、確かに外国人の力士を応援してあげたくなっちゃったな…。
三好　：まあまあ、気にしないで。自分の好きな力士を応援すればいいじゃない。

新出単語

大相撲(おおずもう)③	〈名〉	(日本相扑协会举办的)职业相扑比赛
大-(おお-)		大〜
相撲(すもう)⓪	〈名〉	相扑;摔跤
はっけよい ①	〈感〉	(相扑)(两者对峙时,裁判的喊声)好;加油
両国(りょうごく)⓪	〈固名〉	(地名)两国
国技館(こくぎかん)③	〈名〉	国技馆;相扑体育馆
力士(りきし)①⓪	〈名〉	力士(相扑运动员)
朝の海(あさのうみ)③	〈固名〉	(人名)朝海
ハワイ(Hawaii)①	〈固名〉	(地名)夏威夷
ふーん	〈感〉	是嘛
何といっても(なんと言っても)		不管怎么说;毕竟;终究
モンゴル ①	〈固名〉	(地名)蒙古
北星山(ほくせいざん)③	〈固名〉	(人名)北星山
勝つ(かつ)①	〈自Ⅰ〉	战胜;获胜;克制;占优势
確か(たしか)①	〈副〉	大概;也许
千代乃花(ちよのはな)③	〈固名〉	(人名)千代乃花
のこった ②	〈感〉	(相扑裁判员鼓励力士的喊声)加油、加油
ぞ	〈終助〉	(男性之间或对晚辈的用语)表示强烈的主张或促使对方注意
遠慮(えんりょ)⓪	〈名・自他Ⅲ〉	客气;拘谨;回避
さすが⓪	〈副〉	不愧;就连〜也都
とんでもない⑤	〈形Ⅰ〉	(强烈否定对方的说法)哪里的话
精一杯(せいいっぱい)③	〈副〉	竭尽全力
いよいよ ②	〈副〉	终于;果真;(表示极限状态)到最后关头
若の富士(わかのふじ)③	〈固名〉	(人名)若富山
横綱(よこづな)⓪	〈名〉	(相扑力士中的最高级别)横纲;[转]首屈一指者
ハラハラ ①	〈副・自Ⅲ〉	非常担心;捏一把汗;(树叶、眼泪等)扑簌下落貌
たしかに (確かに)①	〈副〉	的确;确实
まあまあ ①-①	〈副〉	(表示抚慰或催促)好了好了;行了

解説・語彙

1. 何といっても

「何といっても」意为“不管怎么说；毕竟；终究”。例如：

(1) **何といっても**今いちばん強いのはモンゴルの力士なんだ。
(2) **何といっても**彼女がいちばんきれいだ。
(3) 小学生は**何といっても**まだ子供だ。

2. 確か

「確か」表示不确定，意为“大概；也许”。「確かに」表示确定，意为“确实；一定”，注意不要将二者混淆。例如：

(1) モンゴルといえば、**確か**相撲があったと思いますけど…。
(2) 国を出たのは**確か**２月４日だったと思う。
(3) このスカートは**確か**５千円だった。

3. 遠慮なく

「遠慮」意为“客气”，常用的短语有「遠慮なく」，意为“不客气；不拘束”，修饰动词。例如：

(1) じゃ、**遠慮なく**…。
(2) どうぞ**ご遠慮なく**召し上がってください。
(3) わからないことがあれば**ご遠慮なく**おっしゃってください。

4. とんでもない

「とんでもない」在本课中用于否定对方的话，意为“哪里的话；没影儿的话”，还可用于应答对方的致谢，意为“别客气；不用谢”。例如：

(1) **とんでもない**、私はもう、空手だけで精一杯ですよ。
(2) 彼女と結婚するなんて、**とんでもない**。
(3) Ａ：こんなにたくさんお土産をいただいてすみません。
Ｂ：**とんでもない**。こちらこそ、お世話になってありがとうございました。

5. 精一杯

「精一杯」意为“竭尽全力；尽最大努力”，用作连用修饰语或以「精一杯だ」的形式使用。例如：

（1）とんでもない、私はもう、空手だけで**精一杯**ですよ。
（2）**精一杯**頑張ったのですが、できませんでした。
（3）ここまで協力するのが、僕にとっては**精一杯**だ。

6．いよいよ

本课中的「いよいよ」意为“终于……；总算……”，表示在关键时刻到来之际，说话人对理想事物的期待或对不理想事物的担心、忧虑。例如：

（1）さあ、**いよいよ**モンゴルの北星山だ！
（2）明日から**いよいよ**夏休みだ。
（3）今日で**いよいよ**試験が終わる。

「いよいよ」和「そろそろ」的主要区别在于：「いよいよ」表示事态发展到了最高阶段、最终阶段或极限阶段，强调已到达该阶段或时点；「そろそろ」表示事态成立或动作开始的时点渐渐临近，并不涉及该时点的特殊性。「いよいよ」通常不用于表示说话人自身的事，而「そろそろ」可以用于说话人自身、听话人以及包括双方在内的情形。此外，当谓语动词为意志性较强的形式时只能使用「そろそろ」，例如：「じゃ、そろそろ行きましょうか」「それでは、そろそろ始めてください」等。

第3課

解説・文法

1．～みたいだ<推测>

第二册第21课第2单元曾学习过「みたいだ」表示比喻、示例的用法，除此之外，「みたいだ」还可以接在名词、Ⅱ类形容词词干以及简体句子的后面，表示说话人的推测，这一推测是根据说话人的直接体验而得出的。一般用于口语，书面语或正式场合则使用「～ようだ」。相当于汉语的“好像～；似乎～”。例如：

（1）あれ、次の力士、日本人じゃない**みたいです**ね…。
（2）きのうから熱がある。風邪**みたいだ**。
（3）この携帯電話はお年寄りも使えるぐらいだから、操作は簡単**みたいだ**よ。
（4）あの映画、賞《しょう》をもらったわりにあまりおもしろくない**みたいです**ね。

2．それで～んだ<结果>

连词「それで」与句尾的「～んだ」呼应时，表示结果，即说话人以前面的内容为根据，推导出了这一结果。相当于汉语的“所以才～”。例如：

（1）王　　：モンゴルといえば、確か相撲があったと思いますけど…。
　　マイク：ああ、**それで**モンゴルの力士って強い**んだ**ね。

(2) 君がとても気持ちよさそうに眠っていて、**それで**起こせなかった**んだ**。

(3) A：陳さんはご両親と日本で10年間暮らしたそうですよ。

B：**それで**日本語が上手な**んですね**。

3. Vるな＜禁止＞

动词词典形后接「な」时构成动词命令形的否定形式，表示禁止之意，语气强烈，除了上对下或极为亲密的关系之间，一般不直接对对方使用。在加油助威等场合，也表示说话人不希望对方做某事的愿望，如文中出现的情况。相当于汉语的"不要～；别～"。例如：

(1) 千代乃花一、負ける**な**ー。

(2)（厳しい父親）それぐらいのことで泣く**な**。

(3)（怖い先生）廊下は走る**な**。

(4)（親しい男性の友人同士）まあまあ、そんなに怒る**な**よ。

4. ぞ＜加强语气＞

语气助词「ぞ」接在用言的简体形式后面，用于加强语气，表示说话人强烈的意志、决心或意见、断定，一般为男性使用。例如：

(1) いい**ぞ**、朝の海、そこだ、押せ、押せ！

(2) きょうも絶対勝つ**ぞ**。

(3) いつまで寝ているんだ。もう11時だ**ぞ**。早く起きろ。

(4) きょうは焼肉を食べた**ぞ**。うまかった**ぞ**！

5. さすが＜评价＞

副词「さすが」意为"真不愧是；到底是；的确；果然"，常用的形式还有「さすがは」和「さすがに」。「さすが」和「さすがは」一般用于积极、褒义的评价，而「さすがに」既用于褒义，也用于贬义。例如：

(1) **さすが**王さん、詳しいね。

(2) **さすがは**万里の長城だ。

(3) A：おかげさまで優勝しました。

B：**さすが**！

(4) 昨夜は徹夜したから、**さすがに**きょうは眠くてたまらない。

6. Vている／Vたつもりだ＜主观感受＞

「Vている」或「Vた」后接「つもりだ」时，用于强调动作主体在主观上认为或确信自己正在进行或进行了该动作，但事实上却没有取得预期的效果。相当于汉语的"自己认为～；自己觉得～"。例如：

(1) うーん…僕は好きな力士なら、誰でも応援してる**つもりだ**けど。
(2) 頭ではわかっている**つもりだ**が、実際やってみると難しい。
(3) きちんと答えた**つもりだ**が、わかってもらえなかったようだ。
(4) 自分では正しい英語をしゃべっている**つもり**なのに、全然通じないことがある。
(5) 今までも、自分では努力してきた**つもりだ**。でも父にはまだまだ努力が足りないと言われる。

当「Vているつもりだ」用于问句时，则表示询问对方打算将正在进行的动作进行到何时。例如：

(6) ねえ、いつまで怒ってる**つもり**？

7. Vばいいじゃない＜建议＞

「Vばいい」后接「じゃない」表示说话人委婉的建议，有劝说听话人同意自己的主张的含义。句尾读升调。相当于汉语的"～不就行了；～就可以了"。例如：

(1) 自分の好きな力士を**応援すればいいじゃない**。
(2) 来てほしくなければ**断わればいいじゃない**。
(3) どうしても行きたいなら**行けばいいじゃない**。
(4) A：電車がなくて帰れなかったら、うちに**泊まればいいじゃない**。
B：え、いいの？　助かる！

第3課

解説・会話

1. 避免断定

避免使用断定的表达方式是日语的一大特点。不论日常会话，还是撰写论文，都经常使用这样的表达方式：「～だろう／～ようだ／～みたいだ／～かもしれない／～じゃないか／～と思われる／～ではなかろうか／～と考えられる／～と言えるであろう…」等。这些表达方式不仅在说话人对所陈述的内容没有把握时使用，即使有把握（坚信不疑），也会使用它们来表明说话人的一种态度——自己并非处于可以进行判断的绝对地位。这种表达方式在日语中很常见，而且其种类繁多（比如气象厅发布天气预报时也使用「雨が降るでしょう」这种回避断定的表达方式）。

可否断定，实际上取决于说话人是否比听话人及在场的其他人掌握更多的信息。例如：

(1) 王　　：あれ、次の力士、日本人じゃないね。

マイク：そう、朝の海はハワイ出身なんだよ。

关于例（1），如果谈话现场有相扑专家在的话，后一句话就应回避使用「ハワイ出身なんだよ」这种表达方式，句尾一般会去掉「んだ」，加「～らしいよ」。

此外，如果谈话双方关系很好，相互可以使用简体交谈，前一句话还可以说成「日本人じゃないよね」。总之，是否回避使用断定的表达方式，取决于更有资格对该信息进行判断的人是否在场，以及谈话双方的人际关系如何。如果关系很熟，自然无需过多考虑使用何种表达判断的方式。

2. Vてもらいたい——说话人受益的愿望表达方式

表达愿望的句式「Vてもらいたい」是说话人希望自己关注的人能够完成某一行为。原本在日语中，如果表达说话人获益，便会使用授受动词，这样更合乎语法习惯。通过添加授受动词，可以表明对受益来源的高度重视。本课会话中的用法是说话人作为相扑迷在加油助威，即：「若の富士、きょうこそ横綱らしく勝ってもらいたいな」，如果不用「もらう」，而仅仅说成「きょうこそ横綱らしく勝ちたいな」，那说话人就变成了横纲本人，是他希望自己获胜。另外，如果说成「若の富士、きょうこそ横綱らしく勝たないかな」，那么这句话表达这样一层意思：「勝つ」这件事与说话人受益与否没有直接关系。作为日语，这种说法稍嫌不自然。

另外，日语中不存在「Vてくれたい」这种形式。

3. V(ら)れた、V(ら)れちゃった——来自关心对象的伤害

「V（ら）れちゃった」的原形是「V（ら）れてしまった」，在以东京为中心的关东地区经常使用「V（ら）れちゃった」这种说法。与「Vてもらう／くれる」不同，「V（ら）れ（ちゃっ）た」表示来源于动作主体（他人）的间接受害（或曰被动受害），它表示说话人所关心的人导致自己（说话人）受到（精神上的）伤害或因此而消沉、失落。同时它还表明说话人的一种态度，即自己关心、支持的对象是哪一位。这种受害的表达方式较之受益句，必须使用的要求度低，完全是一种任意的表达方式（即可用可不用）。例如：

(1) ロスタイムに敵《てき》に１点**入れられて**、負けちゃった。
(2) あーあ、千代乃花、一方的に**押されて、やられちゃった**。

通过授受表达或被动受害的形式，可以表明说话人的态度、情感。在口语包括体育比赛的实况转播，以及小说、剧本等主观描写色彩比较浓厚的话语、文章中经常可以听到或见到。而以客观、实事求是描写为宗旨的报刊评论、论文等，一般避免使用这样的表达方式。

4. Vてくれてもいいのに——表明说话人的不满

当说话人对自己所期待、予以声援的人的行为表示不满时，经常使用「Vてくれても

いいのに」，或表示愿望的「Vてくれないかな」这样的句式。例如：

(1) もうちょっと**応援してくれてもいいのに**。

(2) 王　：その北星山って、日本の力士よりも強いんですか。

木村：そうなのよ。もっと**がんばってくれないかな**、日本人力士も。

另外，对不满者进行安慰时，可以使用「まあまあ」等表达方式。

5. ～つもり——内心真实意图的表达方式

「つもり」不是单纯地表示有关未来的计划或打算，而是表示说话人个人所具有的、他人无法从外部窥测到的内心真实感受或已经确定的计划、意向。因此，如果询问对方「～するつもり（です）か」，就意味着闯入了对方的内心世界，需要格外注意。另外，「つもり」还可以表示与现实存在一定差距的说话人个人的揣测（自以为是）。例如：

(1) A：このあいだの模擬試験、どうだった？

B：自分ではできた**つもり**だったんだけど、点数が悪かったんだ。

(2) 僕は好きな力士なら、誰でも応援してる**つもり**だけど。

例（2）实际上是一种表达批评意见的说法，它指出听话人与说话人自己在认识上存在着差距。

6. Vてあげたい——施益表达

在日语中，像「Vてあげる」这种表示施益的句式不宜对听话人直接使用。这是因为在日语中它有这样一层含义：施益将会给听话人造成心理上的负担。不过，施益的对象如果是第三者，则可以使用。例如：

(1) でも、確かに外国人の力士を**応援してあげたくなっちゃった**な。

另外，要表示施益义时一般要转换为「おVする／いたす」这样的自谦表达方式，或「Vさせていただく」这种使动加受益的表达方式。例如：

(2) ？ 先生、手伝って（さし）あげます。

⇒先生、お手伝い（いた）します。

⇒先生、お手伝いさせていただきます。

采用上述两种方式，通过表达说话人单方面的请求，或与说话人自己的受益相联系，就可以避免给听话人造成心理上的负担。现在大多数人认为「Vさせていただく」这种表达方式礼貌程度更高，因此它的使用频率也相对较高。

練習用単語

取り組み(とりくみ)⓪	〈名〉	(相扑)搭配；对阵；(比赛的)编组；对手
夢中(むちゅう)⓪	〈形Ⅱ〉	热衷；着迷；睡梦中
スポット(spot)②	〈名〉	地点；场所
カロリー(calorie)①	〈名〉	热量；卡路里
ダイエット(diet)①	〈名·自Ⅲ〉	减肥；瘦身
成功(せいこう)⓪	〈名·自Ⅲ〉	成功；成就；胜利
余計(よけい)⓪	〈形Ⅱ〉	多余的；没用的；富裕的
断定(だんてい)⓪	〈名·自Ⅲ〉	判断；断定；判定
避ける(さける)②	〈自他Ⅱ〉	避开；避免；躲避；逃避
生息(せいそく)⓪	〈名·自Ⅲ〉	生活；生长；生息
四川省(しせんしょう)②	〈固名〉	(地名)四川省
動物園(どうぶつえん)④	〈名〉	动物园
陝西省(せんせいしょう)③	〈固名〉	陕西省
平安京(へいあんきょう)③	〈固名〉	平安京(日本古代地名)
造る(つくる)②	〈他Ⅰ〉	创造；建造；修建；铸造
事態(じたい)①	〈名〉	事态；情形；局势
受身(うけみ)③②	〈名〉	被动；被动态；招架
受益(じゅえき)⓪	〈名·自Ⅲ〉	受益
前半(ぜんはん)⓪	〈名〉	前半；前一半；上半场
同点(どうてん)⓪	〈名〉	得分相同；平局
後半(こうはん)⓪	〈名〉	后半；后一半；后半场
ゴール(goal)①	〈名·自Ⅲ〉	(球类的)球门；(体育)终点；进球；得分
リード(lead)①	〈名·自他Ⅲ〉	领导；引导；(比赛等)领先
逆転(ぎゃくてん)⓪	〈名·自Ⅲ〉	逆转；扭转比赛局势；倒过来
チーム(team)①	〈名〉	队；球队；团体；组
濡れる(ぬれる)⓪	〈自Ⅱ〉	淋湿；沾湿
玄関(げんかん)①	〈名〉	门口；正门；玄关；门厅
味方(みかた)⓪	〈名〉	我方；自己一方；同伙；朋友
サーブ(serve)①	〈名·自Ⅲ〉	发球；开球
ミス(miss)①	〈名·自Ⅲ〉	失误；差错；错误；犯错误
ブラジル (Brazil)⓪	〈固名〉	(国名)巴西
戦う(たたかう)⓪	〈自Ⅰ〉	竞赛；比赛；斗争；作战
セット (set)①	〈名〉	(体育比赛)局
連続(れんぞく)⓪	〈名·自Ⅲ〉	连续；接连
何とか(なんとか)①	〈副〉	想办法
アタック(attack)②	〈名·自他Ⅲ〉	进攻；攻击；挑战；扣球

思惑（おもわく）⓪	〈名〉	想法；念头；打算；意图；心愿；期待
模擬試験（もぎしけん）③④	〈名〉	模拟考试
当然（とうぜん）⓪	〈副・形Ⅱ〉	当然；理所当然；自然
悔しい（くやしい）③	〈形Ⅰ〉	懊悔；遗憾；气愤
思い込む（思い込む）④	〈他Ⅰ〉	深信；坚信

練　習

A．内容確認

会話文について、次の質問に答えてください。

(1) マイクさんによると、今いちばん強い力士はどこの出身ですか。
(2) 王さんとマイクさんは、なぜモンゴル人力士が強いのだと考えましたか。
(3) 朝の海と千代乃花の取り組みで、木村さん、マイクさん、王さんはそれぞれどちらを応援しましたか。また、どちらの力士が勝ちましたか。
(4) 王さんは自分も相撲をしてみようと思っていますか。それはなぜですか。
(5) 木村さんは、なぜ、きょうこそ若の富士に勝ってもらいたい、と言ったのですか。
(6) 若の富士と北星山の取り組みで、木村さん、マイクさん、王さんはそれぞれどちらを応援しましたか。また、どちらの力士が勝ちましたか。
(7) 木村さんは、マイクさんと王さんの応援の様子を見て、どう思いましたか。
(8) マイクさんは外国人力士を応援しようと考えていますか。王さんもマイクさんと同じ考えですか。
(9) 三好さんは力士の応援についての木村さんやマイクさんや王さんの考えに対して、どう思っていますか。

B．文型練習

1．次の①②は（　　）の中の言葉を正しい順番に並べてください。③は文を完成させてください。

(1) ～みたいだ

①（に・に・空手・夢中・みたいだ・なっている）
マイクさんは＿＿＿＿＿＿＿＿＿＿＿＿＿＿＿＿。

②（が・咳・ほとんど・みたいだ・眠れなかった・ひどくて）
母はきのうの夜は＿＿＿＿＿＿＿＿＿＿＿＿＿＿＿＿。

③きのう＿＿＿＿＿＿＿＿＿＿＿＿＿＿＿＿みたいです。

2．次の①②はaまたはbの正しいほうを選んでください。③は文を完成させてください。

(1) さすが

①さすが観光スポット、＿＿＿＿＿＿＿＿＿＿＿＿。

a．観光客で混んでいた　　b．観光客がほとんどいなかった

②さすが相撲の力士、＿＿＿＿＿＿＿＿＿＿＿＿。

a．体が大きい　　b．そんなに強くない

③さすが中国、＿＿＿＿＿＿＿＿＿＿＿＿。

(2) Vている／Vたつもりだ

①早く来たつもりだったが、＿＿＿＿＿＿＿＿＿＿＿＿。

a．人が多くなかった　　b．もうたくさんの人が並んでいた

②カロリーに気をつけているつもりですが、＿＿＿＿＿＿＿＿＿＿＿＿。

a．ダイエットに成功した　　b．また太ってしまった

③自分では頑張っているつもりなのに、＿＿＿＿＿＿＿＿＿＿＿＿。

3．「Vるな」を使って命令してください。

(1)（妻に）余計な心配をしないでほしい。

(2)（友人に）変なことを言わないでほしい。

(3)（生徒に）危ないから混ぜないでほしい。

(4)（好きな選手に）負けないでほしい。

4．「Vばいいじゃない」を使って、アドバイスしてください。

(1) 髪の毛の色を変な色に染められて、みんなに笑われている鈴木さんに

(2) 単語の意味が辞書になくて困っている王さんに

(3) 毎晩隣の人に騒がれて、夜よく眠れない友達に

(4) ガールフレンドが素敵な男性と映画館から出てきたのを見て、がっかりしている友達に

C．会話練習

1．ポイント：情報が確かでないときの断定を避ける言い方

「モンゴルといえば、確か相撲があったと思いますけど…。」

モデル会話

吉田先生：王さん、ちょっと中国のパンダについて聞きたいことがあるんですけど。
王　　　：はい、何でしょうか。

吉田先生：あの、パンダは中国にしか生息していないんですか。
王　　　：ええ、たぶんそうじゃないかと思いますけど…。
吉田先生：ああ、そう。じゃあ、やっぱり四川省に？
王　　　：ええ、動物園以外だと、四川省や陝西省などにいるらしいですね。そんなことを聞いたような気がしますけど。
吉田先生：そうですか。ありがとう。

ここをおさえよう！

（1）王さんは吉田先生の質問にどんな言葉を使って答えましたか。
（2）なぜ、王さんは（1）のような答え方をしたのだと思いますか。

✤言ってみよう！

（　　）の言葉を、はっきりと断定できない場合の表現に変えて言ってください。①〜⑤は「（たぶん／確か）〜と思います／と思うけど」、⑥〜⑩は「（たぶん／確か）〜（ん）じゃないかと思います／と思うけど」を使い、イントネーションに気をつけて言ってみましょう。

（1）A：山田さん、きょうは来ないんですか。
　　B：きょうはたぶん欠席です→
（2）A：山田さん、どうしたんですか。
　　B：たぶん風邪です→
（3）A：日本の平安京って、いつ造られたんですか。
　　B：えーっと、確か794年です→
（4）A：パンダって、中国のどこにでもいるんですか。
　　B：たぶん四川省や陝西省などにしかいません→
（5）A：文法は、日本語と中国語とどちらが難しいですか。
　　B：そうですね…。たぶん、日本語より中国語のほうが難しいです→
（6）A：中国人の力士っているんですか。
　　B：えーっと、確か北京出身の力士がいます→
（7）A：高橋さんって、ボーイフレンドいるのかな。
　　B：どうかな。確か、高橋さんは王さんのガールフレンドです→
（8）A：王さんが留学して、高橋さんはどんな気持ちかな。
　　B：うーん、たぶん、さびしくなりました→
（9）A：万里の長城って、いつ造られたんですか。
　　B：確か秦の時代に建造されました→
（10）A：中国対日本のサッカーの試合って、いつ行われるんですか。
　　B：たぶん来月行われます→

2．ポイント：話し手による事態のとらえ方　―受身表現・受益表現―

「あーあ、千代の花、一方的に押されて、やられちゃった。」

モデル会話

朴：王さん、きのうの韓国対アメリカのサッカーの試合、見ましたか？
王：あ、忘れてた！　結果はどうだったんですか。
朴：前半は１対１で同点だったんですけど。
王：ええ、ええ…
朴：後半15分ぐらいにゴールを決められて、２対１になったんです。
王：リードされたんですね。
朴：ええ。そのあとも何回もゴール決められそうになって。
王：負けちゃったんですか。
朴：いや、終了直前にキムが２点も入れてくれたんですよ。
王：わあ、逆転したんですね。
朴：そうなんです！　本当にいい試合でした。

ここをおさえよう！

(1) 朴さんはアメリカと韓国のどちらのチームを応援しましたか。それはどんな言葉からわかりますか。
(2) 王さんはどちらかのチームのファンだと思いますか。それはなぜですか。

✤言ってみよう！

例のように（　　）の言葉を受身表現または受益表現を使って、話し手の立場を表してみましょう。

例１：（雨がやんで→　雨がやんでくれて）、よかった。
例２：（キムが点を入れて→　キムに点を入れられて）、負けてしまいました。

(1) 最近暑かったけど、やっと（雨が降って→　　　　　）少し涼しくなった。
(2) 急に（雨が降って→　　　　　）濡れてしまった。
(3) あしたは試合だから、（晴れる→　　　　　）といいですね。
(4) 寮の玄関に（かぎをかけて→　　　　　）、中に入れなくなった。
(5) 試合終了１分前に（味方のチームが点を入れて→　　　　　）勝った。
(6) 試合終了１分前に（敵が点を入れて→　　　　　）負けてしまった。
(7) 試験に難しい問題ばかり（出して→　　　　　）、学生はみんな困っていた。
(8) （新入部員がおおぜい入って→　　　　　）、クラブの雰囲気が明るくなった。

(9) 卓球の試合で（相手がサーブをミスして→　　　　）何とか勝てた。
(10) 今日は（選手が頑張って→　　　　）試合に勝てた。

✤正しいのはどれ？

マイクさんと王さんが、アメリカとブラジルのバレーボールの試合について話しています。（　　）の中から適当な言葉を選んで、話してください。

マイク：きのうのバレーボールの試合、見た？
王　　：あ、見てない。どうだった？
マイク：アメリカはブラジルと戦ったんだけど、
　　　　（負けちゃったんだ／勝っちゃったんだ）。
王　　：そうか、残念だったね。で、どんな試合だったの？
マイク：第１セットは取ったんだけど、第２、第３セットは
　　　　（ブラジルが取って／ブラジルに取られて）…。
王　　：第４セットは？
マイク：ブラジルがサーブを連続で（ミスして/ミスしてくれて/ミスされて）、
　　　　何とか取れたんだ。
王　　：うん、うん。
マイク：でも、第５セットでアタックをどんどん（決めて／決められて）…。
王　　：そう、残念だったね。

第3課

3．ポイント：予定や思惑と異なる場合に使う「つもり」

「じゃあ、一緒に空手やらない？　空手部に入れば、友達も増えるし、体も強くなるし。ね、やろうよ！　ね、ね！」

モデル会話

井上先生：今年の日本語能力試験、受けますか。
マリー　：はい。マイクさんは？
マイク　：あの、受けるつもりだったんですけど、実は迷ってるんです。
井上先生：どうしてですか。
マイク　：自分では頑張って勉強してきたつもりだったんですけど、このあいだ、模擬試験を受けてみたら、全然できなくて…。
マリー　：実は私もそんなに自信はありませんけど、せっかくの機会だから受けてみるつもりです。
マイク　：そうですか。じゃ、やっぱり僕も受けてみようかな。

ここをおさえよう！

(1) マイクさんは、今年、日本語試験を受けますか。
(2) マイクさんの模擬試験の結果は、期待どおりでしたか。
(3) なぜ、マイクさんは「つもり」を使って答えているのですか。
(4) なぜ、マリーさんは「つもり」を使って答えたのですか。
(5) なぜ、井上先生は「つもり」を使わずに聞いたのだと思いますか。

✤言ってみよう！

次の（　　）の言葉を「つもりだ／です」を使って言ってください。

例：頑張って（練習したと思った→　練習したつもりだったんだ）けど、試合で負けてしまった。

(1) A：あしたのテニスの試合、出場しますか。
　　B：（出ようと思っていました→　　　　　　）けど、けがをしてしまって…。
(2) A：すみません、先生。あの、レポート、きょうまでに（終わらせようと思っていた→　　　　　　）けど…。
　　B：え？　きのうもそう言いませんでしたか？
(3) A：あれ、出かけるんですか。
　　B：ええ、宿題があるからどこにも（行かないことにしていたのです→　　　　　　）が、友達が病気になったので…。
(4) A：デジカメ、どこ？
　　B：あれ？　（ここに入れたと思った→　　　　　　）けど…。
(5) A：面接はうまくいきましたか。
　　B：自分では（よく頑張った→　　　　　　）けど、よく思い出してみると、いろいろ失敗したような気がします。

✤正しいのはどっち？

（　　）の中の言葉から適当なものを選んでください。

王　：三好さん、このあいだのテニスの試合、どうでした？
三好：それが、負けちゃって…。
王　：そうですか…。
三好：相手は1年生だったから、当然（勝つつもりだった／勝ちたいつもりだった）のに、サーブを何本も（決めて／決められて）悔しくて…
王　：そうですか…。応援に（行くつもりだった／行くと思っていた）んですが、行けなくなって。すみませんでした。

三好：ううん、気にしないで。
王　：次は必ず、試合見に行きますよ。
三好：ありがとう。
王　：頑張ってくださいね。
三好：うん、ありがとう。

✤発展練習：ロールプレイをしよう！

ロールカードの指示に従って、話しましょう。

A

◆役割：Ｂさんの友達
◆状況：昨日はＢさんの卓球の試合でしたが、応援に行けませんでした。
①Ｂさんに試合の結果を聞いてください。
②応援に行けなかったことを謝ってください。
③試合に負けたＢさんを励ましてください。

B

◆役割：　Ａさんの友達
◆状況：昨日、卓球の試合がありました。
たくさん練習したので勝つと思い込んでいましたが、相手のサーブが速すぎて全然返すことができず、負けてしまいました。
①Ａさんに聞かれたら、試合の結果を報告してください。
②Ａさんが励ましてくれたら、感謝の言葉を言ってください。

ユニット２　読解

外国人力士の活躍

東京には国技館という相撲のための施設がある。国技館という名前が表すように、相撲は日本固有のスポーツである。国技だけに相撲界には様々な伝統やしきたりがある。例えば、力士は昔風の髷《まげ》を結い、普段の生活も和服で過ごすことが多い。相撲の世界では、力士はもちろん行司や呼び出しなど、取り組みに関係する仕事はすべて男性が行っている。女性は、土俵に上がることもできない。

近年、この相撲の世界で外国人力士の活躍が目立つようになった。力士の最高位は横綱だが、ここ数年間、日本人横綱不在の状態が続いている。ハワイ出身の横綱やモンゴル出身の横綱が相撲界をリードしているのである。横綱に続く複数の大関はいずれも日本人力士で、毎場所彼らの横綱昇進が期待されているが、なかなか横綱を倒すことができない。横綱だけでなく、幕内、十両、それ以下の地位にも、モンゴル出身の力士をはじめ、中国、韓国、ロシア、ブルガリア出身の力士がいる。日本人の入門者が少なくなってきている状況で、今や、外国人力士を抜きにして相撲を話題にするわけにはいかない。

この現象は、日本が相対的に豊かになったため、ハングリー・スポーツである相撲の世界に入る若者が少なくなったからだとか、人前にお尻を出すのが恥ずかしいという意識が広まったからだとか、説はいろいろある。その一方、相撲が柔道と同じように国際化しているという見方もある。国際化という点からは、外国人の相撲界での活躍はむしろ喜ばしいと考えられるであろう。

外国人力士の活躍を考える際、忘れてならない存在はハワイ出身の高見山という力士のことである。高見山は19歳で相撲界入りしたが、15歳の力士でも自分より地位が上なら先輩とみなさなければならないというしきたりにまごついたり、相撲界独特の厳しい稽古に涙をこぼしたりした。しかし、彼はその苦労に耐えぬき、横綱、大関に次ぐ関脇の地位を何度も務めた。平幕で横綱を倒した金星12個は、今でも記録である。その巨体と愛嬌のあるしぐさを含めて人気力士となり、40歳で引退した後もテレビ・コマーシャルの人気者になったほどである。また、彼はいろいろ考えぬいた末に日本に帰化して親方となった。初めての外国出身の大関を育てたことも含めて、相撲の国際化の先駆者というべきであろう。高見山を抜きにして相撲界の外国人力士の歴史を語ることはできない。

新出単語

固有(こゆう)⓪	〈名·形Ⅱ〉	固有（的）；特有（的）；专有（的）
国技(こくぎ)①	〈名〉	国技；一个国家的传统武术、技艺、运动等
-界(-かい)		～界
しきたり⓪	〈名〉	惯例；常规；规矩
昔風(むかしふう)⓪	〈名〉	古式；老式
髷(まげ)⓪	〈名〉	发髻
結う(ゆう)⓪	〈他Ⅰ〉	绾（发髻）；梳扎（头发）；结
和服(わふく)⓪	〈名〉	和服
行司(ぎょうじ)⓪	〈名〉	相扑裁判员
呼び出し(よびだし)⓪	〈名〉	（相扑）传呼力士上场的人；（电话的）传呼
土俵(どひょう)⓪	〈名〉	（相扑）比赛场；摔跤场
目立つ(めだつ)②	〈自Ⅰ〉	引人注目；显著；显眼
不在(ふざい)⓪	〈名〉	不在；不在家
大関(おおぜき)①	〈名〉	（相扑）大关（级别仅次于横纲）
いずれも⓪	〈副〉	全；都
場所(ばしょ)⓪	〈名〉	（相扑比赛的）会期；会场；赛季
昇進(しょうしん)⓪	〈名·自Ⅲ〉	晋级；升级
倒す(たおす)②	〈他Ⅰ〉	打倒；打垮；击败
幕内(まくうち)④⓪	〈名〉	（相扑）幕内级力士
十両(じゅうりょう)③	〈名〉	（相扑）十两（幕内与幕下之间的力士级别）
地位(ちい)①	〈名〉	地位；级别
ロシア(Russia)①	〈固名〉	（地名）俄国
ブルガリア(Bulgaria)	〈固名〉	（地名）保加利亚
入門(にゅうもん)⓪	〈名·自Ⅲ〉	初学；入门
今や(いまや)①	〈副〉	现在已经；现在正是
抜き(ぬき)①	〈名〉	排除；除去；省去
現象(げんしょう)⓪	〈名〉	现象
相対的(そうたいてき)⓪	〈形Ⅱ〉	相对的
ハングリー(hungry)①	〈形Ⅱ〉	空腹（的）；饥饿（的）
人前(ひとまえ)⓪	〈名〉	众人面前；人前；外表
お尻(おしり)⓪	〈名〉	屁股，臀部
尻(しり)②	〈名〉	屁股；臀部
説(せつ)⓪①	〈名〉	意见；主张；学说
一方(いっぽう)③	〈名〉	一方面；一个方向

見方（みかた）③②	〈名〉	看法；见解
点（てん）⓪	〈名〉	点；论点；观点
むしろ（寧ろ）①	〈副〉	莫如；倒是
喜ばしい（よろこばしい）⑤	〈形Ⅰ〉	可喜的；喜悦的；高兴的
際（さい）①	〈名〉	～时候；～之际
高見山（たかみやま）⓪	〈固名〉	（人名）高见山
入り（いり）⓪	〈名〉	进入～
みなす（見做す）⓪	〈他Ⅰ〉	看作；认为
まごつく⓪	〈自Ⅰ〉	不知所措；徘徊
こぼす（零す・溢す）②	〈他Ⅰ〉	落泪；洒泪；弄洒
苦労（くろう）①	〈名・形Ⅱ・自Ⅲ〉	劳苦；辛苦；操心
耐えぬく（たえぬく）③	〈自Ⅰ〉	经受；忍受住了
-ぬく		（表示坚持到底）～到底；（表示程度）～极了；极其～
次ぐ（つぐ）⓪	〈自Ⅰ〉	次于；仅次于
関脇（せきわけ）⓪	〈名〉	（相扑）关胁（级别次于横纲和大关）
平幕（ひらまく）⓪	〈名〉	（相扑）平幕（幕内级别中非横纲、大关、关胁、小结的力士）
金星（きんぼし）①	〈名〉	指相扑比赛中平幕级力士打败横纲
記録（きろく）⓪	〈名・他Ⅲ〉	记录；记载
巨体（きょたい）⓪	〈名〉	庞大的身体
愛嬌（あいきょう）③	〈名〉	讨人喜欢；可爱；魅力
しぐさ（仕種・仕草）①⓪	〈名〉	动作；举止；（舞台上的）做派；做功
含める（ふくめる）③	〈他Ⅱ〉	包含；包括；嘱咐；告知
引退（いんたい）⓪	〈名・自Ⅲ〉	引退；退职；辞职
テレビ・コマーシャル（television commercial）⓪-②	〈名〉	电视商业广告
人気者（にんきもの）⓪	〈名〉	受欢迎的人；红人
帰化（きか）①	〈名・自Ⅲ〉	加入（某国）国籍；（生物）归化
末（すえ）⓪	〈名〉	末尾；末了；结局；最后
親方（おやかた）③④	〈名〉	（相扑的）教练；（手艺人的）师傅；老板；头目
育てる（そだてる）③	〈他Ⅱ〉	培养；养育；抚养
先駆者（せんくしゃ）③	〈名〉	先驱；先行者
語る（かたる）⓪	〈他Ⅰ〉	讲述；谈论

解説・語彙

1．いずれも

「いずれも」意为“全都；不论哪个（人）都”，统括三个以上的人或物，两个人或物时用「どちらも」。例如：

(1) 横綱に続く複数の大関は**いずれも**日本人力士で、毎場所彼らの横綱昇進が期待されているが、なかなか横綱を倒すことができない。
(2) その五つの案は**いずれも**社長には認められなかったらしい。
(3) 班長《はんちょう》の候補《こうほ》は**いずれも**成績のよい学生だ。

2．今や

「今や」意为“现在已经”，用于表示目前已进入了某一时期、某一状态。例如：

(1) 日本人の入門者が少なくなってきている状況で、**今や**、外国人力士を抜きにして相撲を話題にするわけにはいかない。
(2) **今や**情報の時代となり、インターネットを通じて世界各地の情報を手に入れることができる。
(3) テープを使ったビデオなんかは**今や**時代遅れかもしれない。

3．喜ばしい

「喜ばしい」意为“令人高兴的；可喜可贺的”，用于表示某一事物的性质，表达高兴的心情时则用「うれしい」。例如：

(1) 国際化という点からは、外国人の相撲界での活躍はむしろ**喜ばしい**と考えられるであろう。
(2) 無事《ぶじ》に帰れたことは何より**喜ばしい**ことだ。
(3) 卓球の世界大会に出場した選手の家族にとって**喜ばしい**ニュースが届いた。

4．みなす

「みなす」意为“看做；认为”，多使用其被动态。例如：

(1) 高見山は19歳で相撲界入りしたが、15歳の力士でも自分より地位が上なら先輩と**みなさなければならない**というしきたりにまごついたり、相撲界独特の厳しい稽古に涙をこぼしたりした。
(2) 昔はオートバイに乗っているだけで不良《ふりょう》と**みなされた**。
(3) 30分以上の遅刻は欠席と**みなされる**。

5．こぼす

「こぼす」意为“洒；撒”，本课出现的「涙をこぼす」是常用的短语，意为“落泪；洒泪”。例如：

（1）高見山は19歳で相撲界入りしたが、15歳の力士でも自分より地位が上なら先輩とみなさなければならないというしきたりにまごついたり、相撲界独特の厳しい稽古に涙を**こぼしたりした**。
（2）手がすべってコーヒーを**こぼしてしまった**。

此外「こぼす」还有“抱怨；发牢骚”的意思，常用的短语有「愚痴《ぐち》をこぼす」。例如：

（3）今さら愚痴を**こぼしても**済《す》んだことはしかたがない。

6．苦労

「苦労」用作名词时，意为“辛苦；劳苦；艰苦”，做动词用时意为“操劳；烦恼；担心”。例如：

（1）しかし、彼はその**苦労**に耐えぬき、横綱、大関に次ぐ関脇の地位を何度も務めた。
（2）彼は**苦労**の末、すばらしい論文を書いた。
（3）昔、彼女は金でずいぶん**苦労した**。
（4）わがままな［わがまま：任性的］彼女にはいつも**苦労させられた**。

7．-ぬく

「ぬく」前接动词的第一连用形构成复合动词，一般表示“～到最后；～到底”，较常用的词有「頑張りぬく」「生きぬく」「やりぬく」「耐えぬく」等。例如：

（1）しかし、彼はその苦労に**耐えぬき**、横綱、大関に次ぐ関脇の地位を何度も務めた。
（2）難しい仕事だったが、彼は最後まで**やりぬいた**。
（3）祖父の世代には苦しい時代を**生きぬく**強さがあった。

解説・文法

1．～だけに<成正比的因果关系>

「だけに」接在名词或形容词、动词的连体形后面构成从句，意为从句所示的原因造成了主句表达的结果，二者在程度上是相当的，是成正比的。相当于汉语的“正因为～”。例如：

(1) 国技だけに相撲界には様々な伝統やしきたりがある。
(2) 同じ趣味を持つ仲間だけに話もよく通じる。
(3) もうだめだとあきらめていただけに、優勝したときは、涙が出るほどうれしかった。
(4) 趙さんは10年もアメリカにいただけに英語が上手だ。
(5) 手続きが複雑なだけに、あまり利用されないという心配がある。

2. ～はもちろん～（も）<代表性事物>

名词或名词化后的动词、形容词后接「はもちろん」，表示前项所指的代表性事物自不用说，另有同类其他事物也具有后项谓语所示的特征。有时也用「～はもちろんのこと」。相当于汉语的“～就不必说了，～（也）”。例如：

(1) 相撲の世界では、力士**はもちろん**行司や呼び出しなど、取り組みに関係する仕事はすべて男性が行っている。
(2) 田中さんは英語**はもちろん**、中国語**も**フランス語**も**話せる。
(3) 天安門広場は週末**はもちろんのこと**、平日**も**市民や観光客で賑《にぎ》わう［賑わう：热闹］。
(4) このかばんは、値段が安いの**はもちろん**、デザイン**も**かわいい。
(5) きれいな景色を見るの**はもちろん**、地元の料理を味わうの**も**旅行の楽しみの一つだ。

3. Nを抜きにして<排除>

名词后接「を抜きにして」构成条件从句，表示如果将该名词所指的事物排除在外或无视其存在的话，主句所示的动作将无法实现，句尾一般为否定性表达方式。相当于汉语的“抛开～（就不能～）”。例如：

(1) 日本人の入門者が少なくなってきている状況で、今や、外国人力士**を抜きにして**相撲を話題にするわけにはいかない。
(2) 今や中国**を抜きにして**ビジネスは語れない。
(3) コンピューター**を抜きにして**は現代社会を語ることができない。
(4) 様々な人との関わり**を抜きにして**私たちは生きられない。

当句尾的词语是肯定形式时，「Nを抜きにして」则构成连用修饰语从句，表示在该状态下进行某一动作。例如：

(5) 個人的な感情《かんじょう》**を抜きにして**、冷静《れいせい》に見ていきたいと思う。
(6) 冗談《じょうだん》**を抜きにして**、まじめに考えましょう。

第3課

4. Vるわけにはいかない＜不可能＞

动词的词典形或否定形后接「わけにはいかない」时，表示由于某种理由，或受一般常识、社会观念及经验的制约，不能或无法进行该动词所指称的动作。相当于汉语的“不能～；不应该～；无法～”。例如：

(1) 日本人の入門者が少なくなってきている状況で、今や、外国人力士を抜きにして相撲を話題にする**わけにはいかない**。
(2) お金が必要なので、アルバイトを休む**わけにはいかない**。
(3) みんなに期待されているから、この仕事を途中でやめる**わけにはいかない**。
(4) これは重要な書類なので、みんなに見せる**わけにはいかない**。
(5) 大切な会議ですから、参加しない**わけにはいきません**。

5. Vる一方（で）／その一方（で）＜另外一种情况＞

动词词典形后接「一方（で）」或两句之间使用「その一方（で）」，用于对一个事物的两个方面进行对比说明，表示除了前面叙述的情况以外，同时还存在着另外一种情况。相当于汉语的“一方面～，而另一方面～”。例如：

(1) **その一方**、相撲が柔道と同じように国際化しているという見方もある。
(2) 僕は一生懸命仕事をする**一方**、休日には思《おも》い切《き》り［思い切り：尽情地；痛快地］遊んでいる。
(3) よく勉強する**一方で**、趣味も楽しむ学生が増えている。
(4) 人々の生活は便利になった。**その一方で**環境が悪化《あっか》している。

6. むしろ＜比较、选择＞

副词「むしろ」用于表示说话人将两个事物进行比较后所选择的结果，而这一结果往往是出乎人们意料或不符合常理的。相当于汉语的“与～相比，还是～；与其～，还不如～”。例如：

(1) 国際化という点からは、外国人の相撲界での活躍は**むしろ**喜ばしいと考えられるであろう。
(2) テレビが故障したが、修理するより**むしろ**新しいのを買ったほうが安い。
(3) 自分の好きな仕事ができれば、大企業よりも**むしろ**中小の企業で働きたいという若者もいる。
(4) お酒は大勢で飲むのもよいのだが、私は**むしろ**一人で飲むのが好きだ。

7. ～際＜时点＞

「際」接在动词连体形或“名词＋の”的后面，表示动作行为的时间。有时也用「～際は」或「～際に（は）」。相当于汉语的“～时；～的时候”。例如：

(1) 外国人力士の活躍を考える**際**、忘れてならない存在はハワイ出身の高見山という力士のことである。
(2) パソコンご利用の**際**はカウンターへお申し込みください。
(3) 面接の**際**に、志望理由を聞かれることが多い。
(4) 夏休みにヨーロッパへ旅行した**際**の写真を、ホームページに公開している。

8．Vてはならない<禁止>

这个句式表示禁止，多用于阐述规定、提示、训诫等。属于书面用语，一般不直接对对方使用。相当于汉语的“不能～；不可以～”等。「忘れてならない」为惯用形式，意为“不能忘记”。例如：

(1) 外国人力士の活躍を考える際、**忘れてならない**存在はハワイ出身の高見山という力士のことである。
(2) 若い時に失敗を**恐れてはならない**。
(3) お客様の情報を決して他人に**話してはならない**。
(4) **あってはならない**事件が起こってしまった。

第3課

9．～ほどである<程度>

「ほどである」前接动词、形容词连体形，用于举出具体事例说明非同一般的程度，相当于汉语的“甚至～；以至于～”。例如：

(1) その巨体と愛嬌のあるしぐさを含めて人気力士となり、40歳で引退した後もテレビ・コマーシャルの人気者になった**ほどである**。
(2) そのケーキはとてもおいしくて、3個も食べてしまった**ほどだ**。
(3) このドラマが大好きで、何度も再放送を見ている**ほどだ**。
(4) その湖の美しさは言葉では表現できない**ほどである**。
(5) 山の中で道に迷い、心細《こころぼそ》くて［心細い：心中不安；害怕］泣きたい**ほどだった**。

10．～末（に）<结果>

「末（に）」接在「Vた」或“名词＋の”后面，表示经过了一段比较艰难的过程后，最终出现了后句所示的结果。多用于书面语。相当于汉语的“经过了～，最终～”。例如：

(1) また、彼はいろいろ考えぬいた**末に**日本に帰化して親方となった。
(2) いろんな人に相談し、よく考えた**末**、会社をやめることにした。
(3) 迷った**末に**留学をあきらめた。
(4) 長年《ながねん》の努力の**末**、やっと自分の会社を立ち上げた。

練習用単語

筆者（ひっしゃ）①⓪	〈名〉	笔者；作者
一般（いっぱん）⓪	〈名〉	一般；普通；社会上的
出稼ぎ（でかせぎ）⓪	〈名〉	离开故乡外出打工挣钱
憧れる（あこがれる）⓪	〈自Ⅱ〉	憧憬；向往
糖尿病（とうにょうびょう）⓪	〈名〉	糖尿病
慎重（しんちょう）⓪	〈形Ⅱ〉	慎重；小心谨慎；稳重；稳健
臆病（おくびょう）③	〈名・形Ⅱ〉	胆怯；胆小；怯懦
修理（しゅうり）①	〈名・他Ⅲ〉	修理；修缮
論じる（ろんじる）⓪③	〈他Ⅱ〉	讨论；阐述
購入（こうにゅう）⓪	〈名・他Ⅲ〉	购买；购置；购入；采购
就職難（しゅうしょくなん）④ -難（-なん）	〈名〉	就业困难 ～难
個性（こせい）①	〈名〉	个性
マラソン（marathon）⓪	〈名〉	马拉松
本業（ほんぎょう）⓪	〈名〉	本行；正业；本职工作

練　習

A．内容確認

1．読解文を読み、①～⑩に適当な言葉を入れて、各段落の内容をまとめてください。

(1) 相撲界には、土俵に女性が上がれない、力士はまげを結うなどの
①＿＿＿＿＿＿や②＿＿＿＿＿＿がある。

(2) ①＿＿＿＿＿＿や②＿＿＿＿＿＿がある相撲界で、最近は③＿＿＿＿＿＿が活躍している。現在の④＿＿＿＿＿＿もモンゴル出身である。

(3) この現象［日本人の入門者が減って外国人が増えたこと］の背景・理由には次の三つの説がある。

説１：⑤＿＿＿＿＿＿＿＿＿＿＿＿＿＿＿＿から

説２：人前にお尻を出すのが恥ずかしいから

説３：⑥＿＿＿＿＿＿＿＿＿＿＿＿＿＿＿＿から

(4) 高見山＝相撲の⑦＿＿＿＿＿＿の先駆者

⑧＿＿＿＿＿＿出身の力士で関脇を務めた。

日本に帰化して⑨＿＿＿＿＿＿になった。

初めての外国出身の⑩＿＿＿＿＿＿を育てた。

2．読解文を読んで次の質問に答えてください。

(1) 「今や、外国人力士を抜きにして相撲を話題にするわけにはいかない」のはなぜですか。

(2) 外国人力士が増えることについて、筆者はどのように考えていますか。

(3) 高見山はどんな苦労に耐えぬいたのですか。

(4) 高見山の大きな記録はどんなものですか。

B．文法練習

1．次の①②はaまたはbの正しいほうを選んでください。③は文を完成させてください。

(1) ～だけに

①値段が安いだけに＿＿＿＿＿＿＿＿＿＿＿＿＿＿。

a．こわれやすそうだ　　　　b．しっかりと作られている

②今日会えると思っていなかっただけに＿＿＿＿＿＿＿＿＿＿＿＿＿＿。

a．会えてすごく嬉しい　　　　b．会えるはずがない

③私も試験に失敗した経験があるだけに、＿＿＿＿＿＿＿＿＿＿＿＿＿＿。

(2) Nはもちろん～（も）

①学食には中華料理はもちろん、＿＿＿＿＿＿＿＿＿＿＿＿＿＿などもある。

a．西洋料理　　　　b．安い料理

②学生はもちろん、＿＿＿＿＿＿＿＿＿＿＿＿＿＿。

a．一般の方でも大学の講座を聞くことができる

b．一般の方も大学の講座は聞けない

③ギョーザは食べるのはもちろん、＿＿＿＿＿＿＿＿＿＿＿＿＿＿。

(3) Vるわけにはいかない

①みんな残業しているから、＿＿＿＿＿＿＿＿＿＿＿＿＿＿わけにはいかない。

a．先に帰る　　　　b．先に帰らない

②親友の結婚式だから、＿＿＿＿＿＿＿＿＿＿＿＿＿＿わけにはいかない。

a．出席する　　　　b．出席しない

③大切な面接だから、＿＿＿＿＿＿＿＿＿＿＿＿＿＿わけにはいかない。

(4) Vる一方（で）／その一方（で）

①都会に出稼ぎに行く若者が増えている。その一方で、＿＿＿＿も多くなった。

a．都会の生活に憧れる若者　　　　b．Uターン就職する学生

②日本は世界一の長寿国となった。しかし、その一方で糖尿病などの「生活習

慣病」が＿＿＿＿＿＿＿。

a．増えてきた　　　　　　b．減ってきた

③一人暮らしは自由である一方、＿＿＿＿＿＿＿ことも多い。

(5) 〜むしろ

①みんな大企業に行きたがるが、私はむしろ＿＿＿＿＿＿＿＿＿＿＿と思う。

a．小さい会社のほうがいい仕事ができる

b．小さい会社では視野を広げることができない

②あの人は慎重というよりむしろ＿＿＿＿＿＿＿＿＿＿＿。

a．臆病だ　　　　　　　　b．何を考えているかわからない

③10万円も払って修理するなら、むしろ＿＿＿＿＿＿＿＿＿＿＿＿。

(6) 〜末（に）

①３か月議論した末、＿＿＿＿＿＿＿＿＿＿＿＿。

a．まだ新聞のタイトルが決まっていない

b．やっと新聞のタイトルが決まった

②再検討した末、＿＿＿＿＿＿＿＿＿＿＿＿。

a．今回は申し込まないことになっている

b．今回は申し込まないことにした

③高校３年間の努力の末に、＿＿＿＿＿＿＿＿＿＿＿＿。

2．次の①②は（　　）の中の言葉を正しい順番に並べてください。③は文を完成させてください。

(1) Nを抜きにして

①（抜きにして・を・を・情報化社会・インターネット・論じる）

＿＿＿＿＿＿＿＿＿＿＿＿＿＿＿＿＿＿＿＿ことはできない。

②（抜きにして・を・は・日本史・語れない）

中日関係＿＿＿＿＿＿＿＿＿＿＿＿＿＿＿＿＿＿＿＿。

③＿＿＿＿＿＿＿を抜きにして若者の生活を考えることはできない。

(2) 〜際

①（は・の・緊急・際）

＿＿＿＿＿＿＿＿＿＿＿、こちらの連絡先にお電話ください。

②（が・には・際・購入する・必要です・身分証明書）

航空券を＿＿＿＿＿＿＿＿＿、＿＿＿＿＿＿＿＿＿＿＿＿＿＿。

③＿＿＿＿＿＿＿＿＿＿際には、お忘れ物のないようにお願いします。

(3) Vてはならない

①（で・を・ならない・外見・判断しては）

人＿＿＿＿＿＿＿＿＿＿＿＿＿＿＿＿＿＿＿＿＿。

②（を・に・お客様・感謝の気持ち・忘れて・対する）

＿＿＿＿＿＿＿＿＿＿＿＿＿＿＿＿＿＿＿＿＿はならない。

③中国では、まず＿＿＿＿＿＿問題を解決しなくてはならない。

(4) ～ほどである

①（が・を・目・風・開けて・強くて・いられない）

＿＿＿＿＿＿＿＿、＿＿＿＿＿＿＿＿＿＿＿ほどだった。

②（が・を・の・時間・楽しくて・忘れてしまう・経つ）

＿＿＿＿＿＿＿＿、＿＿＿＿＿＿＿＿＿＿＿ほどだった。

③＿＿＿＿＿＿＿＿＿が気になって、眠れないほどです。

3．次のa～c中から言葉を選んで、適当な形に変えて＿＿＿＿に入れてください。

a．生きる　　　b．守る　　　c．走る

(1) 就職難の今、個性でしか＿＿＿ぬくことができないと思う。

(2) マラソン大会に出場するので、よく練習をして42kmを＿＿＿ぬきたい。

(3) 私達は人から何と言われても自分らしさを＿＿＿ぬく勇気が必要だ。

C．発展練習

1．例のように、ある事柄について二つの異なる観点から述べてください。

例　外国人力士が多くなった理由。

観点①：日本が豊かになったため、ハングリー・スポーツである相撲の世界に入りたいと思う若者が少なくなった。

観点②：相撲が柔道と同じように国際化している。

外国人力士が多くなったのは、日本が豊かになったため、ハングリー・スポーツである相撲の世界に入りたいと思う若者が少なくなったからだという意見がある。その一方、相撲が柔道と同じように国際化しているという見方もある。

(1) 学生のアルバイト

観点①：学生の本業は勉強することだから、アルバイトはすべきでない。

観点②：学生時代にさまざまな社会体験をすることは、人間的な成長に役立つ。

____

____

____

____

(2) 習い事

観点①：___________________________________

観点②：___________________________________

____

____

____

____

(3) その他（自分たちで話題を考えてください）

観点①：___________________________________

観点②：___________________________________

____

____

____

____

2．相撲や中国固有のスポーツについて、その歴史やルールなどを詳しく調べて発表してください。次の手順に従って、準備から発表までを実施してください。

(1) グループに分かれる

(2) 自分たちが調べたいスポーツを決める

(3) 本やインターネットなどで調べる

(4) 調べた結果を発表する

相扑

相扑是日本特有的一种摔跤竞技形式。相扑的历史可以追溯到古代神话传承时期。《古事记》中记载了两神相斗的故事，据说这是相扑的起源。随着时代的发展相扑逐渐成为一种祈求丰收、祭祀神佛的活动。642年皇极天皇举行相扑比赛招待百济的使者，这是相扑作为娱乐活动的开始。战国时期武将织田信长酷爱相扑，使相扑作为武术发展起来。江户时期相扑的中心由京都、大阪移到了江户（今东京）；江户中期以修建寺院、神社而募捐为目的的“劝进相扑（勧進《かんじん》相撲《ずもう》）”盛行一时。明治42年（1909年）相扑被定为日本的 “国技”，成为深受日本国民喜爱的体育项目和娱乐形式。

相扑比赛的过程大致是这样的：两名力士登上摔跤台（土《ど》俵《ひょう》）后先做左右腿交替抬起的热身运动（四股《しこ》を踏《ふ》む），然后用清水（力水《ちからみず》）漱口，并向摔跤台上撒盐（清《きよ》めの塩《しお》をまく）。准备活动结束后两名力士按照裁判（行《ぎょう》司《じ》）的指示相对而立，身体略微前倾，重心下降，调整呼吸。二人以冲撞、推挤、扭打等方式（相扑共有48招数，称为「四《し》十《じゅう》八《はっ》手《て》」）进行格斗，脚掌以外的部位先接触地面或身体的任一部位先接触场地以外的地面者为负。

相扑专用的摔跤台由一个盛满土的长方体制成，高0.34～0.60米，台面边长6.70米，台面中央有一个直径为4.55米的圆形场地。摔跤台台顶的四角点缀着流苏，东南西北四个方向的流苏分别为青、赤、白、黑四色，象征着春夏秋冬四季和青龙、朱雀、白虎、玄武四神，相传这四神是摔跤台的守护神，因此被供奉在四角。漱口、撒盐的仪式也很有讲究，日本人认为水和盐有清洁万物的功能，特别是撒盐不但可以袪除邪气、清洁场地，还可为力士们祈求平安，万一力士们受了伤，盐还能起到杀菌的作用。

日本的职业相扑组织只有一个，即“日本相扑协会”，每年举行6次相扑比赛（每次比赛称为「場所《ばしょ》」），每次为期15天，1月（初場所《はつばしょ》）、5月（夏場所）、9月（秋場所）的比赛在东京，3月（春場所）、7月（名古屋《なごや》場所）、11月（九州《きゅうしゅう》場所）的比赛分别在大阪、名古屋和福冈。力士的排名取决于比赛结果，下表列出了力士的各个等级。

- 力士
  - 幕の内＝幕内
    - 役力士
      - 横綱
      - 大関（三役）
      - 関脇（三役）
      - 小結（三役）
    - 平幕＝前頭
  - 十両
  - 幕下
  - 三段目
  - 序二段
  - 序の口

（读音：横綱《よこづな》、大関《おおぜき》、関脇《せきわけ》、小結《こむすび》、平幕《ひらまく》、前頭《まえがしら》、幕内《まくうち》、十両《じゅうりょう》、幕《まく》下《した》、三段目《さんだんめ》、序二段《じょにだん》、序《じょ》の口《くち》、三役《さんやく》、役力士《やくりきし》）

1993年产生了第一位非日本国籍的“横纲”，他是美国夏威夷的选手，日本名为「曙《あけぼの》」，后来加入了日本国籍，改名为「曙太郎」。

相扑在日本是家喻户晓、人人关注的体育项目，除职业相扑外，还有学生相扑等，孩子们也常以相扑的形式玩耍。力士的专门配餐「ちゃんこ料理（以鱼、肉、蔬菜为主的什锦火锅，营养丰富）」被很多餐厅争相模仿，成为深受欢迎的菜肴之一。

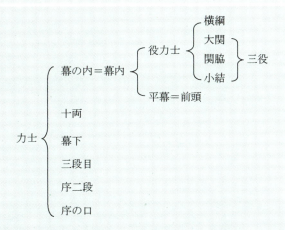

第4課　東京での再会

学習目標

ユニット1　会話

(1) 場面や聞き手に応じて文体をダウンシフトすることにより、相手に親しさを伝えることができる。

(2) 贈答の場面で、相手に応じて、贈り物を選んだ理由や感謝の気持ちを伝えることができる。

ユニット2　読解

(1) 筆者の意見か他の人の意見かを読み取ることができる。

(2) 身近な社会現象について自分の意見を述べることができる。

- あなたが住んでいる町の生活習慣や人々の様子について、昔に比べて変わったと言われることはどんなことですか。
- もし、電車やバスであなたの目の前に座っている人がお化粧を始めたら、どう思いますか。

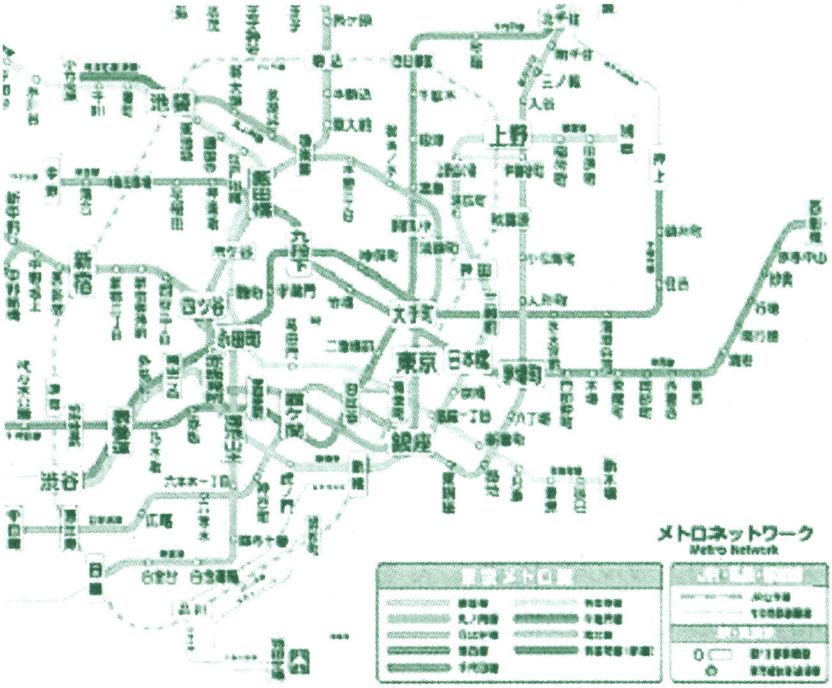

ユニット１　会話

お久しぶり！

（国慶節の休みに一時帰国した高橋が王を家に招待する。駅で待ち合わせをする。）

高橋：王さん！

王　：あ、高橋さん！

高橋：お久しぶり。元気だった？

王　：ええ。毎日楽しくやってます。

高橋：そう、よかった。じゃ、行きましょうか。

（二人は電車に乗る）

王　：北京のみんなは元気ですか。

高橋：ええ、みんな元気よ。李さんも来日を楽しみにしてるし…。
　　　ね、王さん、実際に東京に来てみて、どう？

王　：うーん、そうだなあ、町が清潔だっていうことと、地下鉄が
　　　発達してるってことに、…

高橋：驚いた。

王　：うん。

高橋：確かにそうね。

（電車の中での会話が続く）

王　：あれ？　高橋さん、あそこの女の人…。

高橋：えっ？…　あのお化粧してる人のこと？

王　：恥ずかしくないのかな。

高橋：うん、人目もかまわずよくお化粧できるなって私も思うけど。
王　：見られてるっていう意識がないのかな。
高橋：意識がないわけじゃないと思うけど…。
（高橋の家に到着する）
高橋：ただいま。お母さーん、王さんが見えましたよー。
母　：まあ、王さん、いらっしゃい。お待ちしてました。
王　：ご無沙汰しております。
母　：こちらこそ。さあさあ、挨拶はあとにして、どうぞお上がりください。
王　：お邪魔します。
（応接間で）
王　：これ、中国の緑茶なんですが、どうぞ皆さんで召し上がってください。
（お土産を渡す）
母　：まあ、これはこれは。ご丁寧にありがとうございます。北京ではすっかりお世話になって、本当にありがとうございました。
王　：いいえ、とんでもないです。
母　：さあ、どうぞ、お掛けになって。
王　：はい、失礼します。（ソファーに腰掛ける）
高橋：これ、日本の緑茶よ。どうぞ。
王　：あ、いただきます。
母　：王さん、大学はどうですか。お友達はできました？
王　：ええ、実は、空手を習い始めたんです。
高橋：ええ？！　王さんが空手を…。
母　：前からやってみたかったの？
王　：やってみたかったというより、アメリカ人の友達に強引に誘われちゃったものですから…。
母　：（笑い）そういえば、前に比べてたくましくなったわね。
王　：いえ、やっと基本の立ち方がいくつかできるようになった程度です。
高橋：（笑い）王さん、母の前だからって、そんなに堅苦しい話し方をしなくてもいいんじゃない？
王　：えっ、そう？（高橋の母の方を向いて）すみません。いつも空手部の先輩に対して敬語を使っているものですから、つい…。
母　：王さん、本当に日本語が上手になったわね。

新出単語

一時帰国（いちじきこく）④	〈名・自Ⅲ〉	短期回国；临时回国
一時（いちじ）②	〈名〉	临时；暂时；短期
来日（らいにち）⓪	〈名・自Ⅲ〉	（外国人）来到日本
人目（ひとめ）⓪	〈名〉	众目；众人的视线
かまう（構う）②	〈自他Ⅰ〉	（一般下接否定）（不）管；（不）顾；（不）介意
よく（良く）①	〈副〉	居然；竟能
到着（とうちゃく）⓪	〈名・自Ⅲ〉	到达；抵达
ご無沙汰（御ぶさた）⓪	〈名・自Ⅲ〉	好久不见；久未联系
ソファー（sofa）①	〈名〉	沙发
これはこれは ⓪	〈感〉	哎呀；呀呀
さあさあ ①-①	〈感〉	（用于表示催促；劝诱）请；快请；喂喂
応接間（おうせつま）⓪	〈名〉	客厅；会客室
掛ける（かける）②	〈他Ⅱ〉	坐；坐下
腰掛ける（こしかける）④	〈自Ⅱ〉	坐；坐下
そういえば（そう言えば）④		那么说来；那么一说
強引（ごういん）⓪	〈形Ⅱ〉	强行；强制
たくましい（逞しい）④	〈形Ⅰ〉	强壮的；健壮的；旺盛的
堅苦しい（かたくるしい）⑤	〈形Ⅰ〉	拘谨的；死板的；郑重其事的
つい ①	〈副〉	不知不觉；无意中

解説・語彙

つい

「つい」意为“无意中就……；不由得就……”，在本课中，其后省略了「堅苦しい話し方をしてしまった」之类的话。例如：

(1) いつも空手部の先輩に対して敬語を使っているものですから、**つい**…。

(2) おいしいものを見ると**つい**手が出る[手が出る：出手；买下来]。

(3) おもしろい話を聞いて、**つい**笑ってしまった。

解説・文法

1. ～もかまわず＜无视＞

名词或名词化的动词（词组）后接「もかまわず（構わず）」时，表示动作主体对该事物或现象的存在熟视无睹或毫不介意。多带有贬义。相当于汉语的“不管～；不顾～”。例如：

(1) 人目**もかまわず**よくお化粧できるなって私も思うけど。

(2) 酔《よ》った男がおおぜいの乗客がいるの**もかまわず**、大きな声で叫《さけ》んでいる[叫ぶ：喊叫]。

(3) お母さんは疲れているの**もかまわず**、早速食事の用意を始めた。

(4) 彼女は雨に濡《ぬ》れるの**もかまわず**、傘もささずに歩いている。

2. よく～＜评价＞

副词「よく」用于表示评价的句子（多为感叹句，句尾一般带有语气助词）时，表示被评价者的所作所为超出一般的程度或评价者的想像力，既可以用于褒义，也可以用于贬义。相当于汉语的“竟然～”。用于贬义时，也可使用「よくも」的形式。例如：

(1) 人目もかまわず**よく**お化粧できるなって私も思うけど。

(2) テレビを見ながら、**よく**レポートが書けますね。

(3) **よくも**そんなひどいことが言えるね。

(4) 1日で、**よく**こんなにたくさんの資料を集めたなと感心した。

3. ～わけじゃない／ではない＜否定＞

「わけじゃない／ではない」接在动词或形容词连体形的后面，用于对根据当时的情况或前文（前面的话）本应可以推理出来的内容进行否定，强调事实并非如此。相当于汉语的“并非～”。例如：

(1) 見られてるって意識がない**わけじゃない**と思うけど…。

(2) 両親の反対の気持ちがわからない**わけではない**が、自分の夢はあきらめたくない。

(3) やりたい仕事がいつもできる**わけじゃない**から、このチャンスを大切にしたいと思う。

(4) 子供は嫌いな**わけじゃない**が、ほしくないという若者夫婦が増えている。

(5) 彼の言うことをすべて信じている**わけではない**。

4. ～ものだから＜理由＞

「ものだから」接在以动词、形容词简体形式结尾的句子后面，用来委婉地说明理由、借口等，相当于汉语的“因为～，所以～”。可以替换为「から」，但主句不能表示说话人的意志、命令、推测等。例如：

(1) やってみたかったというより、アメリカ人の友達に強引に誘われちゃった**ものですから**…。

(2) ミスが多くてすみません。最近ずっと仕事が忙しかった**ものですから**…。

(3) 不思議《ふしぎ》に思った**ものですから**、ちょっとインターネットで調べてみました。

(4) 少し急いで歩いてきた**ものだから**、汗をかいちゃった。

(5) A：気分が悪いの？
B：いえ、ちょっと…。ゲームのしすぎで、目が疲れた**ものだから**。

5. そういえば＜展开话题＞

连词「そういえば」用于连接前后两个句子，前后两者之间不一定有很强的因果关系，但前句所叙述的内容使说话人想起或注意到后句所叙述的内容，从而引发了另一个话题。相当于“这么说的话，～”。例如：

(1)（王が空手を始めたという話を聞いて）**そういえば**、前に比べてたくましくなったわね。

(2) A：疲れたね。
B：**そういえば**、朝からほとんど休憩していないね。

(3) A：王さん、きょう来てないね。
B：**そういえば**、月曜日から杭州に行くって言ってたよ。

(4) A：星がきれいだね。
B：**そういえば**、今夜は七夕《たなばた》だね。

(5) もう5月か。**そういえば**、去年の今ごろは受験勉強で大変だったなあ。

6. ～に比べて＜比较＞

「にくらべて（比べて）」接在名词后面，用于比较。被比较的如果是不同的事物，表示二者之间存在着差异；如果为同一事物，则表示变化。相当于汉语的“比起～”。例如：

(1) そういえば、前**に比べて**たくましくなったわね。

(2) 一般的に、男性は女性**に比べて**体力があると言われている。

(3) 東京**に比べて**鎌倉《かまくら》には緑や花がたくさんあります。

(4) 豆腐は肉**に比べて**低《てい》カロリー[低カロリー：低热量]だから、人気がある。

(5) 留学したおかげで、彼女の語学力は同級生**に比べて**飛躍《ひやく》的に伸びた。

7. Nに対して ＜对象＞

「に対して」一般接在指称人或抽象事物的名词后面，表示动作的对象，谓语多为表示言语行为、态度、授受行为的动词。相当于汉语的“对（于）～”。例如：

(1) いつも空手部の先輩**に対して**敬語を使っているものですから、つい…。

(2) お客さん**に対して**は丁寧に接しなければならない。

(3) 地震の被害者**に対して**飲料水や食料が提供された。

(4) この制度**に対して**疑問を持っている人は少なくない。

(5) 李さんは王さんの主張**に対して**反論《はんろん》した。

解説・会話

1. 语体的下降转换

本课会话中王宇翔第一次将敬体转换为简体。在此之前同学之间都使用简体，而小王一直使用敬体，因为他来日本时间还不长。大家可能察觉到这一语体变化：王宇翔开始用简体同高桥进行交谈。下面的例（1）中高桥使用「驚いた。」这一用法，将小王的表达方式自然地转向「うん。」这一简略的应答，顺利地实现了语体的下降转换。例如：

(1) 高橋：ええ、みんな元気よ。李さんも来日を楽しみにしてるし…。
ね、王さん、実際に東京に来てみて、どう？
王　：うーん、そうだなあ、町が清潔だっていうことと、地下鉄が発達してるってことに、…
高橋：驚いた。
王　：**うん。**

下面的例（2）中，小王与高桥交谈时使用简体，以示对高桥的亲近之意；但对高桥母亲则客气地使用敬体，因为对方是长辈，又是第一次见面，小王还比较拘谨：

(2) 母　：そういえば、前に比べてたくましくなったわね。
王　：いえ、やっと基本の立ち方がいくつかできるようになった程度です。
高橋：王さん、母の前だからって、そんなに堅苦しい話し方をしなくてもいいんじゃない？
王　：えっ、そう？（高橋の母の方を向いて）すみません。いつも空手部の先輩に対して敬語を使っているものですから、つい…。

另外，假如高桥的弟弟也在谈话现场，尽管他比小王年纪小，但由于是初次见面，彼此尚不熟悉，所以小王不会一开始就对他使用简体。因此，即使是同一场景，小王将与高桥用简体，与其弟弟用敬体交谈；高桥的弟弟会与小王用敬体，与姐姐用简体；高桥则与双方都用简体。不过，如果小王是中年以上的人，即使是初次见面，如果他认为对方还是个孩子，也可以使用简体搭话。

2. 送礼的表达方式——避免给听话人造成心理负担

一般认为日语中向对方表达自己的好意或表示给予对方恩惠（施益于对方），将会造成对方心理上的负担。听到这样的句子时，作为日语母语者会感到这是在让自己感恩戴德，因此，在送礼时不应提及为此所付出的辛劳。当然这仅限于对方是年长者或地位高的人，如果是关系亲密的同学之间等，即能够用简体进行交谈的关系，则可以讲述自己为准备礼物如何煞费苦心。下面是比较得体的一个表达方式：

（1）これ、中国のお茶なんですが、皆さんでどうぞ召し上がってください。

鉴于上述情况，对年长者或地位高于自己的人一般不使用「Vてあげる」这种施益的表达方式，但如果是不在场的第三者则没有关系（与此相关的内容我们在第 3 课也讲过）。

解説・表現

1. どうぞお上がりください

用于邀请来访的客人进屋时说的话，相当于汉语的“请进！”。日本人的住宅一般里面要比玄关处高出10来公分，所以请客人进屋时可以说「どうぞお上がりください」。

2. まあ、これはこれは

这是受到别人的恩惠（如接受礼物），并且感到难为情时的说法，相当于汉语的“这可真是的～”。这里的「まあ」为感叹词，中年以上女性在表示吃惊、感叹时多用，如「まあ、お久しぶり」「まあ、きれい」等；「これはこれは」是「これは」的强调形式，一般也是中年以上的人使用。例如：

王：これ、中国の緑茶なんですが、どうぞ皆さんで召し上がってください。
（お土産を渡す）
母：まあ、**これはこれは**。…

3. ご丁寧にありがとうございます

这句话用于向对方致谢，相当于汉语的“您这么客气，太谢谢了”。例如：

王：これ、中国の緑茶なんですが、どうぞ皆で召し上がってください。
（お土産を渡す）
母：まあ、これはこれは。**ご丁寧にありがとうございます**。…

練習用単語

見守る（みまもる）⓪	〈他Ⅰ〉	注视；监护；照看
突然（とつぜん）⓪	〈副〉	突然
価値（かち）①	〈名〉	价值
優秀（ゆうしゅう）⓪	〈名・形Ⅱ〉	优秀
奨学金（しょうがくきん）④	〈名〉	奖学金
目上（めうえ）⓪③	〈名〉	上司；长辈
ダウンシフト（down shift）④	〈名・自Ⅲ〉	下降转换
前後（ぜんご）①	〈名〉	前后；左右
連休（れんきゅう）⓪	〈名〉	连休；连续的休息日
立ち寄る（たちよる）⓪③	〈自Ⅰ〉	顺便到；顺路到
残る（のこる）②	〈自Ⅰ〉	留；留下；剩余；残留
噂（うわさ）⓪	〈名・他Ⅲ〉	流言；谈论；风言风语
尋ねる（たずねる）③	〈他Ⅱ〉	询问；打听；访问
贈答（ぞうとう）⓪	〈名・他Ⅲ〉	赠答；互赠礼品
口に合う（くちにあう）⓪-①		合口味；喜欢（吃）
発つ（たつ）	〈自Ⅰ〉	离开；出发；退席
わざわざ ①	〈副〉	特意；专程；故意
女子大生（じょしだいせい）③	〈名〉	女大学生
気がきく（きが利く）⓪-⓪		机灵；乖巧
チャン・ツィイー①-①	〈固名〉	（人名）章子怡
気に入る（きにいる）⓪-⓪		称心；如意；喜欢；喜爱
気遣う（きづかう）③	〈他Ⅰ〉	担心；挂念；惦念
実家（じっか）⓪	〈名〉	父母家；老家；娘家；婆家
イラスト（「イラストレーション」illustrationの略語）⓪	〈名〉	插图；解说图；图解
大阪（おおさか）⓪	〈固名〉	（地名）大阪
包装紙（ほうそうし）③	〈名〉	包装纸
受け取る（うけとる）⓪③	〈他Ⅰ〉	接；收；接到；收下
こめる（込める・籠める）②	〈他Ⅱ〉	包括；集中；倾注
関西（かんさい）①	〈固名〉	（地名）日本关西地区
ストライプ（stripe）③	〈名〉	条纹；条子

練　習

A．内容確認

会話文について、次の質問に答えてください。

(1) 王さんは東京の町のどんな点に驚いたと言っていますか。

(2) 王さんと高橋さんはそれぞれ電車の中でお化粧をしている女の人を見て、どう思いましたか。

(3) 高橋さんのお母さんは、中国で会った時に比べて王さんがどう変わったと思いましたか。

(4) 王さんが空手を習い始めたのは、前からやってみたかったからですか。

(5) 王さんは、高橋さんのお母さんの前で丁寧な話し方になるのは、なぜだと言っていますか。

B．文型練習

1．次の①②はaまたはbの正しいほうを選んでください。③は文を完成させてください。

(1) ～もかまわず

①子供たちは寒いのもかまわず、＿＿＿＿＿＿＿＿＿＿＿＿＿＿＿＿。

a．雪の中で遊んでいる　　　　b．部屋で雪を見ている

②あの人は他の人の迷惑になるのもかまわず＿＿＿＿＿＿＿＿＿＿＿。

a．黙っている　　　　b．大きな声で歌っている

③雨が降っているのもかまわず、＿＿＿＿＿＿＿＿＿＿＿＿＿＿＿＿。

(2) よく～

①人が悩んでいるときに、よく＿＿＿＿＿＿＿＿。ほんとにひどい人だ。

a．そんな冷たいことが言えたね　　　　b．温かく見守ってくれたね

②いつもお世話になっている先生の前で、よく＿＿＿＿＿＿＿＿＿＿。

a．あんな失礼なことが言えるね　　　　b．丁寧な言い方ができるね

③何もかも知っているのに、よく＿＿＿＿＿＿＿＿＿＿＿＿＿＿＿＿。

2．次の文を完成させてください。

(1) ～ものだから

①遅くなってすみません。＿＿＿＿＿＿＿＿＿＿＿＿＿＿ものですから。

②パーティーに＿＿＿＿＿＿＿＿。突然、両親が訪ねてきたものですから。

3．次の①②は（　　）の中の言葉を正しい順番に並べてください。③は文を完成させてください。

（1）～わけじゃ／ではない

①（を・みんな・こと・同じ・考えている）

同じ中国人といっても、＿＿＿＿＿＿＿＿＿＿＿＿＿＿わけではない。

②（が・の・が・価値・本・ある・読む　）

すべて＿＿＿＿＿＿＿＿＿＿＿＿＿＿＿＿＿＿＿＿＿＿わけではない。

③私は＿＿＿＿＿＿＿＿＿＿＿＿＿＿＿＿＿＿＿＿＿＿＿わけではない。

（2）～に比べて

①（は・に・生活・10年前・よく・比べて・なった）

＿＿＿＿＿＿＿＿＿＿＿＿＿＿＿＿＿＿＿＿＿＿＿＿＿＿＿＿。

②（と・に・学生・「趣味第一」・比べて・考える）

＿＿＿＿＿＿＿＿＿＿＿＿＿＿＿＿＿勉強を優先する学生のほうが多い。

③今年は去年に比べて、＿＿＿＿＿＿＿＿＿＿＿＿＿＿＿＿＿＿＿。

（3）Nに対して

①（を・に・丁寧な言葉・客・使わなければならない・対して）

店員は＿＿＿＿＿＿＿＿＿＿＿＿＿＿＿＿＿＿＿＿＿＿＿＿＿＿。

②（が・に対して・留学生・成績・優秀な・与えられる）

この奨学金は＿＿＿＿＿＿＿＿＿＿＿＿＿＿＿＿＿＿＿＿ものだ。

③目上の人に対して＿＿＿＿＿＿＿＿＿＿＿＿＿＿＿＿。

C．会話練習

1．ポイント：聞き手、状況に応じたアップシフト

「うん。」

「えっ、そう？（高橋の母の方を向いて）すみません。いつも空手部の先輩に対して敬語を使っているものですから、つい…。」

モデル会話

（吉田先生の研究室で。吉田先生と高橋さんは初対面。）

吉田：高橋さんは、いつ中国に戻るんですか。

高橋：あさってです。

吉田：そうですか。あまりゆっくりできないんですね。

高橋：ええ、月曜日に大学の授業があるものですから…。

王　：10月1日が中国の建国記念日で、その前後の1週間ぐらいが連休になるんです。

吉田：へえ、そうなんですか。今年はその連休、いつから始まったんですか。
高橋： 9月27日からです。
吉田：ふうん。連休には、中国の学生さんたちも帰省するんですか。
王　：はい。
高橋：でも、今年は帰れないよね。
王　：うん。

ここをおさえよう！

(1) 王さんは文体をダウンシフトしましたか。それは、なぜですか。
(2) 高橋さんは文体をダウンシフトしましたか。それは、なぜですか。
(3) 吉田先生は文体をダウンシフトしましたか。それは、なぜですか。
(4) 先生の研究室を出た後、王さんと高橋さんはどんな文体で話したと思いますか。

第4課

✤言ってみよう！

(1) 次の文を友人・クラスメートなどに対して言う言葉に変えて言ってください。
例. いつ帰っていらっしゃったんですか。　→　いつ、帰ってきたの？

① どうぞ、こちらにお座りください。
② すみませんが、これを見てくださいませんか。
③ １週間に３日ぐらいアルバイトをしているんです。
④ 北京ではとてもお世話になり、ありがとうございました。
⑤ はい、いつか富士山に登りたいなと思っているんです。
⑥ Ａ：今晩は何か予定がありますか。
　 Ｂ：いいえ、特にありません。

(2) 次の文を上の人・初対面の人に対して言う言葉に変えて言ってください。
「敬語」の指示がある場合は、敬語を使って言ってください。
例1. ねえ、こっちに来てくれない？
　→すみません、こちらに来てくれませんか。
例2. ねえ、こっちに来てくれない？（敬語）
　→すみません、こちらに来てくださいませんか。

① 熱があって行けなかったんだ。
② Ａ：土曜日はいつも図書館で勉強してるの？
　 Ｂ：ううん、たいてい寮の学習室で勉強してる。
③ 来年は留学できる人が３人になるって聞いたけど、本当？

④ 待たせて、ごめん。（敬語）
⑤ 毎朝、何時ごろ大学に来る？（敬語）
⑥ ねえ、この言葉の意味、ちょっと教えてもらえない？（敬語）

✤正しいのはどっち？

以下は、高橋さん、王さん、小川さん（空手部部長で王さんの先輩）の３人の会話です。高橋さんと小川さんは初対面です。３人の関係、状況を考えて、（　　）の中から適当なものを選んでください。

（王と高橋が空手部の部室に立ち寄る）

王　：失礼します。あ、先輩、こんな時間まで、まだ（残っていたの？／残っていらっしゃったんですか）。
小川：（うん／はい）、ちょっとやっておかないといけないことがあって。
王　：あ、こちらは高橋美穂さんです。高橋さんは、京華大学で（勉強しているんだけど／勉強しているんですけど）、今、一時帰国中で、キャンパスを（案内しているんだ／案内しているんです）。
高橋：はじめまして、高橋と申します。
小川：部長の小川と申します。はじめまして。
高橋：王さんから、（噂は聞いている／お噂は伺っています）。
小川：えっ、噂？　王さん、（何、話したんだ？／何を話したんですか）。
王　：いえ、噂なんて何も…。
高橋：えっ、手紙に書いてたじゃない。
王　：あれ、そうだったっけ？
高橋：あ、すみません。王さんが（送ってくれた／送ってくださった）手紙に、「小川先輩というすごい先輩がいて、いつもとても熱心に指導してくださる」って書いてあったものですから…。
小川：え、いや、（そんなことないよ／そんなことないですよ）。あ、そうだ。さっきマイクさんが王さんを探してたよ。
王　：（そうか／そうですか）。何だろう…。

✤発展練習：会話しよう！

ロールカードの指示に従って、話しましょう。相手や状況に応じて、文体のダウンシフト／アップシフトをしましょう。

A

◆ 役割：日本語の先生

◆ 状況：授業の終わりに、学生たちに日本のマンガを１冊紹介しました。

① 授業後に、学生がそのマンガの本を借りたいと言ったら、応じてください。そして、他にも借りたい人がいないか聞いてください。

② もし、二人以上の学生が借りたいと言ったら、その場で、学生同士で話し合わせてください。

B

◆ 役割：学生１。クラスメートの学生２と親しい。

◆ 状況：日本語の授業で、先生が日本のマンガを紹介してくれました。それは、あなたが前から読んでみたいと思っていたマンガでした。

① 授業が終わったらすぐに、そのマンガを借りたいという希望を先生に伝えてください。

② もし、他にも借りたいという人がいたら、どうするかその人と話し合ってください。

③ 最後に、学生同士で話し合った結果を聞いてください。

C

◆ 役割：学生２。クラスメートの学生１と親しい。

◆ 状況：日本語の授業で、先生が日本のマンガを紹介してくれました。それは、相互学習をしている日本人の友達が、きのう、あなたに話してくれたのと同じマンガでした。

① 授業の終わりに、先生が読みたい人がいないか尋ねたら、手を挙げてください。

② もし、ほかにも借りたいという人がいたら、どうするかその人と話し合ってください。

2．ポイント：贈答と感謝の表現

「これ、中国の緑茶なんですが、どうぞ皆さんで召し上がってください。」
「まあ、これはこれは。ご丁寧にありがとうございます。」

モデル会話１

王　　　：先生、これ、ジャスミン茶です。よろしかったらどうぞ。
吉田先生：わあ、どうも、すみません。

王　　　：お口に合うといいんですが。
吉田先生：私、ジャスミン茶が好きで食後によくいただくんです。どうもありがとう。
王　　　：どういたしまして。

モデル会話2

高橋：王さん、これ、北京のおみやげ。
王　：わあ、ありがとう。
高橋：王さん、この中国飯店のお菓子、大好きだったよね。
王　：うん！
高橋：北京を発つ前の日に、ワンフーチンに買いに行ったのよ。
王　：えー、わざわざ行ってくれたの？　じゃ、早速いただきまーす。

ここをおさえよう！

(1) モデル会話1とモデル会話2では、贈り物・おみやげを渡すとき、もらったときの表現がどう違いますか。

✤ 言ってみよう！

(1) 親しい人同士の贈答・感謝の表現

① A：これ、すごくおいしいよ。食べてみて。
B：わあ、おいしそう。じゃ、一ついただきまーす。

② A：この雑誌、今、女子大生の間で大人気なんだって。Bさん読むかなと思って、買ってきたよ。はい。(Bに雑誌を渡す)
B：えっ、うれしい！　わざわざありがとう。さすが、Aさん、気がきく！

③ A：Bさん、確かチャン・ツィイーのファンだったよね。
B：うん。
A：はい、これ、プレゼント。
B：わあ、チャン・ツィイーの写真集！　ありがとう。開けて見てもいい？

④ A：はい、これ、上海のお土産。Bさんに似合うんじゃないかなと思って、買ってきたんだ。気に入ってもらえるといいんだけど…。
B：わあ、こういうの、前からほしかったんだ。Aさん、センスいいよね。ほんとにどうもありがとう。

(2) 目上の人・初対面の人への贈答・感謝の表現

① A：あのう、これ、中国の伝統的なお菓子なんですけど、よろしかったら、皆さんで召し上がってください。

B：どうも、お気遣いいただいて、すみません。

② A：あのう、これ、わたしの故郷で有名なお酒なんですが、どうぞ。

B：これはこれは。わざわざ、どうもすみません。

③ A：これ実家で作っているお菓子なんですけど、どうぞ。お口に合うといいんですが…。

B：わあ、おいしそうですね。じゃ、遠慮なくいただきます。

✤発展練習：会話しよう！

モデル会話２と以下の会話例を参考にして、親しい友達同士でプレゼントを渡す／受け取る会話をしましょう。

渡す人は、プレゼントにするもののイラスト・写真などを準備して、それを相手に見えないように包んでから渡してください。また、心を込めて選んだことが伝わるように話しましょう。
受け取る人は、うれしさと感謝の気持ちが伝わるように話しましょう。

例

マイク：はい、これ、大阪のおみやげ。
マリー：わあ、ありがとう。開けてもいい？
マイク：もちろん。
マリー：（包装紙をとりながら）何かな…。あ、Ｔシャツ。
マイク：マリーさん、確か、野球ファンだったよね。
マリー：えっ？
マイク：これは、関西でとっても人気のある野球チームのなんだよ。
マリー：へえ、そうなんだ。初めて見た。
マイク：えっ、初めて？　あ、しまった！　野球ファンはチャリヤーさんだった。
マリー：このストライプのＴシャツ、とても気に入ったし、マイクさんが私のためにわざわざ買ってきてくれたんだから、大切に着るわ。

ユニット２　読解

車内で化粧をする女性

最近、電車の中で化粧をする若い女性をたびたび見かける。思わず目がいってしまうが、当の本人は周囲の人がまったく目に入らないかのように、平気な顔で化粧を続けている。人に化粧をする姿を見せることが恥ずかしくないのだろうか。そう思う一方で、揺れる車内でもきれいに化粧をする様子を見て、器用なものだなと妙に感心させられたりもする。

車内での化粧が目につき始めた頃、新聞にこの問題についての対談が載った。車内で化粧をすると言う女性と、それに対して批判的な意見を持つ男性の対談である。車内での化粧が平気なのはなぜなのか、女性の考えがはっきり語られていて、なかなか面白かった。

女性全般に奥ゆかしさや恥じらいを求めるというこの男性は、人目もかまわず化粧をする女性に恥じらいの気持ちはないかと尋ねている。彼女からすれば、自分が会う人に対して恥じらいも敬意も感じるからこそ化粧をするということだ。彼女によると、周りにいる乗客が人として意識されず風景のようなものになっているから、化粧ができるのだとか。確かに風景に対してなら恥じらいを感じることはないわけだ。彼女の中では、自分と関わりを持つ人とそうでない人との間にはっきりと線引きがなされているようだ。

さらにこの男性はこの女性に対して、社会的空間である車内でほかの人にとって見たくないものを見せるということは問題ではないのかと問いかけている。彼女は次のように答えている。「公の空間なのだから常に公を意識して振る舞わなければならないという主張と、公の中に個人の空間があってもいいという私の考え方の間には、根本的なずれがあるのではないでしょうか。」

この女性の意見に対して、マナーの低下を指摘することは容易である。実際、最近では車内で化粧をする女性ばかりか、床に直接座りこんでいる若者や、カップ麺を食べる者まで見かけるようになった。しかし、以前から、同じ車内で周囲の目も気にかけずに家庭に持ちこみにくいような写真の載った新聞や雑誌を堂々と広げ、多くの女性の顰蹙《ひんしゅく》を買う男性が少なからずいたことも事実である。

ここで、さきの女性の発言を振り返ってみると、こうした一連の現象は日本人の空間認識が変わったととらえることも可能であろう。すなわち、社会的な空間の中に勝手に個人的な空間を作り、周囲の人を風景や物のようにしか見なくなった人々が増えたのだという見方である。しかしながら、襖一枚で空間を分けて生活してきた日本人は、ずっと以前から公の中に個の空間を求め、それを作ってきたのではなかったか。現在の生活では、そのことが車内での振る舞いに観察されるようになったとも言えそうである。

新出単語

車内（しゃない）①	〈名〉	车内
たびたび ⓪	〈名·副〉	屡次；经常；再三
見かける（みかける）⓪	〈他Ⅱ〉	看见，偶然遇见；看见过
思わず（おもわず）②	〈副〉	不由得；不知不觉地
当の（とうの）①	〈連体〉	该；此；本
周囲（しゅうい）①	〈名〉	周围；四周
目に入る（めにはいる）①-①		看到；看在眼里；映入眼帘
平気（へいき）⓪	〈形Ⅱ〉	无动于衷；不在乎；冷静
揺れる（ゆれる）⓪	〈自Ⅱ〉	摇晃；摇动；颠簸
器用（きよう）①	〈形Ⅱ〉	灵巧；手巧；巧妙
妙（みょう）①	〈形Ⅱ〉	奇怪；不可思议；特别
感心（かんしん）⓪	〈名·形Ⅱ·自Ⅲ〉	佩服；赞同；赞美
目につく（めに付く）①-①		引人注目；显眼
対談（たいだん）⓪	〈名·自Ⅲ〉	对谈；会谈
載る（のる）⓪	〈自Ⅰ〉	登载；记载
批判的（ひはんてき）⓪	〈形Ⅱ〉	批判性的；批判
全般（ぜんぱん）⓪	〈名〉	普遍；整个；全盘
奥ゆかしい（おくゆかしい）⑤	〈形Ⅰ〉	文雅的；品格高雅的；雅致的
恥じらい（はじらい）⓪	〈名〉	害羞；羞涩
敬意（けいい）①	〈名〉	敬意
乗客（じょうきゃく）⓪	〈名〉	乘客
関わり（かかわり）⓪	〈名〉	关联；关系
線引き（せんびき）⓪	〈名·他Ⅲ〉	划线；拉线
なす（成す）①	〈他Ⅰ〉	构成；形成；创造
問いかける（といかける）④	〈他Ⅱ〉	询问；打听
問いかけ（といかけ）⓪	〈名〉	询问；问题
公（おおやけ）⓪	〈名〉	公家；公共；公开
常に（つねに）①	〈副〉	经常；平常
振る舞う（ふるまう）③	〈自他Ⅰ〉	行动；动作
主張（しゅちょう）⓪	〈名·自Ⅲ〉	主张；论点
根本的（こんぽんてき）⓪	〈形Ⅱ〉	根本性的；从根本上
ずれ ②	〈名〉	分歧；不一致；差距
低下（ていか）⓪	〈名·自Ⅲ〉	降低；下降；低落
指摘（してき）⓪	〈名·他Ⅲ〉	指出；指点；指摘
容易（ようい）⓪	〈名·形Ⅱ〉	容易；简单；轻易

床(ゆか)⓪	〈名〉	地板；床铺；寝床
座りこむ(すわりこむ)④ -こむ	〈自Ⅰ〉	坐下；坐着不走 进去；（表示深入）深~
カップ麺(cup めん)③	〈名〉	碗（桶）装方便面
まで①	〈取立て助〉	（表示极端的事例）甚至；连
気にかける(きにかける)⓪-②		介意；放在心上
持ちこむ(もちこむ)⓪③	〈他Ⅰ〉	带进；拿到；提出
堂々と(どうどうと)③	〈副〉	堂堂；公然；无所顾忌
顰蹙(ひんしゅく)⓪	〈名・自Ⅲ〉	皱眉；颦蹙
顰蹙を買う(ひんしゅくをかう)⓪-⓪		招人讨厌；让人瞧不起
少なからず(すくなからず)④	〈副〉	不少；很多；不小
事実(じじつ)①	〈名〉	事实
こうした⓪	〈連体〉	这些；这样的
一連(いちれん)⓪	〈名〉	一系列；一连串
すなわち(即ち)②	〈接〉	即；也就是说；换言之
勝手(かって)⓪	〈形Ⅱ〉	随便；随意；任意
個人的(こじんてき)⓪	〈形Ⅱ〉	个人的；私人的
しかしながら④	〈接〉	然而；但是；可是
襖(ふすま)③②⓪	〈名〉	隔扇
個(こ)①	〈名〉	个体；个人；单独
振舞い(ふるまい)⓪	〈名〉	举止；动作
観察(かんさつ)⓪	〈名・他Ⅲ〉	观察；察看

解説・語彙

1. 見かける

「見かける」意为“看到；（偶然）看见”。例如：

(1) 最近、電車の中で化粧をする若い女性をたびたび**見かける**。
(2) テレビによく出ている歌手を、きのう駅で**見かけました**。
(3) こういう最新のファッションは田舎では**見かけない**。

2. 思わず

「思わず」是动词「思う」的否定形式，多用作副词，意为“不由自主地；情不自禁地；不知不觉地”。例如：

(1) **思わず**目がいってしまうが、当の本人は周囲の人がまったく目に入らないかのように、平気な顔で化粧を続けている。

(2) びっくりして**思わず**コップを落としてしまった。

「思わず」和「つい」均表示无意识的动作、行为，这是它们的相同点。二者的不同之处表现在：「思わず」一般用于一次性的具体的行为，而「つい」通常用于习惯性的行为。在表示恐惧、兴奋、感动等心理、生理反应时常用「思わず」。例如以下两例中的「思わず」如果替换为「つい」则显得很不自然。例如：

(3) ボールが飛んできたので、**思わず**首を引《ひ》っ込《こ》めた［引っ込める：缩（脖子）］。

(4) 怖くて、**思わず**「あっ」と叫《さけ》んだ。

3. 妙に

「妙に」在本课中是“异常；格外；分外”的意思。例如：

(1) そう思う一方で、揺れる車内でもきれいに化粧をする様子を見て、器用なものだなと**妙に**感心させられたりもする。

(2) 一度しか話したことがない彼女のことが**妙に**気になる。

此外「妙」还有“奇怪，奇异，不可思议”的意思。

(3) きょうは朝から**妙に**国のことばかり思い出します。

4. 感心する

「感心する」最常用的意思是“佩服；钦佩”，但在本课中是“感到吃惊”的意思。需要强调的一点是，「感心する」不能用于长辈或身份、资历比自己高的人，例如不能说「先生のお話には感心しました」或「先生のお話には感心させられました」。例如：

(1) そう思う一方で、揺れる車内でもきれいに化粧をする様子を見て、器用なものだなと妙に**感心させられたりもする**。

(2) まだ5歳なのに家事をよく手伝っているのに**感心した**。

5. 目につく

「目につく」是一个惯用语，在本课中的意思是“醒目；显著”。例如：

(1) 車内での化粧が**目につき始めた**頃、新聞にこの問題についての対談が載った。

(2) 忘れないように、メモを**目につきやすい**ところに貼っておく。

(3) **目につかない**場所なので、留学説明会のお知らせがあるのに気がつかなかった。

6. 平気

「平気」的意思是“不在乎；无动于衷”，修饰动词时的用法是「平気でV」。例如：

(1) 車内での化粧が**平気な**のはなぜなのか、女性の考えがはっきり語られていて、なかなかおもしろかった。

(2) 彼女は何度失敗しても**平気で**また挑戦する。

(3) 彼は何を言われても、**平気な**顔をしている。

7. なす

本课出现的「線引きがなされている」中的「なされる」是「なす」的被动态,「なす」与「する」同义,「線引きをする」意为“划线;区分开来”。例如:

(1) 彼女の中では、自分と関わりを持つ人とそうでない人との間にはっきりと線引きが**なされている**ようだ。

(2) 若者の敬語使用について、さまざまな観点から研究が**なされている**。

(3) 問題を解決するために、活発な意見交換が**なされた**。

(4)「一つの世界、一つの夢」(One World, One Dream) というスローガン[スローガン:口号]は北京五輪《ごりん》の核心《かくしん》を**なす**理念《りねん》だ。

8. 振る舞う

「振る舞う」在本课中的意思是“举止;举动”,其名词形式为「振る舞い」。例如:

(1) 公の空間なのだから常に公を意識して**振る舞わなければならない**という主張と、公の中に個人の空間があってもいいという私の考え方の間には、根本的なずれがあるのではないでしょうか。

(2) 弟は甘《あま》やかされて[甘やかす:娇惯;溺爱]育ったので、いつも自分勝手に**振る舞う**。

(3) 旅行中、彼女の勝手な**振る舞い**に困ってしまった。

9. ずれ

「ずれ」意为“差距;差异;偏差;不一致”,常用的短语有「ずれがある」。例如:

(1) 公の空間なのだから常に公を意識して振る舞わなければならないという主張と、公の中に個人の空間があってもいいという私の考え方の間には、根本的な**ずれ**があるのではないでしょうか。

(2) 印刷《いんさつ》の**ずれ**が気になります。

(3) 親と子の間で認識に**ずれ**があった。

10. -こむ

「こむ」前接动词的第一连用形构成复合动词,表示程度深入地做某事或保持某种状态不变。例如:

(1) 実際、最近では車内で化粧をする女性ばかりか、床に直接**座りこんでいる**若者や、カップ麺を食べる者まで見かけるようになった。

(2) 彼女はディスカッションの間ずっと**黙りこんでいた**。

(3) 友人と深夜まで**話しこんだ**。

解説・文法

1. ～かのようだ＜印象、比喻＞

「かのようだ」接在动词或形容词的简体形式后面（名词和Ⅱ类形容词接「である」），表示从外表上观察得到该印象，但事实并非如此。这是一种比喻的说法，经常与「まるで、あたかも」等副词搭配使用。相当于汉语的“仿佛～；似乎～”。例如：

(1) 当の本人は周囲の人がまったく目に入らない**かのように**、平気な顔で化粧を続けている。

(2) このところ寒い日が続いている。冬が戻ってきた**かのようだ**。

(3) その噂はまるで事実である**かのように**インターネットで広がった。

(4) 簡単なことをわざと難しい言葉を使って、あたかも自分の能力が高い**かのように**主張する人がいる。

2. V（さ）せられる＜不由自主＞

我们在第2册第26课学习过动词后接「（さ）せられる」（Ⅰ类动词有时接「される」）构成的使动被动句，除此之外，「（さ）せられる」还可以接在「驚く、びっくりする、がっかりする、悩む」等感情动词以及「考える、反省する」等思考动词的后面，表示某一原因引发了这一感情或者思考。该感情或思考是不由自主地产生的，与说话人的意志无关。原因一般用「に」表示。例如：

(1) そう思う一方で、揺れる車内でもきれいに化粧をする様子を見て、器用なものだなと妙に**感心させられたり**もする。

(2) ロンドンに来て、物価の高さには**驚かされた**。

(3) 日本に住んでいるときは、毎年春になると花粉症《かふんしょう》に**悩まされていた**。

(4) 君の成績には、**がっかりさせられた**よ。

(5) この本を読んで、自分の今までの生き方を**反省させられた**。

3. Nからすれば＜判断的角度＞

「からすれば」接在指称人或组织的名词后面时，表示从该人或组织的角度进行判断，自然会得出后面的结论。也作「Nからすると／Nからしたら」。相当于汉语的“从～来看”。例如：

(1) 彼女**からすれば**、自分が会う人に対して恥じらいも敬意も感じるからこそ化粧をするということだ。

(2) 学生**からすれば**アルバイトは非常に貴重な経験ができるいい機会である。

(3) 外国の企業**からすれば**、中国の大きな市場に魅力を感じるのは当然である。

(4) 学生**からすれば**自分に合った会社を探すのは大変である。

4. ～からこそ＜凸显原因＞

「からこそ」接在简体形式的句子后，用于表示原因，「こそ」起到凸显该原因的功能。相当于“正因为～”。例如：

(1) 彼女からすれば、自分が会う人に対して恥じらいも敬意も感じる**からこそ**化粧をするということだ。
(2) 君のことを心配した**からこそ**、そんな話をしたんだよ。
(3) 難しい**からこそ**、チャレンジする価値があるのだ。
(4) 自分たちが決めたルールだ**からこそ**、そのルールを尊重《そんちょう》し、守ろうとするのだ。

5. ～ということだ＜间接引语＞

「ということだ」用于句尾时，可以表示间接引语，即该句所传达的信息是从别人那里获得的。较之「～そうだ」，它更多地用于书面语。相当于汉语的“据说～”。例如：

(1) 彼女からすれば、自分が会う人に対して恥じらいも敬意も感じるからこそ化粧をする**ということだ**。
(2) 日本では、そばを食べるとき音を立てて食べてもいい**ということだ**。
(3) 阿国《おくに》という女性が男性の格好をして、ストーリーのない踊りを踊ったのが歌舞伎の最初である**ということだ**。

6. ～とか＜不确切的间接引语＞

「とか」接在简体的句子后面表示内容不确切的间接引语。相当于汉语的“据说（好像）～”。例如：

(1) 彼女によると、周りにいる乗客が人として意識されず風景のようなものになっているから、化粧ができるのだ**とか**。
(2) ニュースによると、今年は９月に入ってもまだまだ暑い**とか**。
(3) ガイドの話では、そのお寺には日本最古《さいこ》の桜の木がある**とか**。
(4) ガイドブックによると、このお酒は全国にファンが多い**とか**。

7. Vることはない＜无必要＞

动词词典形后接「ことはない」时，表示说话人认为没有必要进行该动作，相当于汉语的“不必～”。例如：

(1) 確かに風景に対してなら恥じらいを感じる**ことはない**わけだ。
(2) 電話で申し込んでもいいのだから、わざわざ行く**ことはない**。
(3) 心配する**ことはない**よ。
(4) 困ったことがあったらいつでも相談に乗るから、一人で悩む**ことはない**。

8. ～ばかりか＜附加、递进＞

「ばかりか」接在名词或动词、形容词的连体形式后面构成从句，表示附加、递进的关系。此句式突出的是主句的内容，主句的句子成分（主要是主语）一般要使用

「も／さえ／まで」等凸显助词与「ばかりか」呼应。用于书面语。相当于汉语的“不止～；岂止～”。例如：

（1）実際、最近では車内で化粧をする女性**ばかりか**、床に直接座りこんでいる若者や、カップ麺を食べる者まで見かけるようになった。

（2）彼はアメリカ**ばかりか**ヨーロッパへの留学経験もある。

（3）最近では、大学**ばかりか**高校や中学校でも海外の学校との交流が盛《さか》んに[盛ん：繁荣]なっている。

（4）学校に行けない**ばかりか**、食事も満足に食べることができない子供がかなりいるようだ。

9. まで＜极端的事例＞

凸显助词「まで」用于表示超出一般常识的极端事例，常常和前面从句中的「ばかりか／だけでなく」等形式呼应。相当于“（不仅～）甚至～；连～也～”。例如：

（1）実際、最近では車内で化粧をする女性ばかりか、床に直接座りこんでいる若者や、カップ麺を食べる者**まで**見かけるようになった。

（2）日本では最近、女性ばかりか男性**まで**化粧をするようになったとか。

（3）最近は大人だけでなく、子供**まで**体を動かさなくなっているようだ。

（4）彼はいちばん信頼《しんらい》していた友達に**まで**、裏切《うらぎ》られた[裏切る：背叛]。

10. すなわち＜换言＞

「すなわち」用于进一步解释、说明前面提到过的事物，相当于汉语的“也就是说～；换句话说～；亦即～”。例如：

（1）**すなわち**、社会的な空間の中に勝手に個人的な空間を作り、周囲の人を風景や物のようにしか見なくなった人々が増えたのだという見方である。

（2）日本の気候は、四季、**すなわち**春夏秋冬に分けられる。

（3）人間が健康を維持するためには、毎日適度《てきど》な食事と睡眠をとることが重要です。**すなわち**、それが健康の元だと思います。

練習用単語

ハチ公（はちこう）③	〈固名〉	（日本历史上一条具有传奇色彩的忠犬）八公
忠実（ちゅうじつ）⓪	〈形Ⅱ〉	忠实；忠诚；如实
信頼（しんらい）⓪	〈名·他Ⅲ〉	信赖；相信
がっかり③	〈副·自Ⅲ〉	颓丧；失望；心灰意懒；筋疲力尽
欠点（けってん）③	〈名〉	缺点；短处；毛病
応える（こたえる）③	〈自Ⅱ〉	响应；反应；报答

ネットショップ（net shop）④	〈名〉	网店
おかず⓪	〈名〉	菜；菜肴
ゴミ箱（ごみばこ）⓪	〈名〉	垃圾箱
唾（つば）①	〈名〉	唾液；唾沫；口水
吐く（はく）①	〈他Ⅰ〉	吐出；呕吐
駐輪場（ちゅうりんじょう）⓪	〈名〉	存车处
駐輪（ちゅうりん）⓪	〈名〉	停放自行车；存自行车
無視（むし）①	〈名・他Ⅲ〉	无视；不顾；忽视
髪をとかす（かみを梳かす）②-②		梳头发
とかす〖梳かす〗②	〈他Ⅰ〉	梳；拢（头发）
気になる（きになる）⓪-①		介意；忧虑；担心
行儀（ぎょうぎ）⓪	〈名〉	举止；礼貌
迷惑をかける（めいわくをかける）		（给别人）添麻烦
優先席（ゆうせんせき）③	〈名〉	（交通工具等）老幼病残孕专座
譲る（ゆずる）⓪	〈他Ⅰ〉	让给；转让；谦让
年配（ねんぱい）⓪	〈名〉	年长；年龄大的人
目の前（めのまえ）③	〈名〉	眼前；面前；最近

練　　習

A．内容確認

1．読解文の内容を段落ごとにまとめてください。

（　　）と下線部に適当な語句・文を書いてください。

第１段落

筆者が電車の中で化粧をする女性を見たときの感想

第２段落

車内で化粧をする（　　　　）と、

それに対して批判的な意見を持つ（　　　）の対談

第３段落

男性の考え方：女性全般に奥ゆかしさや恥じらいを求める

女性の意見：＿＿＿＿＿＿＿＿＿＿＿＿＿＿＿＿＿＿＿＿

＿＿＿＿＿＿＿＿＿＿＿＿＿＿＿＿＿＿＿＿

第４段落

男性の意見：＿＿＿＿＿＿＿＿＿＿＿＿＿＿＿＿＿＿＿＿

＿＿＿＿＿＿＿＿＿＿＿＿＿＿＿＿＿＿＿＿

女性の意見：＿＿＿＿＿＿＿＿＿＿＿＿＿＿＿＿＿＿＿＿＿＿＿＿＿＿＿＿＿＿＿
＿＿＿＿＿＿＿＿＿＿＿＿＿＿＿＿＿＿＿＿＿＿＿＿＿＿＿＿＿＿＿

第５段落

筆者の意見：車内（＝社会的空間）に個人の空間が持ち込まれる、その他の例

・＿＿＿＿＿＿＿＿＿＿＿＿＿＿＿＿＿＿＿＿＿＿＿＿＿＿＿＿＿＿＿＿＿＿＿

・＿＿＿＿＿＿＿＿＿＿＿＿＿＿＿＿＿＿＿＿＿＿＿＿＿＿＿＿＿＿＿＿＿＿＿

・＿＿＿＿＿＿＿＿＿＿＿＿＿＿＿＿＿＿＿＿＿＿＿＿＿＿＿＿＿＿＿＿＿＿＿

第６段落

筆者の意見

２．読解文を読んで次の質問に答えてください。

(1)「（化粧をする様子を見て）…感心させられたりもする」（5行目）とありますが、筆者は電車の中で化粧をする女性に対して、「感心する」以外にどんな気持ちを持っていますか。

(2) 第３段落に書かれた女性の意見を、筆者はどのように理解しましたか。

(3)「公の空間」と「個人の空間」の考え方について、女性は男性の考えとの間に「根本的なずれがある」（21行目）と述べています。女性によれば、それはどんなずれですか。

(4)「こうした一連の現象」（28行目）とは何を指しますか。

(5) 筆者自身は、日本人の「公の空間」と「個人的な空間」の認識について、どのように考えていますか。

B．文法練習

１．次の①②はaまたはbの正しいほうを選んでください。③は文を完成させてください。

(1) ～かのようだ

①母は一日中楽しそうに何かしている。＿＿＿＿＿＿＿＿かのようだ。

ａ．疲れた　　　　　　　　ｂ．疲れを知らない

②さっきけんかした子供たちは何もなかったかのように、＿＿＿＿＿＿＿。

ａ．一緒に遊んでいる　　　　　　　　ｂ．泣いている

③私たちの卒業をお祝いしてくれるかのように、空は＿＿＿＿＿＿＿。

(2) Ｖさせられる

①ハチ公の忠実さに＿＿＿＿＿＿＿＿＿＿＿＿させられた。

ａ．いらいら　　　　　　　　ｂ．感動

②私は彼を信頼したのに、何度も＿＿＿＿＿＿させられた。

ａ．がっかり　　　　　　　　ｂ．感謝

③入院したのをきっかけに＿＿＿＿＿＿＿＿＿＿＿＿＿＿考えさせられた。

第4課

(3) ～からこそ

①彼女には欠点があるからこそ＿＿＿＿＿＿＿＿。

a．かわいい　　　　b．かわいくない

②応援してくれるファンの方がいるからこそ＿＿＿＿＿＿＿＿。

a．その気持ちには応えられない　b．軽い気持ちで試合はできない

③人は＿＿＿＿＿＿＿＿＿＿＿＿＿＿からこそ、成長するのだ。

(4) Vることはない

①現地で買えるものを、わざわざ＿＿＿＿＿＿＿＿ことはない。

a．持っていく　　　　b．現地で買う

②お母さんの病気は＿＿＿＿＿＿＿から、心配することはない。

a．もう治らないかもしれない　b．すぐによくなる

③古いので十分だから、＿＿＿＿＿＿＿＿＿＿＿＿＿＿＿＿＿＿＿＿。

(5) ～ばかりか

①薬を飲んだが、よくならないばかりか、＿＿＿＿＿＿＿＿＿＿＿＿＿。

a．少しずつ回復している　　b．かえって悪くなってしまった

②彼女は美人であるばかりか＿＿＿＿＿＿＿＿＿＿＿＿＿。

a．性格も悪い　　　　b．性格もいい

③悩んでいる友達を励ますことができなかったばかりか、＿＿＿＿＿＿＿。

(6) まで

①今年70才になる祖母まで＿＿＿＿＿＿＿＿＿＿＿＿＿＿＿。

a．ネットショップに興味を示さなかった　b．ネットショップを始めた

②論文指導の先生は＿＿＿＿＿＿＿＿＿＿＿＿＿＿＿＿＿＿。

a．論文の書き方まで教えてくれた　　b．仕事の世話までしてくれた

③今回の試験では、いつも成績のいい学生まで、＿＿＿＿＿＿＿＿＿＿。

2．次の文を完成させてください。

(1) Nからすれば

①＿＿＿＿＿＿からすれば、ギョーザをおかずとして食べるのは不思議だ。

②＿＿＿＿＿＿からすれば、子供の幸せが何より大切だ。

(2) ～ということだ

①北京では＿＿＿＿＿＿＿＿＿＿＿＿＿＿＿＿＿＿＿＿＿＿ということだ。

②アンケート調査によると、中国の大学生は＿＿＿＿＿＿＿＿ということだ。

(3) すなわち

①今回の体験で自信、すなわち＿＿＿＿＿＿＿ことのすばらしさがわかった。

②生きるということは、すなわち＿＿＿＿＿＿＿＿＿＿＿ことである。

C．発展練習

1．次の表に挙げられた行動について話してください。

(1) クラスメートに聞いてみましょう。

①次の行動をよくしますか。

A．よくする　　B．ときどきする　　C．しない

②次の行動をどう思いますか。

A．してもかまわない　　B．しないほうがいい　　C．してはいけない

	行　動	(　　)さん		(　　)さん	
		(1)	(2)	(1)	(2)
1	歩きながらものを食べる。	ABC	ABC	ABC	ABC
2	バスや電車の中で携帯電話で話す。	ABC	ABC	ABC	ABC
3	大学の図書館や授業中でも携帯電話を切らない。	ABC	ABC	ABC	ABC
4	ゴミ箱以外のところにもごみを捨てる。	ABC	ABC	ABC	ABC
5	道路に唾を吐く。	ABC	ABC	ABC	ABC
6	自転車を決められた場所（駐輪場）に止めない。	ABC	ABC	ABC	ABC
7	信号を無視する。	ABC	ABC	ABC	ABC
8	人前で髪をとかす。	ABC	ABC	ABC	ABC
9	電車の中で大きな声で話したり、笑ったりする。	ABC	ABC	ABC	ABC
10	(最近気になること)	ABC	ABC	ABC	ABC

(2) 意見が分かれた点について、詳しく話し合いましょう。

例：

・歩きながら何かを食べたりしないほうがいいと思いますが、実際はそうしている人は少なくないようです。歩きながら食べるのは行儀が悪いと思います。座って食べられる場所に移動するまでの間ぐらい、我慢できないのでしょうか。

・誰かに迷惑をかけるわけではありませんから、食べながら歩いてもいいと思います。人は周りのことを気にしすぎるから、疲れるのではないでしょうか。いろいろなことでストレスを感じる毎日ですから、歩く時ぐらい自由にさせてほしいと思います。

2．次の質問に答えてください。最後にこれらをまとめて意見文を書いてください。

【質問１】最近目にしたことで、何か変だと思ったことがありますか。
【質問２】それを見た時、最初にどう思いましたか。

【質問３】その人の行動や他の人の意見に理解できる点もありますか。
【質問４】最後にあなたはどう思いましたか。

例：

【質問１】⇒若い人が優先席に座っている
【質問２】⇒恥ずかしくないのか
【質問３】⇒若い人も疲れているのだろう／席を譲られるのを嫌がるお年寄りもいる
【質問４】⇒やはりお年寄りに席を譲るべきだ

最近、目の前に年配の人が立っているのに、優先席に座っている若者を**よく見かける**。恥ずかしくない**のだろうか**。**確かに**、若い人も疲れて座りたいときもあるだろう。また、中には席を譲られたくないというお年寄りもいる**ということだ**。**しかし**、やはり、お年寄りが立っているときにはすぐに席を譲るべきだと思う。

例を参考にして、自分で気がついたことについてまず質問に答えてから、意見を書いてください。

【質問１】⇒
【質問２】⇒
【質問３】⇒
【質問４】⇒

做客的礼节

在日本去别人家里做客，需要注意以下几个方面：

在拜访之前应先打电话向主人说明拜访的意图、人数并征得主人的同意，同时向主人询问拜访的日期，不要只根据自己的时间擅做决定。如果是主人主动盛情邀请，那当然是欣然接受最好；如果主人只是顺口说了句「今度うちに遊びに来てください」，这不过是一句客套话，不必当真，更不要贸然前往。拜访应避开清晨、夜晚、用餐或对方繁忙的时间。

拜访的当天不要比约定的时间早到，否则主人可能尚未做好准备，会比较尴尬。也不要迟到，最好比约定的时间晚2、3分钟到达。如果快要迟到了，应打电话通知主人并告诉他大致的到达时间。突然有急事临时取消访问，也要打电话告知主人并讲明原因，日后还应正式致歉。

到了主人家门口，应先整理一下装束再按门铃。如果是冬天或雨天，应先脱去外套、雨衣等，帽子、围巾、手套也应摘下来。门铃按一次即可，如果没有应答，可轻轻地再按一次，不要连续反复地按个不停。

进到门厅里，可以先同主人简单地寒暄一、两句，然后脱鞋进到客厅里再进行正式的问候。脱鞋的时候，应面向屋内把鞋脱掉，上到地板或榻榻米上之后转身蹲下来再把鞋掉转方向（鞋尖朝向屋外）放好。

进到客厅里，在落座之前应先向主人致以问候，随后把礼品交给主人。如果是冰激凌之类需要冷藏的食品或带着土、水的蔬菜、鲜花等则应在门厅里尽快交给主人。主人通常会将客人让到上座，如果主人没有主动安排座位，最好谦恭地坐到下座。座位的顺序可以参照下表（数字表示座位顺序）。

西式房间	日式房间（无佛龛）	日式房间（有佛龛）	圆桌
	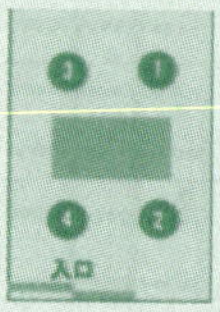	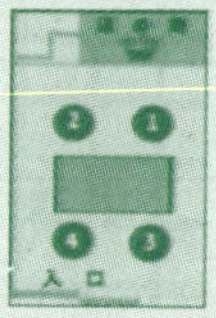	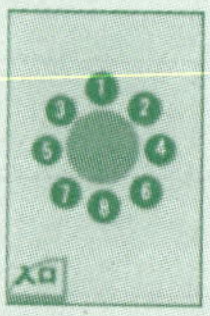

如果是日式房间（即有榻榻米的房间），还需注意不要穿着拖鞋进去，应把拖鞋脱在门口，进去之后应先跪坐在榻榻米上问候过主人再坐到坐垫上。特别注意不要用脚踩坐垫或两块榻榻米之间的边线。

在别人家里做客应尽量避免使用主人家的电话，不得已必须使用时应先征得主人的同意。使用卫生间之前也应跟主人打声招呼。如果不是有非常重要的事或是受到邀请与主人共同进餐，做客的时间不宜太久，一般不要超过1小时。

告辞的时候应站起来或是跪坐在榻榻米上向主人致谢，走到门厅穿好鞋后应把拖鞋掉转方向（鞋尖朝向屋内）摆放好。外套应在出了门厅之后再穿，如果主人一再客气，外套也可以在门厅穿好，帽子、手套等应到外面再戴。出于礼貌，到家后应给对方打个电话致以谢意并告诉他自己已平安到家。

第5課　古　都

学習目標

ユニット1　会話

(1) 可能の表現を使って、社会・組織のルールについて、適切に尋ねたり答えたりすることができる。

(2) 目上や客に対して許可を与えたり、許可できないこと、禁止されていることを伝えたりする場面で、失礼にならないように表現を使い分けながら話すことができる。

ユニット2　読解

(1) 二つのものや事柄の特徴を対比的にとらえることができる。

(2) 二つのものや事柄について、その特徴を対比させながら説明することができる。

- 中国と日本の文化交流に貢献した人物といえば、誰を思い浮かべますか。
- 「京都」「奈良」について、どんなイメージがありますか。

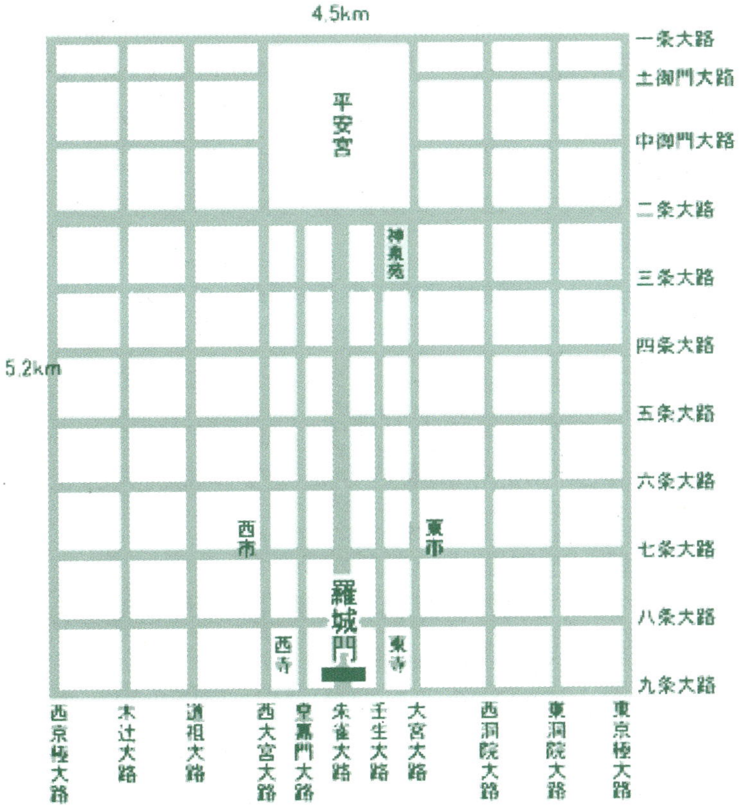

（平安京の地図）

ユニット1　会話

そちらの庭には入れません

（王、マイク、マリー、チャリヤー、高橋が奈良、京都ツアーに参加する）

ガイド：皆様、東大寺に到着いたしました。東大寺での見学時間は1時間となっております。バスには2時までにお戻りください。

高橋　：わあ、久しぶり！　中学校の修学旅行以来だなあ。

王　　：ガイドさん、すみません、重いのでかばんを座席に置いていってもいいですか。

ガイド：はい、結構です。でも、貴重品だけは必ずお持ちください。

全員　：はい。

マリー：あのう、東大寺は前に来たことがあるので、一人で興福寺に行ってみたいんですけど…。

ガイド：すみませんが、それはちょっと…。

マリー：わかりました。

（カメラを持ったマイクが、ジュースを飲みながら庭に入ろうとしている）

お坊さん：ちょっと、拝観の方はそちらの庭には入れません。

マイク　：えっ、入っちゃいけないんですか。すみません。じゃあ、写真はかまいませんか。

お坊さん：いいえ、そこは「撮影禁止」ですよ。それから、飲食もご遠慮ください。

マイク　：はーい。（肩をすくめてすごすご帰ってくる）

（唐招提寺に着く）

王　：ああ、これが鑑真和上が建てた唐招提寺か…。

高橋：鑑真って、何度も遭難しそうになって、失明までして日本にたどり着かれたのよね。

王　：うん。ほんとに立派な方だなあ。

高橋：そうよね。仏教や薬学、建築技術などを伝えてくださって…。日本人は感謝しないと。

王　：ね、あの人に頼んで、ここで一緒に写真を撮ってもらおうか？

高橋：そうね。

王　：（近くの男性に）あのう、すみません、写真を撮ってもらえないでしょうか。

男性：ええ、いいですよ。じゃあ、いきますよ。はい、チーズ！

（次の日、京都の清水寺へ行く）

ガイド　：さあ、皆様、清水寺に到着いたしました。これからこちらのチケットを１枚ずつお配りします。あちらのお土産屋さんでこれをお出しいただくと、お茶とお菓子が無料で召し上がれます。どうぞご利用ください。

全員　：はい。

チャリヤー：（ガイドブックを見ながら）ねえねえ、マリーさん、清水寺の近くに恋占いができる神社があるそうよ。

マリー　：本当？　じゃ、急いで行こう！（急いでバスを降りる）

高橋　：待って！　私も！

王　：ええっ？　高橋さーん！（慌てて後を追う）

新出単語

マリー（法语Marie）①	〈固名〉	（人名）玛丽
チャリヤー（泰语caryā）①	〈固名〉	（人名）恰丽娅
ツアー ①	〈名〉	旅行；团体旅游
東大寺（とうだいじ）①	〈固名〉	（地名）东大寺
修学旅行（しゅうがくりょこう）⑤	〈名〉	修学旅行（日本中小学教育活动的一环，学生在老师的带领下集体出游，通过参观、体验等获得各方面知识。）
座席（ざせき）⓪	〈名〉	座位
貴重品（きちょうひん）⓪	〈名〉	贵重物品
興福寺（こうふくじ）①	〈固名〉	（地名）兴福寺
カメラ（camera）①	〈名〉	照相机
ガム（gum）①	〈名〉	口香糖
噛む（かむ）①	〈他Ⅰ〉	嚼；咀嚼；咬
拝観（はいかん）⓪	〈名・他Ⅲ〉	参观；参拜
撮影（さつえい）⓪	〈名・他Ⅲ〉	摄影；照相
飲食（いんしょく）⓪①	〈名・自Ⅲ〉	饮食；吃喝
肩（かた）①	〈名〉	肩；肩膀
すくめる（竦める）⓪	〈他Ⅱ〉	缩；竦缩
すごすご（と）①	〈副〉	垂头丧气地；沮丧地
唐招提寺（とうしょうだいじ）⑤	〈固名〉	（地名）唐招提寺
鑑真和尚（がんじんわじょう）①⑤	〈固名〉	（人名）鉴真和尚
遭難（そうなん）⓪	〈名・自Ⅲ〉	遇难；遇险
失明（しつめい）⓪	〈名・自Ⅲ〉	失明
仏教（ぶっきょう）①	〈名〉	佛教
薬学（やくがく）⓪②	〈名〉	药学；药物学
配る（くばる）②	〈他Ⅰ〉	分发；分送；分布
占い（うらない）⓪	〈名〉	占卦；算命；卜者
恋（こい）①	〈名・自Ⅲ〉	恋爱；爱情
慌てる（あわてる）⓪	〈自Ⅱ〉	惊慌；着慌；慌慌张张
追う（おう）⓪	〈他Ⅰ〉	赶；追赶；追求

解説・文法

1. Nとなっている＜既定＞

名词后接「となっている」，用于说明规定、计划、现状等。例如：

(1) 東大寺での見学時間は１時間**となっております**。
(2) 当駅《とうえき》のホームは禁煙《きんえん》**となっております**。
(3) 国慶節の休みは、その前後の約１週間**となっています**。
(4) 辞書は貸し出し不可**となっております**ので、館内でご覧ください。

2. N以来／Vて以来＜时间状语＞

「以来」接在时间名词或动作性名词以及「Vて」的后面，表示自那时起至今一直持续着某种状态。相当于汉语的“～以来”。例如：

(1) わあ、久しぶり！・ 中学校の修学旅行**以来**だなあ。
(2) あの時の大失敗**以来**、自信がなくなっちゃったよ。
(3) お正月**以来**、ずっと寒い日が続いている。
(4) ダイエットを始めて**以来**、大好きなチョコレートは食べていない。
(5) Ａ：たぶん、お会いするのはこの前お会いして**以来**ですよね。
　　Ｂ：そうですね。大学を卒業して**以来**だから、８年ぶりでしょうか。

3. Nまでして／Vてまで＜极端的程度＞

动作性名词后接「までして」或「Vて」后接「まで」，表示极端的行为或状况，意思是为了达到某一目的而选择非同一般的手段，或付出了非同寻常的努力。相当于汉语的“甚至～”。例如：

(1) 鑑真って、何度も遭難しそうになって、失明**までして**日本にたどり着かれたのよね。
(2) そんな厳しい練習**までして**金メダルを取ろうとは思いません。
(3) 授業を**サボってまで**行く必要はないじゃないか。
(4) 試験に合格するため、睡眠時間を**減らしてまで**勉強している。

解説・会話

1. 指令

指令一般用「Vてください」的句式表达。更客气的表达方式还有「お／ご～ください」，以及「お／ご～になってください、お／ご～なさってください」等。例如：

(1) バスには2時までに**お戻りください**。
(2) ゆっくり**お休みになってください**。
(3) どうぞお気軽に**ご参加なさってください**。

禁止也是一种指令，其表达形式有「Vないでください」等，更客气的表达方式还有：「お／ご～ください、お／ご～にならないでください、お／ご～なさらないでください」等。例如：

(4) 飲食も**ご遠慮ください**。
(5) 火の近くでは**ご使用にならないでください**。
(6) お忙しいでしょうから、**ご無理なさらないでください**。

在实际的口语会话中，表达禁止义时也经常使用「Vてはいけません（不允许）」、「～できません」等句式，以及「～（は）禁止だ（例如：そこは「撮影禁止」ですよ）等词汇性的禁止表达方式。

指令、禁止是有资格向对方发号施令的人物的言语行为，因此，对年龄或地位高于自己的人，一般要转换成委婉的提议、建议等表达方式，或将指令部分省略掉。例如：

(7) 先生、お急ぎになってください
⇒**少々お急ぎいただいたほうが…**（「よいと思います」省略，委婉的提议）
⇒**少し急ぎましょうか**。（建议）
(8) あ、先生、**その紙はまだ使いますので…**（「捨てないでください」省略）。

2. 征求对方的许可

征求对方许可时一般使用「Vても／Nはいいか（かばんを座席に置いて行ってもいいですか）」、「Vても／Nはかまわないか（写真はかまいませんか）」。此外，还会省略征求许可句的后半部分「いいですか」，只使用表达愿望的句式，如：「一人で興福寺に行ってみたいんですけれど…」等形式。

根据会话的情景，也可以使用询问规则、规定的可能句（→4. 可能句），但是当有资格批准的人在场，采用征求许可的表达方式比较合适，也比较礼貌得体。例如：

(1) ちょっと頭が痛いので、先に**帰ってもいいですか**。（对老师说）
(2) すみません、ちょっと**質問してもいいですか**。（★如果使用可能句则为偏误）

反之，对没有资格予以批准的人使用了征求许可的表达方式，则意味着将对方视为有资格予以批准的人，成为一种客气的表达方式。例如：

(3) こちらの図書館は他大学の学生も使えますか。
⇒こちらの図書館は他大学の学生も**使っていいですか**。

3. 允许与不允许

表示允许时一般使用「Vてもいい／かまわない／結構です」等句式；表示不允许时采用「Vてはいけない／困る／だめだ」等句式。这时需要注意，对于年龄或地位高于自己的人，一般不能实施允许或不允许的言语行为，而只能采取邀请或请求等言语行为方式。例如：

(1) 先生：私もコンパに参加してもいいかな？
　学生：はい、ぜひ**いらっしゃってください／いらしてください**。（邀请）
　（「参加なさってもいいです」等表示允许的回答不妥，因此不使用）

即使对方年龄或地位低于说话人，因为允许或不允许的表达方式会给人一种高傲的感觉，因此也会避开不用，而大多使用表示规则的可能句式「～（は）できます／できません」（→4. 可能句）。

4. 可能句（社会性可能）

有一种可能句表示社会性可能，即某个条件下、某种环境下的可能或社会、组织内部的规则、约定等。例如：

(1) あちらのお土産屋さんでこれをお出しいただくと、お茶とお菓子が無料で**召し上がれます**。
(2) 清水寺の近くに恋占いが**できる**神社があるそうよ。

另外，可能句不仅用于陈述某种场合下的规则、约定，还可以用来表示允许、不允许或指令、禁止等，后者是一种比较稳妥礼貌的得体表达方式。例如：

(3) 学生　　：ここで本をコピーしてもいいですか。（征求许可）
　図書館員：いいえ、学生はコピーは**できません**。（以可能句表示不允许）
(4) ちょっと、拝観の方はそちらの庭には**入れません**。（以可能句表示不允许）

允许、不允许、指示、禁止等表达方式容易使人感觉说话人傲慢，因此通过使用可能句，可以避免这种负面印象。同时，例（3）中的图书馆管理员和例（4）中的寺庙和尚的可能句的使用，也避免了个人的仲裁许可，通过单纯叙述某种场合下的行为的可能性，将不可动摇的客观事实摆出来，是一种恰到好处的得体表达。

如果在场的人都没有资格批准进行某一动作，也就无需征求许可。此时可用可能句说明某一规则或制约的有无。例如：

(5) 学生1：試験は鉛筆が**使えるかな**。
　学生2：確か、鉛筆は**使えないんじゃないか**？ペンなら使えると思うけど。

但是，如果有资格批准的人在场，有必要使用征求许可的句式，而不能使用可能句（可能句是错误的用法）。同时被征求者也会采用表示许可的句式，如「はい、いいですよ」。正确的用例如下：

(6) 学生：試験は鉛筆で**書いてもいいですか**。
先生：はい、いいですよ。
(7) 試験が終わったら、**帰ってもいいですか**。
先生：はい、いいですよ。

5. 义务

表示义务义时，一般采用「Vなければ／ないと、いけない／ならない」的形式。有时也省略后半部分。例如：

(1) 日本人は**感謝しないと**。

义务与允许的表达互为表里关系。例如：

(2) 学生　：作文は鉛筆で書いてもいいですか。
先生1：はい、鉛筆で書いてもいいです。
　　　　もちろん、鉛筆で**書かなければいけません**。
先生2：いいえ、鉛筆じゃなくて、ペンで**書かなければいけません**。

这时如果「先生2」使用不允许的表达方式，则为「いいえ、鉛筆で書くのではいけません」。不过，这种说法不常见，采用上述表义务的句子比较自然。

6. 请求（受益可能）

请求是表示说话人受益的表达方式，因此授受动词是不可缺少的。请求句式有「Vてください、Vてくれない／くれませんか／くれないでしょうか／くださいませんか」「Vてもらえない／もらえませんか／もらえないでしょうか／いただけませんか／いただけないでしょうか」等，使用时根据听话人的不同进行选择。

有一点需要注意：使用「もらう·いただく」时，一定要将其变为能动态「もらえる·いただける」。例如：

(1) あのう、すみません。写真を**撮ってもらえませんか**。

如果不变成可能态，则成为表达邀请、建议的意思。那么要求拍摄的对象就不是说话人而是听话人了。例如：

(2) A：一度プロ[プロ：专业人士]にあなたの写真を**撮ってもらいませんか**。
B：そうね、じゃ、あの写真家に頼もうかな。

注意「くれる」没有能动态。

7. 答应对方的请求

答应对方的请求时，使用「はい／ええ、いいです／かまいませんよ」等，除非关系很好，一般不使用授受动词「Vてあげる」（否则容易给人一种施恩的感觉）。例如：

(1) A：この漢字の読み方、教えてくれない？

B：**うん、いいよ。**

(2) 学生：先生、来週の金曜日までに、推薦状を書いていただけませんか／くださいませんか。

先生：**いいですよ。**じゃ、来週の金曜に受け取りに来てください。

拒绝对方的请求时采用「すみませんが／申し訳ありませんが／悪いけれど、ちょっと（できません）…」等表达方式，这时也不能使用「Vてあげられません」等施益义的形式。

8．建议

建议是听话人受益的一种表达方式。在这一点上，它与请求句恰恰相反。建议的表达方式有「Vてください」和更加客气的表达方式「お～ください・お～になってください」。不论哪种形式，在使用时都大多加上「どうぞ」。例如：

(1) あちらのお土産屋さんでこれをお出しいただくと、お茶とお菓子が無料で召し上がれます。どうぞ**ご利用ください**。

(2) どうぞ、**召し上がってください**。

(3) （在车上给人让座时）もうすぐ降りますので、どうぞ**お座りください**。

如果仿照请求时常用的客气表达方式「お～になってくれませんか／くださいませんか／もらえませんか／いただけませんか」，在句尾加上「Vませんか／ないか」，就不再表示建议，而成为另外一种意思，即强烈要求迟迟不付诸行动者实施该动作行为。因此使用时需要特别注意。

解説・表現

1．ご遠慮ください／ご遠慮いただけませんか

用于委婉地表达禁止。这种表达方式比起禁止句来，不那么直白，显得很客气，因此多用于正式的场合。例如：

(1) 歩きながらのおタバコは**ご遠慮ください**。

(2) 申し訳ないのですが、写真撮影は**ご遠慮いただけませんか**。

2．じゃあ、いきますよ

这是为别人照相时的说法，意思是“我要照了啊”。

練習用単語

義務教育(ぎむきょういく)③	〈名〉	义务教育
水族館(すいぞくかん)④	〈名〉	水族馆；海洋馆
開館(かいかん)⓪	〈名·自他Ⅲ〉	开馆；开放；开门
母校(ぼこう)①	〈名〉	母校
新車(しんしゃ)⓪	〈名〉	新车
借金(しゃっきん)③	〈名·自Ⅲ〉	借钱；欠款
家中(うちじゅう)⓪	〈名〉	全家；整个家中
レジ(「レジスター」registerの略語)①	〈名〉	商店餐馆等的收银处；（机器）现金出纳机；自动记录器
クレジットカード(credit card)⑥	〈名〉	信用卡
カード(「クレジットカード」の略語)①	〈名〉	信用卡等银行卡的简称
割引(わりびき)⓪	〈名·自他Ⅲ〉	（打）折扣；减价
クーポン(法语coupon)①	〈名〉	优惠券；通票；联票
期限(きげん)①	〈名〉	期限
代わり(かわり)⓪	〈名〉	代替；替代；代理；补偿
対応(たいおう)⓪	〈名·自Ⅲ〉	适应；应对；对应；协调
省略(しょうりゃく)⓪	〈名·他Ⅲ〉	省略；从略
スタッフ(staff)②	〈名〉	工作人员；员工；阵容；班底
紙幣(しへい)①	〈名〉	纸币；钞票
現金(げんきん)③	〈名〉	现金
米(べい)①	〈固名〉	美国（「米国《べいこく》」）的简称
のみ ①	〈副助〉	只；仅；只是；只有
館内(かんない)①	〈名〉	馆内
未満(みまん)①	〈名〉	未满；不足；以下
ノートパソコン（和製notebook personal computer)④	〈名〉	笔记本电脑
当ホテル(とうホテル)①	〈名〉	本饭店；本旅馆
当(とう)①	〈名〉	（后接某种机构、场所）本～；我们～
ビジネスセンター(business center)⑤	〈名〉	商务中心
ラブラブ⓪	〈形Ⅱ〉	热恋；亲密
コンビニ(「コンビニエンス·ストア」convenience storeの略語)⓪	〈名〉	便利店
規則(きそく)②	〈名〉	规则；章程；规律
許可(きょか)①	〈名·他Ⅲ〉	许可；允许；批准
限定(げんてい)⓪	〈名·自他Ⅲ〉	限定；限制
セミナー(seminar)①	〈名〉	(大学里由教授指导的)研究班、讨论课、专题讨论会；专家研讨会

車掌(しゃしょう)⓪	<名>	乘务员；列车员；公交车售票员
禁煙(きんえん)⓪	<名·他Ⅲ>	禁烟；禁止吸烟
ガイド(guide)①	<名·他Ⅲ>	向导；导游(员)
頤和園(いわえん)②	<固名>	(地名)颐和园
民族舞踊(みんぞくぶよう)⑤	<名>	民族舞蹈
民族(みんぞく)①	<名>	民族
舞踊(ぶよう)⓪	<名>	舞蹈
自由行動(じゆうこうどう)④	<名>	自由活动
立ち入り禁止(たちいりきんし)⓪	<名>	禁止入内
見どころ(み所)⓪②	<名>	精彩之处；值得看的地方
喫煙(きつえん)⓪	<名·他Ⅲ>	吸烟；抽烟

練　習

A．内容確認

会話文について、次の質問に答えてください。

(1) 東大寺を見学するとき、王さんは何を持って、何を置いていきましたか。

(2) マリーさんはなぜ東大寺よりも興福寺に行きたがっていたのですか。

(3) マリーさん以外に東大寺に来たことがある人は誰ですか。

(4) マイクさんがお坊さんに注意されたのはなぜですか。（写真撮影以外のことで二つ挙げてください。）

(5) 高橋さんは唐招提寺へ行ったとき、なぜ「日本人は鑑真和上に感謝しないと」と言ったのですか。

(6) 清水寺観光の前にガイドさんからもらったチケットは必ず使わなければなりませんか。

(7) そのチケットを使うと、どんなことができますか。

(8) 清水寺の近くにはどんな神社がありますか。

B．文型練習

1．次の①②は（　）の中の言葉を正しい順番に並べてください。③は文を完成させてください。

(1) ～となっている

①(が・義務教育・小学校と中学校・となっている)

中国では＿＿＿＿＿＿＿＿＿＿＿＿＿＿＿＿＿＿＿＿＿＿＿＿＿＿＿＿＿＿。

②(では・禁止・撮影・水族館内・となっている)

＿＿＿＿＿＿＿＿＿＿＿＿＿＿＿＿＿＿＿＿＿＿＿＿＿＿＿＿＿＿＿＿＿＿。

③図書館の開館時間は＿＿＿＿＿＿＿＿＿＿＿＿＿＿＿＿＿＿＿＿＿＿＿＿。

(2) N以来／Vて以来

①（を・以来・卒業・訪れて・母校・いない）

________________________________。

②（を・以来・相互学習・高橋さんと・始めて）

________________________日本語の勉強は楽しくなった。

③大学に入学して以来、____________________________。

(3) Nまでして／Vてまで

①（を・までして・新車・借金・買った　）

____。

②（のに・まで・39度近くの熱がある・無理して）

____________________________学校に行く必要はない。

③家中の掃除までして待っていたが、__________________。

第5課

C．会話練習

1．ポイント：社会・組織のルールにおける可能／不可能

「あちらのお土産屋さんでこれをお出しいただくと、お茶とお菓子が無料で召し上がれます。」

モデル会話

（スーパーのレジで）

店員：合計で13,230円となります。

王　：あのう、こちらでクレジットカードも使えますか。

店員：ええ、お使いになれますよ。

王　：じゃ、このカードでお願いします。

店員：はい、では、カードをお預かりします。

王　：（割引クーポンを持っていることを思い出して）あ、すみません、このクーポン、使えますか。

店員：申し訳ございませんが、そちらのクーポンの有効期限はきのうまでとなっておりまして…。

王　：あ、そうですか。

ここをおさえよう！

(1) 王さんは「こちらでクレジットカードも使えますか。」と言いました。この表現の代わりに、「こちらでクレジットカードを使ってもいいですか。」と言えますか。

(2) 店員は「ええ、お使いになれます。」と答えました。この表現の代わりに、「ええ、お使いになってもいいです。」と言えますか。どうしてですか。

(3) もし、クレジットカード使用に対応していない店だったら、店員はどのように答えると思いますか。

(4) 店員は「そちらのクーポンの有効期限はきのうまでとなっておりまして…。」と答えましたが、最後まで言う場合は、どんな文になりますか。

✤言ってみよう！

次の場所でのルールについてスタッフに尋ねる会話を練習しましょう。

(1) スーパーで、割引券の利用について

A：すみません、この割引券、使えますか。

B：すみませんが、そちらはご利用になれません。

A：あ、こっちの割引券はどうですか。

B：そちらでしたら、ご利用になれますよ。

(2) デパートで、外国紙幣での支払いについて

A：あのう、すみません、こちらで中国元、使えますか。

B：申し訳ございませんが、現金の場合は、円か米ドルのみとなっておりまして…。

(3) 図書館で、辞典の貸し出しについて

A：あのう、すみません、この辞典、借りられますか。

B：辞典は閲覧のみ可能です。貸し出しは不可となっておりますので、館内でご覧ください。

(4) 映画館で、小さい子供の鑑賞について

A：すみません、この映画は、小学生未満の子供でも鑑賞できますか。

B：申し訳ございません。こちらの映画は、中学生以上の方からとなっておりまして…。

(5) ホテルで、ノートパソコンの貸し出しについて

A：あのう、こちらでノートパソコンは借りられますか。

B：申し訳ございませんが、当ホテルでは貸し出しはしておりません。ビジネスセンターのコンピューターはご利用になれますので、よろしければそちらをご利用ください。

2．ポイント：目上／客に対する「許可・不許可」「禁止」の場面における表現

「あのう、東大寺は前に来たことがあるので、一人で興福寺に行ってみたいんですけど…。」

「すみませんが、それはちょっと…」

「そこは『撮影禁止』ですよ。」

モデル会話1

（教室で王と三好が京都ツアーの写真を見ている。吉田先生が入ってくる。）

吉田：あ、何だか楽しそうですね。
王　：あ、先生。
吉田：何を見ているんですか。
王　：このあいだ、友達と京都へ行ったときの写真です。
吉田：へえ、私もちょっと見せてもらってもいいですか。
王　：ええ、どうぞ、ご覧ください。
三好：先生、王さん、すごいんですよ。ラブラブ写真がいっぱいなんです。
吉田：えっ？

ここをおさえよう！

(1) 王さんは吉田先生に写真を見てもいいか聞かれたとき、どのように答えましたか。その答えの代わりに、「ええ、見てもいいですよ。」と言えますか。どうしてですか。

(2) もし、王さんが、吉田先生に写真を見てほしくない場合は、どのように答えたらいいですか。

モデル会話2

（木村さんがアルバイトをしているコンビニで）

客１：すみません、このパンフレット、一つもらってもいいですか。
木村：申し訳ございません。そちらは店内での閲覧用となっておりまして…。
客１：そうですか。
木村：（買ったお菓子を店内で食べている客を見つけて）あのう、お客様、申し訳ございませんが、店内でのご飲食はご遠慮いただけますか。
客２：えっ、ダメなんですか。
木村：店の規則となっておりますので…。
客２：そうですか。すみません。

第5課

ここをおさえよう！

(1) 木村さんは客1にパンフレットを取ってもいいか聞かれたとき、どのように答えましたか。その答えの代わりに、「いいえ、取ってはいけません。」と言えますか。どうしてですか。
(2) 木村さんは店内でお菓子を食べている客を見て注意するとき、どのように話しましたか。その言葉の代わりに、「店内で食べてはいけませんよ。」と言えますか。どうしてですか。
(3) 木村さんは最後に、「店の規則となっておりますので…。」と言いましたが、最後まで言う場合は、どんな文になりますか。木村さんはなぜ最後まで言わなかったのだと思いますか。
(4) もし、木村さんが自宅で、友達がお菓子を食べているのを見てやめてほしいと思ったら、どのように言うと思いますか。

✤言ってみよう！

次の場面で、「目上・客から許可を求められて、許可できる場合／許可できない場合の応答の仕方」、「目上・客に禁止となっていることを伝えるときの言い方」を練習しましょう。特に、許可できない場合、禁止となっていることを伝える場合は、イントネーションに気をつけて丁寧に言ってみましょう。

(1) パーティー会場で、A. 先生⇒B. 学生
A：この席、座ってもいいですか。
⇒B1（許可できる場合）：
もちろんです。どうぞ、どうぞ。
⇒B2（許可できない場合）：
すみませんが、その席はちょっと他の人が座ることになっていて…。どうぞ、こちらにお座りください。
(2) 部室で、A. 先輩⇒B. 後輩
A：東西大学とのコンパ、私も行ってもいいかな。
⇒B1（許可できる場合）：
ええ、もちろん、ぜひいらしてください。
⇒B2（許可できない場合）：
あのう、今度のコンパは、1・2年生限定になっていて…。ほんとにすみません。次のコンパのときには必ずご連絡します。
(3) セミナー会場で、A. セミナー参加者⇒B. 受付
A：あのう、すみません、こちらでちょっとお弁当を食べてもいいですか。
⇒B1（許可できる場合）：
はい。あちらの方に休憩用のテーブルがございますので、どうぞご利用ください。

⇒B2（許可できない場合）：

申し訳ございませんが、会場内のご飲食はご遠慮いただいておりまして…。

(4) 電車で、A. 車掌⇒B. 乗客（携帯電話で話をしている）

A（禁止を伝える場合）：あ、お客様、車内では、携帯電話の使用は禁止となっておりますので、ご遠慮いただけますか。

⇒B：あ、すみません。

(5) 美術館で、A. スタッフ⇒B. 客（作品の写真を撮ろうとしている）

A（禁止を伝える場合）：あ、すみません、館内では撮影禁止となっておりまして…。

⇒B：そうですか。すみません。

(6) レストランで、A. 店員⇒B. 客（禁煙の席でタバコを吸っている）

A（禁止を伝える場合）：お客様、申し訳ございませんが、こちらは禁煙となっておりますので、おタバコはご遠慮いただけますか。

⇒B：あ、すみません。

✤正しいのはどっち？

京華大学の趙媛媛さんがアルバイトで日本人観光客のガイドをすることになりました。以下は、趙さんとツアーに参加している日本人観光客の会話です。
それぞれの関係、立場を考えて、（　　）の中から適当なものを選んでください。

（頤和園に到着し、小型バスから降りる）

趙　：みなさま、頤和園に到着いたしました。お忘れ物がないようにお願いします。

客1：すみません、このかばん、バスに置いていってもいいですか。

趙　：すみませんが、お荷物はすべて（置いていってはいけません／お持ちいただけますか）。

客1：はい。

趙　：頤和園での見学時間は2時間となっております。きょうは3時から、池の前のあたりで民族舞踊のショーがご覧になれます。よろしかったら、ぜひご覧ください。4時になりましたら、こちらの出口までお戻りください。

客2：あの、すみませんが、ここは前に来たことがあるので、ほかの場所に観光に行ってもいいですか。

趙　：申し訳ございませんが、自由行動は明日となっておりますので、（ほかの場所に行ってはいけません／それは明日にしていただけますか）。

客2：わかりました。

趙　：ほかに、何か質問がございますか。

客3：あの、写真は自由に撮ってもいいですか。

趙　：建物の中は「撮影禁止」となっておりますので、（お撮りになってはいけません／ご遠慮いただけますか）。外でしたら、ご自由に（お撮りになってもいいです／お撮りください）。

（見学中）

趙　：（客が立ち入り禁止の場所に入っているのに気づいて）あ、お客様、すみませんが、（そちらへ入ってはいけません／そちらは立ち入り禁止となっておりますので…）

客1：あ、すみません。

客2：（小声で）ガイドさんも大変ですね。

趙　：いえ、いえ。

✤発展練習：ロールプレイをしよう！

ロールカードの指示に従って、話しましょう。
ロールプレイをする前に、日本人観光客にぜひ案内したいと思う観光地を決めて、建物や風景の写真やイラストなどを持ってきてください。それらを黒板や壁に貼ってロールプレイをしましょう。

A

◆ 役割：観光ガイド（アルバイト）
◆ 状況：日本人観光客２名に中国の観光名所を案内します。
①観光客が喜びそうな情報（ショーが見られる、無料クーポンが使える等）があったら、はじめに説明してください。
②観光客に許可を求められたら、丁寧に答えてください。
③もし、観光客が禁止行為をしているのを見つけたら、丁寧に注意してください。
④名所の見どころについて、わかりやすく観光客に説明してください。

B

◆ 役割：観光客１
◆ 状況：あなたは友達と二人で中国の観光名所のツアーに参加します。中国人の観光ガイドが案内してくれます。
①見学しながら、写真を撮ってもいいかどうかなどについて、ガイドに確認してください。
②見学中の建物や場所の歴史などについて、ガイドに質問してください。

C

◆ 役割：観光客２
◆ 状況：あなたは友達と二人で中国の観光名所のツアーに参加します。中国人の観光ガイドが案内してくれます。
①見学中に、その場所では禁止されていると思われる行為（喫煙、携帯電話の使用など）をしてください。
②見学中の建物や場所の歴史などについて、ガイドに質問してください。

ユニット2　読解

京都の町並み

京都は、794年に奈良の平城京から平安京に都を移して以来の千年の都である。春夏秋冬、季節を問わず、修学旅行、家族旅行、一人旅、道連れのあるなしにかかわらず、そのときどきの楽しみ方ができる。京都の町は、一木一草にも歴史があるといわれるように、いつ、どこでも新しい発見がある。また、大きな通りはみな碁盤の目のように並んでいるから、道に迷うこともない。例えば、京都の住所に見られる「上ル」は大通りを北へ、「下ル」は南へ、「西入ル」は通りの西側へ入っていくことである。東京で道を聞いても東西南北で答える人はまずいないだろう。ところが、京都では誰でも東西南北の感覚が身についている。そういえば、去年初めて行った中国の西安や北京でも、道を聞けば“往西走”“往南走”で、右左で答える人はいなかった。

長年都があった京都には、古いお寺や神社はもちろん町並みも昔をしのばせるところが多い。これが観光客を集める大きな理由である。京都だけではない。奈良でも金沢でも萩でも、町そのものが観光資源になっているのである。確かに、東京の高層ビルを見て暮らす人々には、古い町並みの中を歩くことは、まさに癒しの時と言えるだろう。

しかし、その一方で、古い町並みを保存することには、住民の側から見れば様々な問題があり、住民の合意と努力が必要である。地域には経済的効果ということも考えなければならないし、住民の生活の便利さも考慮しなければならない。東京では経済的効果を重視したためであろうか、河川を埋め立てたり、上を覆ったりして高速道路を建設し、高層ビルを林立させた。賛否はともかく、これも都市の一つの姿である。それに対して、京都は、町並みを保存するのに熱心であった。古都保存法、町並み保存条例など多くの法律や条例を作り、観光資源たる古い京都を保存しようとしている。その京都にももちろん新しい波は寄せており、コンクリート造りのモダンな建物が目につくようになった。京都の建物や庭園は確かにすばらしい、だからといって伝統にばかり頼ってはいられない、というわけだ。保守的な私にしてみれば、京都の景観の変化は残念でならない。が、あの金閣寺でさえ当時の人の目には驚きだった、ということを考えれば新しさと伝統は紙の裏表ということになる。

言うまでもなく、平安京は大唐時代の長安の都にならってつくられた町である。本家と言うべき中国の人は、京都に大陸文化とは異なる古きよき日本を見るのか、伝統とモダンの絶妙なバランスを見るのか。それとも、はるか昔の長安の都に思いを馳せ、懐かしさを覚えるのだろうか。

新出単語

町並み（まちなみ）⓪	〈名〉	街道；街上（房屋的排列情况）
平城京（へいじょうきょう）③	〈固名〉	（古代日本地名）平城京
都（みやこ）⓪	〈名〉	首都；国都；都城
移す（うつす）②	〈他Ⅰ〉	迁移；搬迁；移动；挪动
千年（せんねん）①	〈名〉	千年
春夏秋冬（しゅんか-しゅうとう）①-⓪	〈名〉	春夏秋冬
一人旅（ひとりたび）③	〈名〉	独自旅行
道連れ（みちづれ）⓪	〈名〉	旅伴；同行；搭档
あるなし（有る無し）①	〈名〉	有无；有没有
ときどき（時時）②	〈名〉	不同时节；每个时节
一木一草（いちぼく-いっそう）②-⓪	〈名〉	一草一木
通り（とおり）③	〈名〉	大街；马路；通行
碁盤（ごばん）⓪	〈名〉	（围棋的）棋盘
碁盤の目（ごばんのめ）⑤		围棋盘的格子
住所（じゅうしょ）①	〈名〉	住址；地址
上ル（あがる）⓪	〈自Ⅰ〉	（在京都特指）向北走
大通り（おおどおり）③	〈名〉	大路；大道
下ル（さがる）②	〈自Ⅰ〉	（在京都特指）向南走
西入ル（にしいる）③	〈自Ⅱ〉	西行；往西走
東西南北（とうざいなんぼく）⑤	〈名〉	东南西北
まず（先ず）①	〈副〉	首先；先；最初；开头
ところが ③	〈接〉	可是；然而；不过
感覚（かんかく）⓪	〈名〉	感觉
身につく（みに付く）⓪-①		掌握；（知识、技术等）学到手
西安（せいあん）①	〈固名〉	（地名）西安
右左（みぎひだり）②	〈名〉	左右
長年（ながねん）⓪	〈名〉	多年；漫长的岁月
しのぶ（偲ぶ）②	〈他Ⅰ〉	回忆；怀念；缅怀
金沢（かなざわ）②	〈固名〉	（地名）金泽（位于日本石川县）
萩（はぎ）①	〈固名〉	（地名）萩（位于日本山口县）
そのもの ④③		（接在体言之后）其本身；极其；非常
資源（しげん）①	〈名〉	资源
高層ビル（こうそうbuilding）⑤	〈名〉	高层建筑；高楼大厦
高層（こうそう）⓪	〈名〉	高层

まさに ①	〈副〉	真的；的确；恰好
保存(ほぞん)⓪	〈名·他Ⅲ〉	保存
側(がわ)⓪	〈名〉	一侧；一方；方面；立场；旁边
合意(ごうい)⓪	〈名·自Ⅲ〉	同意；商量好；意见一致
効果(こうか)①	〈名〉	效果；功效
考慮(こうりょ)①	〈名·他Ⅲ〉	考虑
河川(かせん)①	〈名〉	河川；河流
埋め立てる(うめたてる)④	〈他Ⅱ〉	填埋；填平（坑洼地、河海的一部分）；填海造地
覆う(おおう)⓪	〈他Ⅰ〉	覆盖；蒙上；笼罩
高速道路(こうそくどうろ)⑤	〈名〉	高速公路
林立(りんりつ)⓪	〈名·自Ⅲ〉	林立
賛否(さんぴ)①	〈名〉	赞成与否；赞成和反对
ともかく ①	〈副〉	姑且不论；总之；无论如何
姿(すがた)①	〈名〉	样子；姿态
条例(じょうれい)⓪	〈名〉	条例；条款
たる①	〈判〉	（古代日语判断词「たり」的连体形）表示具有某种资格，同「である」
波(なみ)②	〈名〉	波浪；浪潮；潮流
寄せる(よせる)⓪	〈自Ⅱ〉	靠近；迫近；涌来
コンクリート造り(concreteづくり)⑦	〈名〉	混凝土造的
コンクリート(concrete)④	〈名〉	混凝土
-造り(-づくり)		（用～）作的；制作
モダン(modern)⓪	〈形Ⅱ〉	现代的；时髦的；流行的
庭園(ていえん)⓪	〈名〉	庭园
頼る(たよる)②	〈自他Ⅰ〉	依靠；投靠；拄（拐杖）
保守的(ほしゅてき)⓪	〈形Ⅱ〉	保守的
景観(けいかん)⓪	〈名〉	景观；景致；景色
が ①	〈接〉	但是；可是；不过
驚き(おどろき)④	〈名〉	吃惊；惊异；惊恐
裏表(うらおもて)⓪	〈名〉	表里；表面和里面；正反两面；表里不一
大唐時代(だいとうじだい)⑤	〈名〉	大唐时代
長安(ちょうあん)①	〈固名〉	（地名）长安
ならう(倣う)②	〈自Ⅰ〉	仿效；仿照；模仿；效法
本家(ほんけ)①	〈名〉	本家；正宗
古きよき(ふるきよき)①	〈形Ⅰ〉	古老而美好的（文言）

絶妙(ぜつみょう)⓪	〈名・形Ⅱ〉	绝妙
バランス(balance)⓪	〈名〉	平衡；均衡
はるか(遥か)①	〈副・形Ⅱ〉	遥远；远远；远方
馳せる(はせる)②	〈自他Ⅱ〉	驱（车）；策（马）；驰名；缅怀

解説・語彙

1. まず

「まず」在本课中表示程度，意为“大概；大体；差不多”，通常和表示推测的谓语一起使用。例如：

(1) 東京で道を聞いても東西南北で答える人は**まず**いないだろう。
(2) 大好きな彼が参加すると聞けば、彼女が参加するのは**まず**間違いないだろう。
(3) この程度の成績を取っていれば、**まず**あの大学には入れるだろう。

2. まさに

「まさに」意为“的确；确实；实在”，是「本当に」「確かに」「実に」的近义词。例如：

(1) 確かに、東京の高層ビルを見て暮らす人々には、古い町並みの中を歩くことは、**まさに**癒しの時と言えるだろう。
(2) こういう辞書こそ**まさに**私がほしかったものだ。
(3) **まさに**あなたのおっしゃるとおりです。
(4) オリンピックの開会式《かいかいしき》が今**まさに**始まろうとしている。

3. たる

「たる」相当于「である」，这是一种文言用法，一般用于连体修饰语从句。例如：

(1) 古都保存法、町並み保存条例など多くの法律や条例を作り、観光資源**たる**古い京都を保存しようとしている。
(2) 大学生**たる**者は、学問に力を入れなければならない。
(3) 国を代表する選手**たる**者は、試合以外での振る舞いにも気をつけるべきだ。

4. はるか

「はるか」在本课中是副词的用法，意为“远；遥远”，常用于表示时间、空间、程度上相距很远。例如：

(1) それとも、**はるか**昔の長安の都に思いを馳せ、懐かしさを覚えるのだろうか。

(2) それは**はるか**昔の話だ。
(3) 海の**はるか**向こうに島が一つ見えている。

5. そのもの

「そのもの」直接接在名词之后，表示前面的名词所指的事物本身，可译为“……本身”。例如：

(1) 奈良でも金沢でも萩でも、町**そのもの**が観光資源になっているのである。
(2) このセーターは色**そのもの**はいいが、彼女には似合わない。
(3) 計画**そのもの**に無理があったため、旅行は全然楽しめなかった。

6. 覚える

「覚える」本义为“记住；记得”，在本课中是“感觉；感到”的意思。例如：

(1) それとも、はるか昔の長安の都に思いを馳せ、懐かしさを**覚える**のだろうか。
(2) 胸のあたりに強い痛みを**覚えて**病院へ行った。
(3) 夕方になって急に寒さを**覚えた**。

解説・文法

1. Nを問わず<无区别>

「を問わず」接在名词（多为包含对立概念的名词）后面，表示无论该事物的性质如何，谓语所指的情况都是成立的。相当于汉语的“无论～；不管～”。例如：

(1) 春夏秋冬、季節**を問わず**、修学旅行、家族旅行、一人旅、道連れのあるなしにかかわらず、そのときどきの楽しみ方ができる。
(2) 18歳以上なら、経験や能力**を問わず**誰でも参加できる。
(3) この本は、年齢、男女**を問わず**、大勢の人々に読まれている。
(4) インターネットを使えば、場所、時間**を問わず**、いろんな人と会話ができる。

2. ～にかかわらず<无区别>

「にかかわらず」接在表示对立概念的名词或词组后面，意为无论是哪一种情况，谓语所指的情况都是成立的。相当于汉语的“无论～”。例如：

(1) 春夏秋冬、季節を問わず、修学旅行、家族旅行、一人旅、道連れのあるなし**にかかわらず**、そのときどきの楽しみ方ができる。
(2) 天気の良《よ》し悪《あ》し**にかかわらず**、今度のサッカーの試合は実施される。
(3) ボランティア活動には、経験のあるなし**にかかわらず**、誰でも参加できる。
(4) 好きか嫌いか**にかかわらず**、掃除などの家事《かじ》をやらなければならない。

（5）両親が賛成してくれるかどうか**にかかわらず**、留学するつもりだ。

3. ～ように＜铺垫＞

「ように」接在动词的连体形或“动作性名词＋の”后面，用于对后面的说明进行铺垫，表示前句所陈述的事实与后句所要陈述的内容是一致的。相当于汉语的“正如～一样；如同～一样”。例如：

（1）京都の町は、一木一草にも歴史があるといわれる**ように**、いつ、どこでも新しい発見がある。

（2）ご存じの**ように**中国は国土が広く、地方によって言葉や習慣が大きく異なる。

（3）あなたがおっしゃっていた**ように**、彼は本当に素敵な方ですね。

（4）やはり新聞に書いてある**ように**、この二つの事件には関連があるのだろうか。

4. ところが＜转折＞

「ところが」用于两个句子之间，表示转折，即后面的内容与根据前文内容进行的预测、期待相反。有时也用于表示两项事物的对比。后句不能使用意志、愿望、命令、推测等表达方式。相当于汉语的“可是；然而；不过”。例如：

（1）東京で道を聞いても東西南北で答える人はまずいないだろう。**ところが**、京都では誰でも東西南北の感覚が身についている。

（2）遅れないように朝早く出かけた。**ところが**途中で渋滞にあい、結局《けっきょく》［結局：结果；最终］遅刻してしまった。

（3）あの店の料理がおいしいと聞いて早速食べに行った。**ところが**混んでいて入れなかった。

5. Nはともかく（として）＜另当别论＞

「はともかく（として）」接在名词后面，表示该名词所指的事物暂且不予讨论，后面所提到的事物才是更为重要的。相当于汉语的“～另当别论，～”。例如：

（1）賛否**はともかく**、これも都市の一つの姿である。

（2）結果**はともかく**、面接が終わってよかった。

（3）彼は成績**はともかく**、性格がとてもいいので、クラスの人気者だ。

（4）この大学は、場所**はともかくとして**、建物は非常に立派だ。

6. ～だからといって＜转折＞

「だからといって」表示转折关系，即尽管前面的句子所述情况为事实，但不能以此为根据推测出相应的结果。句尾一般为否定的表达方式。相当于汉语的“尽管如此，然而”。例如：

（1）京都の建物や庭園は確かにすばらしい、**だからといって**伝統にばかり頼ってはいられない、というわけだ。

(2) 毎日忙しい。しかし、**だからといって**、好きな空手をやめるつもりはない。

(3) この仕事は好きではない。**だからといって**、簡単にやめることもできない。

(4) 家に帰りたくない。**だからといって**、ほかに帰る場所もない。

7. それに対して／～（の）に対して＜対比＞

「それに対して／～(の)に対して」用于叙述相互对照的两个事物。相当于汉语的“而～；与此不同/与此相反，～”。例如：

(1) 東京では経済的効果を重視したためであろうか、河川を埋め立てたり、上を覆ったりして高速道路を建設し、高層ビルを林立させた。賛否はともかく、これも都市の一つの姿である。**それに対して**、京都は、町並みを保存するのに熱心であった。

(2) 最近、手紙を書く人が少なくなった。**それに対して**、メールの利用者が急増している。

(3) A国は年々経済が発展している**のに対して**、B国は不況《ふきょう》［不況：不景气］が続いている。

(4) 姉が背が低い**のに対して**、弟はクラスで一番高い。

8. ～というわけだ＜说明＞

「というわけだ」用于句尾，表示根据前面的叙述自然而然地得出结论。例如：

(1) 京都の建物や庭園は確かにすばらしい、だからといって伝統にばかり頼ってはいられない、**というわけだ**。

(2) このように、毎日続ければ効果が出る**というわけだ**。

(3) 友達がみんな応援してくれました。だから、スピーチコンテストで優勝できた**というわけです**。

(4) A：合格したのは一年生の５人と二年生の12人です。
B：つまり、合わせて17人**というわけです**ね。

9. Nにしてみれば＜看法＞

「にしてみれば」接在指人名词的后面，表示“在～看来”的意思，用于叙述由于不同的身份、立场而持有的不同的看法、判断。例如：

(1) 保守的な私**にしてみれば**、京都の景観の変化は残念でならない。

(2) 親**にしてみれば**いくつになっても子は子なのだ。

(3) 本人**にしてみれば**当たり前でも、他の人にはそうでないということがたくさんある。

(4) 日本人にとっては簡単なことかもしれないけれど、外国人**にしてみれば**大変なことでしょう。

10. A／Vて（で）ならない<极端的心理状态>

「Aて（で）」或「Vて」后接「ならない」，表示一种强烈的心理状态，这一状态已达到了主体无法控制的程度。相当于汉语的“极其～；非常～”。例如：

（1）保守的な私にしてみれば、京都の景観の変化は**残念でならない**。
（2）いちばん仲がよかった友達が留学してしまい、**寂しくてならない**。
（3）今日の出来事を誰かに**話したくてならない**。
（4）この歌を聞くと、大学時代のことが懐かしく**思い出されてならない**。
（5）こんなに勉強ばかりして息子は病気にならないだろうか。母親はそれが**心配でならなかった**。

11. N（＋格助词）さえ<凸显代表性的事物>

凸显助词「さえ」用于凸显有代表性的事物，表示该事物尚且如此，其他自不用说之意。相当于汉语的“连～都～”。例如：

（1）あの金閣寺**でさえ**当時の人の目には驚きだった、ということを考えれば新しさと伝統は紙の裏表ということになる。
（2）自分の心は自分**にさえ**わからないこともある。
（3）それは小学生**でさえ**知っている常識だ。
（4）彼は病気のことを、自分の妻**にさえ**話していないらしい。
（5）卒業以来、彼からはまったく連絡がなく、今どこで何をしているのか**さえ**わからない。

12. Vるまでもない<没有必要>

「までもない」接在动词词典形后面，表示没有必要做某事，相当于汉语的“不必～”。「言うまでもない」是惯用词组，表示“当然；自不必说”。例如：

（1）言う**までもなく**、平安京は大唐時代の長安の都にならってつくられた町である。
（2）メールで連絡すればいい。わざわざ会って話す**までもない**。
（3）辞書を見ればすぐわかるのだから、先生に聞く**までもない**。
（4）説明する**までもない**だろうが、現在、地球規模の問題となっているのが地球温暖化だ。

練習用単語

男女（だんじょ）①	〈名〉	男女
取り立てる（とりたてる）④	〈他Ⅱ〉	（特别）提出；凸显；提及
頭痛（ずつう）⓪	〈名〉	头痛

風邪薬(かぜぐすり)③	〈名〉	感冒药
届ける(とどける)③	〈他Ⅱ〉	送到；送去；送给
破壊(はかい)⓪	〈名·他Ⅲ〉	破坏
本日(ほんじつ)①	〈名〉	本日；今天
高齢者(こうれいしゃ)③	〈名〉	老年人；高龄者
奇数(きすう)②	〈名〉	奇数
偶数(ぐうすう)③	〈名〉	偶数
品質(ひんしつ)⓪	〈名〉	品质；质量
就職活動(しゅうしょくかつどう)⑤	〈名〉	求职；找工作
豊富(ほうふ)⓪①	〈形Ⅱ〉	丰富
ベテラン(veteran)⓪	〈名〉	老手；老练；内行；精英
浅い(あさい)⓪	〈形Ⅰ〉	（知识或经验的程度）浅薄；少
振込み(ふりこみ)⓪	〈名·他Ⅲ〉	银行汇款
相当(そうとう)⓪	〈副〉	相当；非常；很
利点(りてん)⓪	〈名〉	优点；长处
対照的(たいしょうてき)⓪	〈形Ⅱ〉	对比鲜明；正相反
現代的(げんだいてき)⓪	〈形Ⅱ〉	现代的；现代化

練　習

A. 内容確認

	京都	東京
●つくられた年	・__________年	—
●大通り	・____________________のように並んでいるので、______________________________ことがない。 ・道を尋ねた時、____________________で答える。	・道を尋ねた時、______________________________で答えることはまずない。
●古い町並みがあることの効果	・古いお寺、神社、町並みがあるので、______________________________。 すなわち、町並み＝______________	—

●古い町並みの保存	・古い町並みを保存することに対して熱心であった。 ↕ ・______________________________ ______________________________ ようになった。	・____________を重視したためか、以下のように開発した。 ＊ ------------------------ ＊ ------------------------ ＊ ------------------------
●モデルとなった町	・______________________________	—

2．読解文を読んで、次の質問に答えてください。

(1) 京都に観光客が来る理由は何ですか。

(2) 町並みをつくるときに重視した点について、京都と東京ではどのように違いますか。

(3) 現在の東京の町並みについて、筆者はどのように感じていますか。

(4) 「京都にももちろん新しい波は寄せており」（23・24行目）とありますが、「新しい波」とは具体的にどんなことですか。

(5) 「京都の建物や庭園は確かにすばらしい、だからといって伝統にばかり頼ってはいられない」（25・26行目）とありますが、「伝統にばかり頼ってはいられない」と考える理由は何ですか。

(6) 京都の町並みの変化について、筆者はどのように感じていますか。

(7) 「あの金閣寺でさえ当時の人の目には驚きだった」（27行目）とありますが、金閣寺がつくられた当時の人々は金閣寺を見てどう思いましたか。

(8) 筆者は、中国人が京都の町並みを見たら、どのように感じるかもしれないと言っていますか。3つ挙げてください。

B．文法練習

1．次の①②は（　　）の中の言葉を正しい順番に並べてください。③は文を完成させてください。

(1) Nを問わず

① (の・を・目的・利用・自由に・問わず・使う)

このソフトは______________________________ことができる。

② (を・を・ボランティア・経験・問わず・募集しています)

______________________________________。

③男女を問わず、______________________________。

(2) Vるまでもない

① (について・マナー・説明する・取り立てて・ない・までも)

食事の______________________________________でしょう。

②（を・が・飲む・頭痛がする・ちょっと・風邪薬）

＿＿＿＿＿＿＿＿＿＿＿＿＿＿＿＿＿＿＿＿＿＿＿＿までもない。

③＿＿＿＿＿＿＿＿＿＿＿＿＿＿＿＿なら、病院へ行くまでもない。

2．次の①②はaまたはbの正しいほうを選んでください。③は文を完成させてください。

(1) ～にかかわらず

①そのアルバイトは、経験の有無にかかわらず、＿＿＿＿＿＿＿＿。

a．申し込める　　　　b．申し込めない場合もある

②マラソン大会は＿＿＿＿＿＿＿＿にかかわらず開かれます。

a．天気がいいか　　　　b．天気がいいかどうか

③ご注文の＿＿＿＿＿＿＿＿にかかわらずお届けします。

(2) ～ように

①すでに＿＿＿＿＿＿ように、黄砂の原因は自然破壊にある。

a．説明して　　　　b．説明した

②先日＿＿＿＿＿ように、本日より新製品を発売することになっています。

a．お伝えした　　　　b．お伝え

③21世紀は高齢者の時代と言われているように＿＿＿＿＿＿＿＿＿＿。

(3) ところが

①毎日新しい単語を10個覚えることにした。ところが＿＿＿＿＿＿＿＿。

a．難しくても頑張りたい　　　　b．３個も覚えられなかった

②中国では奇数を嫌い、偶数を好む傾向がある。ところが、日本では＿＿＿。

a．偶数よりもむしろ奇数が好まれるらしい

b．奇数よりもむしろ偶数が好まれるらしい

③娘は大学に入るまでは一生懸命勉強していた。ところが＿＿＿＿＿＿＿。

(4) Nはともかく

①この料理は見た目はともかく、＿＿＿＿＿＿＿＿＿＿＿＿＿＿。

a．目で楽しむ料理だった　　　　b．味はなかなかよかった

②＿＿＿＿＿＿＿＿＿はともかく、品質はいいです。

a．デザイン　　　　b．価値

③＿＿＿＿＿＿＿はともかく、社会勉強になったのでよかったと思います。

(5) ～だからといって

①就職活動は大変だと聞いています。だからといって、＿＿＿＿＿＿＿＿。

a．しなければいい　　　　b．しないわけにはいかない

②あの人のことはあまり好きではない。だからといって、＿＿＿＿＿＿＿。

a．挨拶はしなくてもいい　　　　b．挨拶もしないのは失礼だ

③中国では18歳になったら、お酒を飲んでもいいということになっている。だからといって、＿＿＿＿＿＿＿＿＿＿＿＿＿＿＿＿＿＿＿＿＿＿。

(6) それに対して／～（の）に対して

①今、相撲をやろうとする日本人の若者が少なくなっている。それに対して、＿＿＿＿＿＿＿＿＿＿＿。

a．外国人力士が増えている　　　　b．外国人力士が減っている

②上海まで飛行機では２時間しかかからない。それに対して＿＿＿＿＿＿＿。

a．汽車なら15時間もかかる　　　　b．汽車でもそんなにかからない

③都会は人口が増えているのに対して、田舎では＿＿＿＿＿＿＿ようだ。

(7) Nにしてみれば

①＿＿＿＿＿＿＿にしてみれば、何から始めたらよいかわからないでしょう。

a．経験の豊富なベテラン　　　　b．経験の浅い初心者

②家のパソコンから振込みができるのは、＿＿＿＿＿＿＿にしてみればとても便利なことですね。

a．利用者側　　　　b．政府側

③会社にしてみれば、こんな忙しい時期に会社をやめられたら、＿＿＿＿＿。

(8) A／Vてならない

①初めて出した本なので、読者の感想が＿＿＿＿＿＿＿＿＿＿ならない。

a．うれしくて　　　　b．気になって

②あの歌がなぜ人気があるのか、＿＿＿＿＿＿＿＿＿ならない。

a．不思議で　　　　b．好きで

③朝起きるとひどい頭痛がするので、悪い病気ではないかと、＿＿＿＿＿＿ならない。

(9) Nさえ

①先生でさえわからないのだから、この問題は＿＿＿＿＿＿＿＿。

a．相当やさしい　　　　b．相当難しい

②地震の予測は科学が進歩した今でさえ、＿＿＿＿＿＿＿。

a．もう解決した　　　　b．まだ解決していない

③病気のことは＿＿＿＿＿＿＿にさえ言いませんでした。

第5課

C. 発展練習

1．例のように、あることがらの利点と欠点について述べなさい。

例　京都にはお寺や神社、昔をしのばせる古い町並みが多い。

利点：多くの観光客をひきつける。

欠点：古い町並みを保存することには住民の合意と努力が必要である。

お寺や神社、昔をしのばせる古い町並みは、多くの観光客をひきつける。
その一方で、古い町並みを保存することには住民の合意と努力が必要である。

(1) 中国では一人っ子が増えている。

(2) 北京では古い町並みが減っている。

(3) 学生結婚が見られるようになった。

2．例のように、ある事物、人物、場所などの特徴を二つか三つ書いてください。次にその特徴を文章にまとめてください。さらに、それとは対照的なものを挙げ、特徴を簡単にまとめてください。

例　東京（京都）

(1) 日本を代表する都市です。

(2) 日本の政治・経済の中心です。

(3) 高層ビルが林立する現代的な都市です。

日本を代表する都市といえば東京だ。東京は日本の政治・経済の中心であり、高層ビルが林立する現代的な都市である。**それに対して**、京都は古い町並みを保存し、日本の歴史と伝統を代表する都市である。

(1) 北京（上海）

(2) 男性（女性）

(3) 卓球（サッカー）

京都的地方节日

日本各地都有独具地方特色的节日，这里为大家介绍京都久负盛名的三大节日。

「葵祭《あおいまつり》」（5月15日）——葵节是下鸭神社和上贺茂神社的祭祀仪式。567年，钦明天皇（540～571年）为消除饥荒和瘟疫特派钦差举行祭神仪式，之后出现了五谷丰登、国泰民安的盛世局面。819年（弘仁10年），这一祭祀活动被正式定为国家的祭典。举行仪式的当天，神社的竹帘、钦差的衣帽、车马等处都用葵叶装饰起来，「葵祭」也由此而得名。整个仪式中最引人注目的是平安贵族装扮的华丽庞大的游行队伍，由500余人及1架神舆、2辆牛车、4头牛和36匹马组成。队列从京都御所出发，途经下鸭神社，最后到达上贺茂神社，全程约8公里。在两神社前，"钦差"宣读祭文，呈献供品，扬鞭策马并由舞者献上舞蹈「東遊《あずまあそび》」。

（图片来源：『みんなの教材サイト』，© The Japan Foundation）

「祇園《ぎおん》祭《まつり》」（7月17日～24日）——祇园节是八坂神社的祭祀仪式，起源于9世纪末，当时是为驱散瘟疫而举行的。每年7月16日晚上，街道两旁就已挂起神灯、青帘，铺上坐垫，竖起屏风，装点着鲜花，烘托出祭典的气氛。17日这一天，豪华绚丽的彩车和着伴奏曲「祇園囃子《ぎおんばやし》」在京都城内游行，将节日的气氛推向高潮。

「時代祭《じだいまつり》」（10月22日）——时代节是平安神宫的祭祀仪式。这一天，游行队伍将定都京都之后千余年来的风俗、礼仪按时代变迁的顺序展示出来，令人觉得仿佛置身于历史的画卷之中。

此外，京都的「大文字《だいもんじ》」也很有名。8月16日晚8时，在环绕京都城的五座山上（大文字、妙法、船形、左大文字、鸟居形）同时燃起"大"字形状的火焰，据说当年弘法大师为驱散疾疫而点燃"大"字，如今"大文字"已成为京都盂兰盆节最为壮观的一景。

第 6 課　茶道体験

学習目標

ユニット1　会話

(1) ナル表現（自動詞）とスル表現（他動詞）とを使い分け、状況に応じて、行為者を明らかにして事態を表現することができる。

(2) 初対面の目上の人と社交的な会話ができる。

ユニット2　読解

(1) 「です・ます体」で書かれている説明文を読み、その特徴を知る。

(2) 熟語や成語の意味をわかりやすく説明することができる。

- 茶道などの日本の伝統文化を、体験してみたいと思いますか。
- 中国の伝統文化で、外国人に体験してもらいたいものは何ですか。

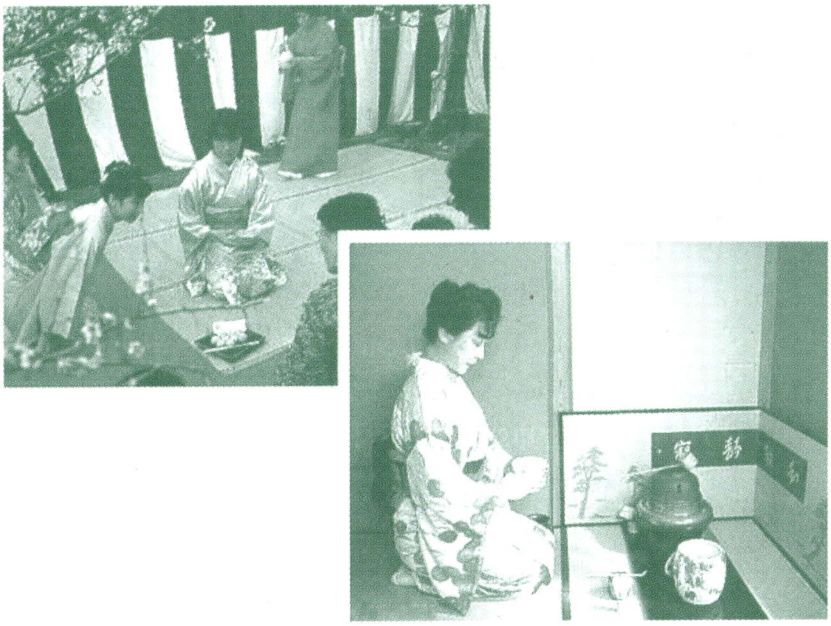

ユニット１　会話

割っちゃった！

（地域のボランティア活動の茶道教室に王と劉が参加する）

劉　：ごめんください。あの、東西大学の留学生で劉と申しますが、森山先生の茶道教室はこちらでしょうか。

助手：あ、東西大学の学生さんですね。はい、こちらです。どうぞおあがりください。先生は茶室のほうでお待ちです。
（茶室の入り口で）失礼いたします。先生、東西大学の学生さんたちがお見えになりました。

先生：はい、お通ししてちょうだい。

助手：はい。（二人に）お入りください。

劉・王：失礼いたします。

先生：どうぞお座りください。（二人座る）ようこそおいでくださいました。こちらで茶道を教えております、森山でございます。（一礼）

劉　：劉芳と申します。どうぞよろしくお願いします。（一礼）

王　：王宇翔です。（一礼）茶道は初めてなので、緊張しております。

先生：そうですか。きょうは、ゆっくりおくつろぎください。

劉・王：ありがとうございます。

助手：中国にも茶道があると伺っておりますが…。

劉　：はい、工夫茶と言って、丁寧にお茶を入れて、お茶の味と香りを楽しむものがあります。

先生：ああ、あの小さいお茶碗でいただくお茶のことですね。

劉　：はい。中国ではお茶の種類が大変多く、それによって入れ方もいろいろ違うようでして…。

先生：なかなかお詳しいですね。

劉　：いえ、あのう、私は福建省の出身で…。故郷ではこうやっていろいろなお茶を楽しむ習慣があるものですから…。

第6課

先生：そう。それはすばらしいですね。王さんのご出身は？
王　：私は長春の出身です。北のほうなので、お茶は取れませんが、空気が乾燥していますので、みんなよくお茶を飲むんです。
先生：まあ、そうですか。ではそろそろお稽古を始めましょうか。
劉　：はい、ぜひ！
助手：ではこちらへ…（水屋へ行く）こちらのお茶碗を並べてください。
劉　：はい。
王　：あ、劉さん、私が…あっ！！　（ガチャーン）
劉　：どうしよう！
王　：割っちゃった！
助手：先生、ちょっといらしてください…。
先生：どうしたの…あらあら、割れちゃったのね…。
王　：本当に申し訳ありません。
劉　：私が手を離してしまったばかりに…。
王　：いえ、私の不注意で落としてしまったんです…。
先生：王さん、いいんですよ。茶碗というのは、いつかは割れるものなんですから。
王　：でも…。
先生：それにね、物が壊れることを知っておくのも勉強ですから。
劉　：そうでしょうか…。
先生：さあ、こちらのお茶碗に換えて、もう一度お願いしますね。
王　：はい…わかりました。本当にすみません。
（茶道体験が終わって）
劉　：きょうは本当にありがとうございました。日本の茶道ならではの趣きを味わうことができました。
王　：大切なお茶碗を割ってしまって、ほんとうに申し訳ありませんでした。でも、おかげさまで貴重な経験になりました。
先生：それはよかった。またどうぞいらっしゃい。
助手：先生、私もよい勉強になりました。これからはお茶碗を割っても、あまり気にしないことにいたします。
先生：うーん、それはちょっと…。（皆笑う）

新出単語

森山（もりやま）⓪	〈固名〉	（人名）森山
助手（じょしゅ）⓪	〈名〉	助手；助教
お見えになる（おみえになる）⑤		（「来る」的尊他语）到了,来了
ちょうだい（頂戴）③	〈名・他Ⅲ〉	（「もらう」的自谦语）得到；领到；收到
一礼（いちれい）⓪	〈名・自Ⅲ〉	行礼
くつろぐ（寛ぐ）③	〈自Ⅰ〉	（心情）舒畅；（不拘礼节）随便；休息
工夫茶（くふうちゃ）②	〈名〉	功夫茶
香り（かおり）⓪	〈名〉	香气；芳香
茶碗（ちゃわん）⓪	〈名〉	茶碗；饭碗
入れる（いれる）⓪	〈他Ⅱ〉	沏（茶、咖啡）
福建省（ふっけんしょう）③	〈固名〉	（地名）福建省
長春（ちょうしゅん）①	〈固名〉	（地名）长春
取れる（とれる）②	〈自Ⅱ〉	能收获，能生产，产
乾燥（かんそう）⓪	〈名・自他Ⅲ〉	干燥；枯燥
水屋（みずや）⓪	〈名〉	（茶室）洗茶具的地方；水房
離す（はなす）②	〈他Ⅰ〉	使……离开；隔开
不注意（ふちゅうい）②	〈名・形Ⅱ〉	疏忽；不注意
換える（かえる）⓪	〈他Ⅱ〉	交换；替换；让……代替
趣き（おもむき）⓪	〈名〉	风趣；特色；旨趣；大意
味わう（あじわう）③	〈他Ⅰ〉	品尝（味道）；玩味；体验
貴重（きちょう）⓪	〈形Ⅱ〉	宝贵；珍贵；贵重

解説・文法

1. ～ばかりに＜消极性的原因＞

「ばかりに」接在动词或形容词连体形（多为过去时）后面，构成原因从句，表示正是由于该原因才导致主句所述的消极后果的产生。充当主句谓语的多为非自主动词。相当于汉语的“就因为～”。例如：

(1) 私が手を離してしまった**ばかりに**…。
(2) 私が遅刻した**ばかりに**みんなに迷惑をかけてしまった。
(3) はっきり断らなかった**ばかりに**委員長《いいんちょう》にされてしまった。
(4) コミュニケーションが下手な**ばかりに**、失敗ばかりしている。
(5) あの時よく考えなかった**ばかりに**、一生後悔《こうかい》するような結果になってしまった。

2. ～ものだ＜事物的本质＞

「ものだ」接在用词的连体形后，表示说话人对事物的本质、真理、客观规律等的判断。含有“本来就是～”的语气，一般无法直译出来。例如：

(1) 茶碗というのは、いつかは割れる**ものなんです**から。
(2) 人の心は変わりやすい**ものだ**。
(3) 母語の特徴を知っておくと、外国語がもっと理解しやすくなる**ものだ**。
(4) 自分の気持ちを外国語で伝えるのは難しい**ものだ**。

3. N_1ならではのN_2＜特有的事物＞

「ならではの」接在N_1（多为指称处所、团体、人、时间的名词）后面，用来修饰限定N_2（多为抽象名词），表示N_2是N_1所特有的事物，一般用于褒义。相当于汉语的“～所特有的；只有～才有的”。例如：

(1) 日本の茶道**ならではの**趣きを味わうことができました。
(2) 北海道**ならではの**大自然の豊かさを味わった。
(3) 四川に行って本場**ならではの**料理を楽しんだ。
(4) 大学時代**ならではの**自由な時間を生かし、キャンパスライフを充実させましょう！
(5) スピーチ大会では、留学生**ならではの**スピーチがたくさん聞けて、おもしろかった。

解説・会話

1. 上对下使用的敬语

在日语中敬语并非总是年龄、地位相对低的人使用，年龄、地位较高的人在正式场合等，也会对年龄、地位较低的人使用尊他语、自谦语和郑重语。例如：

(1) 東西大学の**学生さん**たちが**お見えになりました**。

(2) ようこそ**おいでくださいました**。こちらで茶道を**教えております**、森山で**ございます**。

(3) 中国にも茶道があると**伺っております**が…。

另外，有时也使用敬语对与听话人有关的事物表示敬意。例如：

(4) ああ、あの小さいお茶碗で**いただく**お茶のことですね。

2. (Vて)ちょうだい

在请求、命令的时候，如果关系很好、相互非常熟悉或家人之间等，会使用这一表达方式。「ちょうだい」多为女性及儿童使用，义同「ください」。男性一般使用「V（て）くれ」的形式。这是一种相当简慢的表达方式，只能用于关系亲密者之间。例如：

(1) はい、**お通ししてちょうだい**。

(2) ねえ、ママ[ママ：妈妈]、これ**ちょうだい**。

3. 寒暄语的现在时与过去时的区分使用

表达感谢的「ありがとうございます」、表示道歉的「すみません」「申しわけありません」以及表示祝贺的「おめでとうございます」，如果是针对过去发生的事情，或者事情已经结束，有了最终的结果，则在结束谈话时，使用上述表达的过去时。例如：

(1) 先日はお世話になりまして、どうも**ありがとうございました**。

(2) きょうは貴重な経験になりました。**ありがとうございました**。

(3) 大切なお茶碗を割ってしまって、ほんとうに**申し訳ありませんでした**。

(4) 本日はまことに[まことに：真诚]**おめでとうございました**。以上をもちまして、卒業式を閉会いたします。

不过，当一个完整的语篇或话题尚未结束，则不使用过去时。例如：

(5) 先生：もう一度お願いしますね。
王　：はい…わかりました。本当に**すみません**。

4. 对年龄、地位较高者说明情况时应避免断定的说法

即使所传达的信息属于说话人一方，但交谈的对象即年龄、地位较高者有可能也比较了解，考虑到这一点，或为了表示敬意，也为了避免指明对方不了解该信息，一般句尾不采用终止的形式，尤其应避免使用「んですよ」等断定的表达方式。例如：

(1) 中国ではお茶の種類が大変多く、それによって入れ方もいろいろ**違うようでして**…。

(2) 故郷ではこうやっていろいろなお茶を楽しむ習慣が**あるものですから**…。

5. 上对下的夸奖

在日语中，夸奖者一般为年龄、地位较高者，即上对下进行的夸奖，反之则仅限于关系极其熟悉者之间的评价、夸奖。它源自这样一种观念：只有在社会上处于优势地位的人才有资格进行评价。像「なかなか」「結構」等词语也经常用于评价某事物，但它不是打满分的评价，而是在「若いのに／経験がないのに」等背景下的使用，因此需要特别加以注意。例如：

(1) **なかなかお詳しいですね。**

(2) **結構お上手じゃないですか。**

年龄、地位较低者称赞、夸奖对方时，如果采用抒发感情的表达方式或间接的夸奖，则没有问题。例如：

(3) **わあ、さすがだなあ**（不能使用「詳しい」等评价词语）！

(4) **すごい、すごい！** 本当にすばらしいですね！

6. おA（です）：形容词的礼貌形式

有的形容词可以接前缀「お／ご」，经常用于寒暄或夸奖。但这种用法并没有一定的规则。此外，对年龄、地位较高者不能使用该形式进行夸奖等。下面是较为常用的词例：

お詳しい　お美しい　お早い　お若い　お強い　お弱い　お悪い
おつらい　お寒い　お暑い　お上手　お元気　おきれい　お見事
お好き　お嫌い　お丈夫　ご立派

7. 通过区分使用スル表达和ナル表达，指出或回避指出责任之所在

描写事件或人的动作行为时，如果将视点放在动作主体及其意志性上进行表达，则该表达为スル表达（如表示施动于他者的他动词、使动或意向的表达方式等）；如果将事件或动作行为看作一种变化来表达，则该表达为ナル表达（如没有施动于他者之意的自动词、被动、「～ようになる」「～なっている」等）。通过二者的区分使用，可以明确表达是否有人的意志介入其中。因此，除表达人的意志之外，它们还经常用于明确

或模糊责任之所在。这种现象在成对的自他动词使用上表现得尤为突出。因此需要格外谨慎地加以区分使用。

1）明确指出失误的责任在说话人一方时，需要使用スル表达。不过请注意：下面的例子虽然使用了スル表达，但它们并不是故意而为之，只是由于不小心而犯下的错误。例如：

(1) **割っちゃった！**
(2) 私が手を**離してしまった**ばかりに…。
(3) これからはお茶碗を**割っても**、あまり気にしないことにいたします。
(4) あーあ、パソコン、動かない。**壊しちゃった**かな…。

同样，在指出听话人或其他人的疏忽、责任时也使用スル表达。例如：

(5) もしもし、切符を**落としました**よ。
(6) ちょっと、頭にゴミを**つけてます**よ。

不过，当认定并非当事人的责任范围时，可以使用ナル表达。例如：

(7) おい、ちょっと、頭にゴミが**ついてる**よ。

2）相反，如果要回避责任或回避指出他人的责任时，则使用ナル表达。例如：

(1) あらあら、**割れちゃった**のね。
(2) 強い風で花瓶が**倒れて割れました**。

这种用法源于ナル表达的本义，ナル表达原本就是将视点置于自然而然的变化方面的一种表达方式。例如：

(3) 茶碗というのはいつかは**割れる**ものなんですから。
(4) それにね、物が**壊れる**ことを知っておくのも勉強ですから。
(5) でも、おかげさまで**貴重な経験になりました**。

練習用単語

乗り遅れる（のりおくれる）⑤	〈自Ⅱ〉	赶不上；（交通工具）（耽）误乘；（流行）跟不上
学歴（がくれき）⓪	〈名〉	学历
苦しみ（くるしみ）⓪	〈名〉	痛苦；苦恼；困苦
付く（つく）①②	〈自Ⅱ〉	附上；附着；沾附；跟随；增添
あふれる（溢れる）③	〈自Ⅱ〉	充满；溢出
着替える（きがえる）⓪	〈自他Ⅱ〉	换衣服；换装
鍵をかける（かぎを掛ける）②-②		锁上；上锁

傷がつく(きずがつく)⓪-①		受伤；有伤；留下瑕疵
傷(きず)⓪	〈名〉	伤；瑕疵
瓶(びん)①	〈名〉	瓶子
ファックス(fax)①	〈名〉	传真
直る(なおる)②	〈自Ⅰ〉	修理好；改正过来；复原
冷える(ひえる)②	〈自Ⅱ〉	变冷；变凉；感觉冷
冷やす(ひやす)②	〈他Ⅰ〉	冰镇；（用凉水）冷却
当たる(あたる)⓪	〈自Ⅰ〉	碰上；撞上
こぼれる〖零れる〗③	〈自Ⅱ〉	洒；溢出
プリントアウト(print out)⑤	〈名・他Ⅲ〉	打印；印刷
面倒くさい(めんどうくさい)⑥	〈形Ⅰ〉	非常麻烦；极其费事
誤る(あやまる)③	〈自他Ⅰ〉	错；弄错；搞错
電話を切る(でんわをきる)⓪-①		挂断电话
間違う(まちがう)③	〈自他Ⅰ〉	错；弄错；搞错
切れる(きれる)②	〈自Ⅱ〉	断；断开；中断
駐車(ちゅうしゃ)⓪	〈名・他Ⅲ〉	停车；泊车
ぶつける ⓪	〈他Ⅱ〉	碰上；撞上；扔；提出
もしかしたら ①	〈副〉	也许；可能；说不定
打つ(うつ)①	〈他Ⅰ〉	打；敲打；拍；揍
ウイルス(拉丁语virus)①	〈名〉	病毒
感染(かんせん)⓪	〈名・自Ⅲ〉	感染；染上
コード(cord)①	〈名〉	绝缘电线；软线
ひっかかる(引っ掛かる)④	〈自Ⅰ〉	挂住；卡住；剐上
コンセント(和製英語concentric plug)①	〈名〉	插座；万能插口
抜く(ぬく)⓪	〈他Ⅰ〉	抽出；拔掉
抜ける(ぬける)⓪	〈自Ⅱ〉	脱落；掉落
やり直し(やりなおし)⓪	〈名〉	重做；再做
職員(しょくいん)⓪	〈名〉	职员；工作人员
名産(めいさん)⓪	〈名〉	名产；特产

練　習

A．内容確認

会話文について、次の質問に答えてください。

(1) 茶道教室の先生と助手は王さんと劉さんが来ることを知っていましたか。それはどんな表現からわかりますか。

(2) 茶道の先生が王さんたちに話すときの話し方は丁寧ですか。例えばどんな表現を使って話していますか。

(3) 茶道の先生は、助手に話すとき、王さんたちに話すときと同じような表現を使いましたか。それはどうしてですか。

(4) 劉さんはなぜ中国の茶道について詳しいのですか。

(5) 王さんの出身地では、お茶はよく飲まれていますか。それはどうしてですか。

(6) 茶碗はどうして割れたのですか。

(7) 先生は茶碗が割れたのを見て怒りましたか。それはどんな言葉からわかりますか。いくつか挙げてください。

B．文型練習

1．次の①②はaまたはbの正しいほうを選んでください。③は文を完成させてください。

(1) ～たばかりに

①家を出るのが５分遅れたばかりに＿＿＿＿＿＿＿＿＿＿＿＿＿＿＿＿。

a．予定の電車に間に合ってよかった

b．予定の電車に乗り遅れてしまった

②正直に自分の考えを話したばかりに、＿＿＿＿＿＿＿＿＿＿＿＿＿＿。

a．怒られた　　　b．喜ばれた

③学歴がないばかりに＿＿＿＿＿＿＿＿＿＿＿＿＿＿＿＿＿＿＿＿＿。

2．①②は（　）の中の言葉を正しい順番に並べてください。③は文を完成させてください。

(1) ものだ

①（や・には・苦しみ・悩み・生きる・こと）

＿＿＿＿＿＿＿＿＿＿＿＿＿＿＿＿＿＿＿＿が付いてくるものだ。

②（習慣・身につく・悪い・簡単に・は）

＿＿＿＿＿＿＿＿＿＿＿＿＿＿＿＿＿＿＿＿ものだ。

③お金は＿＿＿＿＿＿＿＿＿＿＿＿＿＿＿＿＿＿＿＿＿＿＿＿ものだ。

(2) N_1ならではのN_2

① （田舎・楽しさ・の・ならでは）

故郷に帰ると＿＿＿＿＿＿＿＿＿＿＿＿＿＿＿を心から楽しむことができる。

② （豊かさ・大自然・北海道・の・の・ならでは）

今回の旅行で、＿＿＿＿＿＿＿＿＿＿＿＿＿＿＿＿＿＿＿＿＿＿を味わった。

③その商品には女性ならではの＿＿＿＿＿＿＿＿＿＿＿＿＿があふれている。

C．会話練習

1．ポイント：ナル表現（自動詞）とスル表現（他動詞）

「割っちゃった！」

「あらあら、割れちゃったのね。」

モデル会話

（空手部の部室の前で）

マイク：ここが空手部の部室。いつもここで着替えるんだ。どうぞ、入って。

朴　　：うん。あれ、この部屋、鍵がかかってるよ。

マイク：えっ、いつもは開いてるのに。誰が鍵をかけたんだろう。

ここをおさえよう！

鍵の状態について、マイクさんと朴さんの表現はどう違いますか。どうして違うのだと思いますか。

✤言ってみよう！

例のように、ナル表現（自動詞）を使った下線部を、スル表現（他動詞）を使って行為に注目した言い方に変えて話しましょう。

例　A：この部屋、鍵がかかってるよ。

　　B：えっ、誰が（鍵がかかる→　鍵をかけ）たんだろう。

(1) A：あっ、このコンピュータの画面、傷がついてるよ。

　　B：本当だ。誰が（傷がつく→　　　　　　　　）たんだろう。

(2) A：あれ、おかしいな。この瓶のふたが開かないんだけど…。

　　B：（開く→　　　　　　　　）ようか？

(3) A：探してためがね、見つかった？

　　B：うん、三好さんが（見つかる→　　　　　　　　）てくれたんだ。

(4) A：このファックス、「故障」って書いてあるけど、直ってるみたい。

　　B：ああ、さっき、僕が（直る→　　　　　　　　）たんだ。

(5) A：あれ、このジュース、あまり冷えてませんね。
　　B：じゃ、冷蔵庫に入れて（冷える→　　　　　　　）おきましょう。

2．ポイント：行為に注目して事態を表す表現（スル表現・他動詞）

「割っちゃった！」

モデル会話1

（机の上に、コーヒーが入った紙コップと王のレポートがある）

三好：あっ！　（手が紙コップに当たって、コーヒーがこぼれる）
王　：どうしたの？
三好：ごめん！！　レポートに、コーヒーこぼしちゃった…。
王　：いいよ、気にしないで。もう一度プリントアウトするから。

ここをおさえよう！

(1) 三好さんは自分の失敗をどんな表現で表していますか。どうしてその表現を使ったのだと思いますか。
(2) その表現の代わりに「ナル表現（自動詞）」を使った場合、どんな表現になりますか。「こぼしちゃった」という場合と、どう違いますか。

モデル会話2

（机の上に、コーヒーが入った紙コップと三好のレポートがある）

三好：ああっ！　（手が紙コップに当たって、コーヒーがこぼれる）
王　：どうしたの？
三好：コーヒーがこぼれちゃった。
王　：大丈夫？
三好：あーあ、もう一度プリントアウトしなくちゃ…。面倒くさいな。

ここをおさえよう！

(1) 三好さんは自分の失敗をどんな表現で表していますか。どうしてその表現を使ったのだと思いますか。モデル会話1の状況と比べて考えてください。
(2) その表現の代わりに「スル表現（他動詞）」を使った場合、どんな表現になりますか。「こぼれちゃった」とどう違いますか。

✤言ってみよう！

行為に注目して言ってみましょう。

例　（ＢさんがＡ先生と携帯電話で話している）

Ａ：では、４時に研究室に…（Ｂさんが誤って電源を切るボタンを押し、声が聞こえなくなる）

Ｂ：あっ、どうしよう。
間違って、（電話・切れる／切る→　電話を切っ）ちゃった！

(1)（ＡさんはＢさんに借りたＣＤをＢさんに返す）

Ａ：あの、ごめんなさい。先週借りたＣＤ、床に（落ちる／落とす
→　　　　　　　）しまったんです。それで、ケースにちょっと傷がついてしまって…

Ｂ：え？　あ、いいですよ。

(2)（ＡさんはＢさんにもらったメモを探しているが、見つからない）

Ａ：ごめん、きのう書いてくれた電話番号のメモ、（なくなる／なくす
→　　　　　　　）んだ。悪いけど、もう1回書いてくれる？

Ｂ：え？　いいけど、今度はなくさないでね。

(3)（ＡさんはＢさんに借りたハンカチを返す）

Ａ：すみません。お借りしたハンカチ、ちょっと（汚れる／汚す
→　　　　　　　）てしまって…。洗ってからお返しします。

Ｂ：ああ、洗わなくてもいいですよ。

(4)（Ａさんは父親に車を借りたが、駐車するとき壁にぶつかった）

Ａ：お父さん、ごめんなさい。あの、ちょっと壁に（車・ぶつかる／ぶつける
→　　　　　　　　　　）ちゃったんだけど…。

Ｂ：ええっ！？　どこで？

(5)（ＡさんはＢさんが使った後にコンピューターを使っている）

Ａ：あれ？　おかしいなあ。このコンピューター、調子が悪いんだけど。

Ｂ：実は、使っている間に動かなくなって…。もしかしたら、私が（壊れる／壊す→　　　　　　　）てしまったのかなあ。どうしよう。

✤正しいのはどっち？

三好：（ノートパソコンを打ちながら）あーあ、困ったなあ。

劉　：どうしたの？

三好：このあいだパソコンがウイルスに感染して、（壊しちゃった／壊れちゃった）んだ。それで、ゼミのレポート、せっかく全部書いたのに（消してしまって／消えてしまって）、最初からもう一度書かないといけないんだ。

ユニット1　会話

劉　：ええ？　そう、大変だね…。温かいお茶でも、どう？　持ってくるよ。
三好：えっ、劉さん親切だなあ。ありがとう。
劉　：あれ、足に何かが…（劉が転び、足にパソコンのコードがひっかかる。突然、三好のパソコンの画面が暗くなる）
三好：あれ？（画面を消した／画面が消えた）。
あっ！　（コンセントを抜いてる／コンセントが抜けてる）！
劉　：え？　ああっ、ごめんなさい。私が電源（切っちゃった／切れちゃった）みたい。
三好：どうしよう、まだ保存してなかったのに。
劉　：本当にごめんなさい。今から、書くのを手伝うよ。
三好：あーあ、また最初からやり直しかあ…。

✤発展練習：ロールプレイをしよう！

ロールカードの指示に従って、話しましょう。
他動詞（スル表現）、自動詞（ナル表現）のどちらを使ったらいいか相談してから、ロールプレイを始めてください。

A

◆ 役割：日本人留学生
◆ 状況：コーヒーを飲みながらBさんと話しています。
携帯電話が鳴ったのでかばんを取ろうとしたとき、コーヒーカップに手が当たり、カップが倒れて、Bさんの服が汚れてしまいました。
Bさんに謝ってください。

B

◆ 役割：中国人留学生
◆ 状況：Aさんと映画について話しています。
Aさんとコーヒーを飲みながら話しています。
コーヒーカップにAさんの手が当たって、コーヒーがこぼれて、あなたの服が汚れてしまいました。

3．ポイント：初対面の目上の人との社交的な会話

「中国ではお茶の種類が大変多く、それによっていろいろ違うようでして…。」

モデル会話

（王が茶道を教えてくれた助手と話している）

王　：京劇をご覧になったことがありますか。
助手：いいえ、中国に行くチャンスがあったら、ぜひ一度見たいと思ってたんです。
王　：そうですか。
助手：そう言えば、京劇もすべて男性が演じると聞いたんですが…。
王　：昔はそうだったんですが、今は、ほとんどの場合は女性の役は女性が演じているようでして…。
助手：そうなんですか。
王　：あの、中国で習ったんですが、歌舞伎は女性が始めて、その後男性だけで演じるようになったと聞きました。
助手：ええ、そうなんです。よくご存じですね。

ここをおさえよう！

(1) 助手の人は、京劇についてもっと話を聞くために、どんな表現を使いましたか。
(2) 王さんは、京劇や歌舞伎について話すときに、どんな文末表現を使いましたか。どうしてそのような表現を使ったのでしょうか。

✤発展練習：ロールプレイをしよう！

ロールカードの指示に従って話しましょう。
ポイント3のモデル会話を参考にしてください。

A

◆ 役割：日本語専攻の中国人大学生
◆ 状況：あなたの大学と協定がある東西大学の職員が、交流のために大学を訪問しました。授業見学の後、学生との交流の時間になったので、職員の方と話すことになりました。

①東西大学の職員の方に、あなたの大学や学生について、また中国の観光スポットなどについて質問されたら、答えてください。目上の方なので丁寧に話すように気をつけてください。

②東西大学の大学や学生について、また大学がある町（東京）の特徴や名産などについて聞いてみましょう。

B

◆ 役割：東西大学の職員

◆ 状況：中国の協定大学を訪問し、授業見学をしました。その後、学生との交流の時間になったので、Ａさんと話すことになりました。

①Ａさんの大学の授業や学生について、また大学の近隣に何があるかについて聞いてみましょう。

②いろいろ聞いたら、Ａさんの質問にも答えましょう。

※東京の代わりに、あなたの大学の協定大学がある町に変えても構いません。

ユニット2　読解

和敬清寂

千宗室

お茶の精神と言えば、利休の唱えた「和敬清寂」という四字の中に集約されているといってよいでしょう。この四字を簡単に説明すれば次のようになります。

まず、「和」、これはお互い同士が仲良くする、和し合うということです。次の「敬」は尊敬するの「敬」であって、これはお互い同士が敬い合うという意味です。次の「清」、これはよく「静」と間違えて書く人がいますが、これは誤りで「清」と書くのが正しいのですけれども、読んで字のごとく、清らかという意味です。それも目に見えるだけの清らかさではなくて、心の中が清らかであるということを意味しています。あなたがたは、運動場などでボール遊びなどをやっていて、シャツやズボンを汚してしまうことがよくあるでしょう。そういう服装についた泥や埃は、目で見てすぐにわかるので、その泥や埃をはらうなりまた雑巾でふきとることもできます。しかしながら、顔や髪の毛についた埃は案外気がつきません。おそらく、服や手についた埃と同じように汚れているのでしょうが、目に見えないためにあまり汚れていないように思うだけなのです。このようにはっきりと形にあらわれたものはすぐわかりますが、心の中などはっきり形にあらわれない部分は、どんなに汚れているのかわかりません。心の汚れは、服についた泥のように雑巾でふきとるということができないのです。

それでは、この心の汚れやくもりを取りのぞくためにはどうしたらよいのでしょうか。私たちは、その手段をさがさねばなりません。それは清めるということではないでしょうか。自分自身で、自分の力で、自分の気持ちを清めようという心が一番大切なのです。このようなゆとりがあなたにあるとすれば、それは非常に幸せであるといえるでしょう。

最後の「寂」はどういう意味であるかと言いますと、これはどんなときにでも動じない心であるといえます。誰にも私たちの未来を予測することはできないのですから、どんな事態になったときでも、それに動じないだけの心をもたなければなりません。例をあげると、あなたがたはよく教室で先生からいきなり質問され、ハッとすることがあったでしょう。そのときになって、「ああ、予習をしておくのだった」と嘆いてももう遅いのです。そのように恥をかかないため、失敗をしないために、あらかじめ予習をしておく、つまり心を作っておくということが「寂」であるといってもいいと思います。

このような「和敬清寂」というものを、あなた方がお茶をするときに思い出し、考える。考えるだけではなくて、それを実際にあなた方がお点前するときでも、またお客さんになったときでも、それを応用しよう、実行しようという心構えをもつということが大事なことなのです。

千宗室　『裏千家茶道教科』巻一より

新出単語

和敬清寂（わけい-せいじゃく）①-⓪	〈名〉	和敬清寂
千宗室（せん-そうしつ）①-①	〈固名〉	（人名）千宗室
利休（りきゅう）①	〈固名〉	（人名）千利休
唱える（となえる）③	〈他Ⅱ〉	倡导；声明；（有节奏地）念；诵
四字（よじ）①	〈名〉	四个字
集約（しゅうやく）⓪	〈名・他Ⅲ〉	汇集；集约；总括
お互い（おたがい）⓪	〈名〉	彼此彼此；互相
仲良く（なかよく）①	〈副〉	关系好
和し合う（わしあう）③	〈自Ⅰ〉	和睦
敬い合う（うやまいあう）⑤	〈他Ⅰ〉	互相尊敬
誤り（あやまり）④③	〈名〉	错误
ごとく（如く）①	〈判〉	如同；有如
清らか（きよらか）②	〈形Ⅱ〉	清彻；洁净；纯洁；清爽
目に見える（めにみえる）①-②		肉眼看到的
服装（ふくそう）⓪	〈名〉	服装
泥（どろ）②	〈名〉	泥；泥土；小偷
埃（ほこり）⓪	〈名〉	尘埃；尘土；灰尘
払う（はらう）②	〈他Ⅰ〉	掸除；掸掉
雑巾（ぞうきん）⓪	〈名〉	抹布
ふきとる（拭き取る）③	〈他Ⅰ〉	擦去；拭去
おそらく（恐らく）②	〈副〉	恐怕；大概；或许
汚れ（よごれ）⓪	〈名〉	脏；污垢
くもり（曇り）③	〈名〉	阴影；灰暗的一面
取りのぞく（とりのぞく）⓪④	〈他Ⅰ〉	除掉；清除；拆除
清める（きよめる）③	〈他Ⅱ〉	洗净；弄干净；洗清（罪名等）；雪（耻）
どういう①	〈連〉	怎样的；哪样的
動じる（どうじる）⓪	〈自Ⅱ〉	（感情）动摇；慌张；稳不住神
未来（みらい）①	〈名〉	未来；将来
いきなり⓪	〈副〉	突然；冷不防；立刻
ハッと⓪①	〈副・自Ⅲ〉	（突然想起）突然；一下子；（因意外的事而吃惊）吓了一跳
嘆く（なげく）②	〈自他Ⅰ〉	叹息；叹气；悲伤
恥をかく（はじをかく）②-①		丢脸；出丑
恥（はじ）②	〈名〉	羞耻；耻辱

あらかじめ(予め)⓪	<副>	预先；先；事先；事前
思い出す(おもいだす)④	<他Ⅰ>	想起来；联想起；开始想
お点前(おてまえ)②	<名>	（茶道的）礼法
応用(おうよう)⓪	<名·他Ⅲ>	应用；适用；运用
実行(じっこう)⓪	<名·他Ⅲ>	实行；实践
心構え(こころがまえ)④	<名>	精神上的准备；思想准备
裏千家(うらせんけ)③	<固名>	（人名）里千家（日本茶道流派之一）

解説・語彙

1. 唱える

「唱える」在本课中意为“提倡；倡导；主张”。例如：

(1) お茶の精神と言えば、利休の**唱えた**「和敬清寂」という四字の中に集約されているといってよいでしょう。

(2) 本学はひとりひとりの個性を大切にする教育を**唱え**続けてきた。

(3) 会長の意見に異議《いぎ》を**唱えた**のは、彼一人だ。

2. ごとく

「ごとく」是「ごとし」的连用形，意为“像……一样；如同……”，修饰句子谓语。例如：

(1) 次の「清」、これはよく「静」と間違えて書く人がいますが、これは誤りで「清」と書くのが正しいのですけれども、読んで字の**ごとく**、清らかという意味です。

(2) 烈火《れっか》の**ごとく**怒る。

(3) 彼女は仲間に対して、まるで女王の**ごとく**命令した。

3. はらう

「はらう」在本课中是“拂去；掸去”的意思。例如：

(1) そういう服装についた泥や埃は、目で見てすぐにわかるので、その泥や埃を**はらう**なりまた雑巾でふきとることもできます。

(2) ズボンについた雪を**はらう**。

(3) 靴の砂を**はらう**。

4. おそらく

「おそらく」在和「だろう」等表示估计、推测的表达方式搭配使用时表示“大概；或许”的意思。例如：

(1) **おそらく**、服や手についた埃と同じように汚れているのでしょうが、目に見えないためにあまり汚れていないように思うだけなのです。
(2) こんなにひどい雨では**おそらく**彼女はもう来ないでしょう。
(3) 彼は今まで一度も勝ったことがない。**おそらく**今度も負けるだろう。

在和「にちがいない（将在第9课第2单元中学到）」等表示确信的表达方式搭配使用时表示“很可能”的意思。例如：

(4) この事件には**おそらく**政治家《せいじか》が深く関係しているにちがいない。

5. ゆとり

「ゆとり」意为“余地；宽裕；富余”，既可指时间、空间、经济上的宽裕，又可指精神、心理上的悠闲。例如：

(1) このような**ゆとり**があなたにあるとすれば、それは非常に幸せであるといえるでしょう。
(2) 彼には経済的な**ゆとり**がある。
(3) 都市に住む人々は忙しく、**ゆとり**のない生活をしているように見える。

6. いきなり

「いきなり」意为“突然；冷不防；立刻”，表示没有心理准备或没有经过准备的过程。例如：

(1) 例をあげると、あなたがたはよく教室で先生から**いきなり**質問され、ハッとすることがあったでしょう。
(2) 話し合いの途中なのに、彼は**いきなり**席を立って帰ってしまった。
(3) 車を運転していた時、**いきなり**子どもが飛び出してきたので驚いた。

7. 恥をかく

「恥をかく」是一个常用短语，意为“丢脸；出丑”。例如：

(1) そのように**恥をかかない**ため、失敗をしないために、あらかじめ予習をしておく、つまり心を作っておくということが「寂」であるといってもいいと思います。
(2) みんなの前で失敗を指摘され、**恥をかいた**。
(3) 20代は**恥をかく**時期だ。**恥をかき**ながら、いろいろな経験をして自分を磨く時期だと言える。

8. あらかじめ

「あらかじめ」意为“预先；事先”，表示在事情发生前采取相应的行动，常用于书面语或发言、演讲等正式场合。例如：

(1) そのように恥をかかないため、失敗をしないために、**あらかじめ**予習をしておく、つまり心を作っておくということが「寂」であるといってもいいと思います。

(2) 必ずしもすべてのお問合せにご回答をさしあげられるわけではございませんので、**あらかじめ**ご了承ください。

(3) 会議の前に、**あらかじめ**資料をお配りしておきます。

9. 心構え

「心構え」指“思想、心理上的准备”。例如：

(1) 考えるだけではなくて、それを実際にあなた方がお点前するときでも、またお客さんになったときでも、それを応用しよう、実行しようという**心構え**をもつということが大事なことなのです。

(2) この町の住民は自分たちの住むところは自分たちで守るという**心構え**ができている。

(3) やろうとする**心構え**だけはあるのだが、なかなか実行できない。

解説・文法

1. ～といってよい<评价>

「といってよい」接在简体句后面，表示说话人对所述事物或人进行说明、判断或评论。多用于书面语。同义的句式还有「～といってもいい」「ということができる」等。相当于汉语的“可以说～”。例如：

(1) お茶の精神と言えば、利休の唱えた「和敬清寂」という四字の中に集約されているの**といってよい**でしょう。

(2) お茶は日常の飲み物だが、薬としての効能《こうのう》もある**といってよい**。

(3) この作品は、これまでの中で最高の作品**といってよい**。

(4) 現代では、このような現象は珍しい**といってもいい**でしょう。

2. ～けれども<单纯接续>

「けれども」接在分句后面，本来表示转折的意义，但本课中它用于单纯连接前后两个分句，不表示转折的意义。有时「けれども」前面的分句可以起到提出话题的作用。「けれども」在口语中经常省略为「けれど」「けど」。例如：

(1) 次の「清」、これはよく「静」と間違えて書く人がいますが、これは誤りで「清」と書くのが正しいのです**けれども**、読んで字のごとく、清らかという意味です。

(2) 歴史がご専攻ということです**けれども**、主にどのような時代のことについて研究されているのでしょうか。

(3) 私は今年20歳になるんです**けれども**、先生は20歳の頃どんな学生でしたか。

(4) この間初めて中国の結婚式に出たんです**けれども**、日本の結婚式に対する人々の感覚と全く違うので、とても驚きました。

3. ～なり（～なり）＜二者择一＞

两个「なり」分别接在同类的动词词典形或名词后面，表示从二者中选择一个（通常有这样一种含义：可供选择的对象不仅限于这两个事物）。句尾一般不采用过去时。本课中的用法可以认为是省略了第二个「なり」。相当于汉语的“或是～，或是～”。例如：

(1) そういう服装についた泥や埃は、目で見てすぐにわかるので、その泥や埃をはらう**なり**また雑巾でふきとることもできます。

(2) 今の仕事を続ける**なり**やめる**なり**早く決めなければならない。

(3) 飛行機**なり**新幹線**なり**、好きな方で行ってください。

(4) そんな問題なら、先生**なり**友だち**なり**に相談してみたらいい。

4. Vねばならない＜义务＞

「Vねばならない」义同「Vなければならない」，表示“义务”，一般用于书面语，相当于汉语的“必须～；应该～”。例如：

(1) 私たちは、その手段を**さがさねばなりません**。

(2) 私たちも平和のために**立ち上がらねばならない**。

(3) 企業を変えるためにはまず社員の考え方を**変えねばならない**。

(4) 次の世代のために良い環境を作るよう**努力せねばならない**。

5. ～とすれば＜条件＞

「とすれば」接在简体句后面，构成条件从句，表示假如从句所述事态为事实或能够成立的话，则可以得出主句所陈述的判断。该条件从句多与「仮に／もし」这样的副词相呼应，主句多为表示说话人判断（如「だろう」「はずだ」）或愿望（如「たい」）的形式。相当于汉语的“如果～；倘若～”。例如：

(1) このようなゆとりがあなたにある**とすれば**、それは非常に幸せであるといえるでしょう。

(2) 人生がやり直せる**とすれば**、学生時代に戻りたい。

(3) このクラスから代表を選ぶ**とすれば**、彼以外にはいないだろう。

(4) 飛行機で行った**とすれば**、今頃は着いているはずだ。

(5) もし、未来に行ける**とすれば**、私は100年後の世界が見たい。

6. 疑问词＋～かというと<设问>

「というと」接在以「か」结尾的疑问句（「か」的前面为动词、形容词的简体形式或名词）的后面，构成表示设问的从句，而主句则是对它的回答。相当于汉语的“要问～；要说～”。例如：

（1）最後の「寂」は**どういう**意味である**かと言いますと**、これはどんなときにでも動じない心であるといえます。

（2）ＭＰ４を使って**何**ができる**かというと**、音楽を聞いたり、映画を見たりすることができるのだ。

（3）**どんな**映画**かというと**、人間になりたいと願うロボットの物語です。

（4）**なぜ**そんなに自信があった**かというと**、誰よりも努力していると思っているからです。

7. Ｖるのだった<后悔>

「のだった」接在动词词典形后面，表示如果进行了该动作就不会出现所面临的消极结果。该句式用来表达说话人后悔的心情。在口语中多作「Ｖるんだった」。接「のだった」的动词必须是自主动词。相当于汉语的“要是～就好了”。例如：

（1）ああ、予習をしておく**のだった**。

（2）あの時、彼女に本当の気持ちを伝える**んだった**。

（3）こんなに大変な仕事なら、断る**んだった**。

（4）あと10分あれば新幹線に間に合ったのに。もう少し早く家を出る**んだった**。

（5）しまった。あのメールは、一度チェックしてから送る**んだった**。

練習用単語

簡潔（かんけつ）⓪	〈形Ⅱ〉	简洁
対処（たいしょ）①	〈名・自Ⅲ〉	处理；应付；对付
指す（さす）①	〈他Ⅰ〉	指；指示；指出；指明
包装（ほうそう）⓪	〈名〉	包装
ヨガ（yoga）①	〈名〉	瑜伽
独立（どくりつ）⓪	〈名・自Ⅲ〉	独立；孤立
熟語（じゅくご）⓪	〈名〉	复合词；惯用语；熟语
成語（せいご）⓪	〈名〉	成语

練　習

A．内容確認

1．読解文を読んで、「和」「敬」「清」「寂」の意味を簡潔に説明してください。

	意　味
和	例．お互い同士が仲良くする、ということ
敬	
清	
寂	

2．読解文の内容に合っているものに○を、合っていないものに×をつけてください。

(1)（　　）「和敬清寂」は利休が考えた言葉である。

(2)（　　）「和敬清寂」は「和敬静寂」と書いてもよい。

(3)（　　）服装についた泥や埃は目で見てすぐにわかるが、顔や髪の毛についた埃は、どんなに汚れているかわからない。

(4)（　　）どんなことにも動じない心を持てば、予測不能な未来に対処できる。

(5)（　　）「和敬清寂」という言葉を知っていれば、お茶の精神が理解できる。

3．読解文を読んで、次の質問に答えてください。

(1)「その手段」（20行目）の「その」とは、何を指していますか。

(2)「非常に幸せである」（23行目）とありますが、どんな状態が幸せであると言っていますか。

(3)「寂」とは、失敗しないように何をしておくことだと言っていますか。

(4)「和敬清寂」の意味について、あなたが最初にイメージしたことと本文の説明を比べて、どう思いましたか。

B．文法練習

1．①②は（　　）の中の言葉を正しい順番に並べてください。③は文を完成させてください。

(1) ～といってよい

① (は・を・日・パソコン・使わない・ほとんど・ない)

今、＿＿＿＿＿＿＿＿＿＿＿＿＿＿＿＿＿＿＿＿といってよい。

② (では・である・は・商品の顔・今日・包装)

＿＿＿＿＿＿＿＿＿＿＿＿＿＿＿＿＿＿＿＿＿といってよい。

③＿＿＿＿＿＿＿＿＿＿＿＿＿＿＿＿＿＿＿は私の財産であるといってよい。

(2) ～けれども

① (は・と・課長・くる・思います・戻って・もうすぐ)

＿＿＿＿＿＿＿＿＿＿＿＿＿＿＿けれども、少しお待ちになりますか。

② (なら・田中さん・来ています・もう)

＿＿＿＿＿＿＿＿＿＿＿＿＿＿＿＿＿けれども、頼んでみましょうか。

③コンパは来週の金曜の夜の予定なんですけれども、＿＿＿＿＿＿＿＿＿＿。

(3) 疑問詞＋～かというと

① (を・始めた・ヨガ・なぜ・かというと)

＿＿＿＿＿＿＿＿＿＿＿＿＿＿、きれいになりたいからだ。

② (から・に・だ・しなかった・計画的・勉強)

なぜ試験に失敗したかというと。＿＿＿＿＿＿＿＿＿＿＿＿＿＿＿＿＿＿。

③今、自分が何をすべきかというと、＿＿＿＿＿＿＿＿＿＿＿＿＿＿＿＿＿＿。

2．次の文を完成させてください。

(1) ～なり～なり

①勉強の仕方がわからないときは、＿＿＿＿なり＿＿＿＿なりに相談したほうがいいと思います。

②経済的に独立できたら、＿＿＿＿なり＿＿＿＿なり好きなところで生活すればいい。

③直接気持ちを伝えるのが難しいなら、＿＿＿＿なり＿＿＿＿なりしたらどうですか。

(2) Vねばならない

①留学するかどうか＿＿＿＿＿＿＿＿＿＿＿＿＿＿＿＿＿＿＿＿＿ならない。

②自分の将来を真剣に＿＿＿＿＿＿＿＿＿＿＿＿＿＿＿＿＿＿＿＿ならない。

③将来を考えると今のうちに＿＿＿＿＿＿＿＿＿＿＿＿＿＿＿＿＿ならない。

(3) ～とすれば

①日本へ留学に行けるとすれば、＿＿＿＿＿＿＿＿＿＿＿＿＿＿＿＿＿＿＿。

②もし昔に戻れるとすれば、＿＿＿＿＿＿＿＿＿＿＿＿＿＿＿＿＿＿＿＿＿。

③結婚するとすれば、＿＿＿＿＿＿＿＿＿＿＿＿＿＿＿＿＿＿＿＿＿＿＿＿。

(4) Vるの（ん）だった

①電車に乗り遅れてしまった。＿＿＿＿＿＿＿＿＿＿＿＿＿＿＿＿んだった。

②発表会で失敗してしまった。＿＿＿＿＿＿＿＿＿＿＿＿＿＿＿＿んだった。

③こんなに大変な仕事だと知っていたら、＿＿＿＿＿＿＿＿＿＿んだった。

C．発展練習

1．次の言葉の意味を調べて、わかりやすく説明してみましょう。説明する時には本文中の「和敬清寂」についての説明の部分を参考にしてください。

例　「和敬清寂」

「和敬清寂」は、お茶の精神を表す言葉です。まず、「和」、これはお互い同士が仲良くする、和し合うということです。次の「敬」は、お互い同士が敬い合うという意味です。次の「清」は、心の中が清らかであるということを意味しています。最後の「寂」は、どんなときにでも動じない心のことです。

(1) 一期一会《いちごいちえ》
(2) 和を以《もっ》て尊《とうと》しと為《な》す

2．中国語の熟語や成語の中から自分の好きな言葉を探して、日本語でわかりやすく説明してみましょう。

例
(1) 日新月异（日進月歩《にっしんげっぽ》）
(2) 光阴似箭（光陰《こういん》矢《や》の如《ごと》し）
(3) 百尺竿头更进一步（百《ひゃく》尺《しゃく》竿頭《かんとう》一歩《いっぽ》を進む）

3．次の文章をもとに、中国のお茶の歴史や文化について日本語で説明しましょう。

“茶”字最早见于《神农本草》一书，据有关专家考证，该书为战国时代的著作。

我国茶圣——唐代的陆羽于公元8世纪左右写成了世界上最早的关于茶叶的专著《茶经》，系统而全面地论述了栽茶、制茶、饮茶、评茶的方法和经验。根据《茶经》可以推断，我国发现茶树和利用茶叶迄今已有四千七百多年的历史。

茶叶在西周时期曾经是祭祀用品，到了春秋时人们开始将鲜茶叶入菜，而战国时期茶叶逐渐成为药品，西汉时期茶叶已成为主要商品之一了。南北朝时期，佛教盛行，僧侣们发现饮茶可以缓解坐禅时的瞌睡，于是当时寺庙旁的山谷间都种满了茶树。饮茶推广了佛教，而佛教又促进了茶的发展。到了唐代，茶才正式作为普及民间的大众饮料。

茶　道

茶传入日本是在平安时期，日本天台宗的创始人最澄（767～822）和真言宗的创始人空海（774～835）把茶从唐朝带回日本，当时茶被认为是一种药材。到了镰仓时期，临济宗的鼻祖荣西（1141～1215）也从宋朝带回了茶，茶仍被认为是一种中药，为此荣西还写了一部书《喫茶养生记》。进入室町时期，上层阶级盛行赏玩中国的艺术品，品茶的习惯也随之产生，但此时尚未注重品茶的精神内涵。到了第八代将军足利义政时期，村田珠光（1422～1501）创立了同时使用唐朝茶具和日本茶具的草庵茶并修建了面积为四个半榻榻米大的茶室，并提出茶的精神应为警戒「我慢《がまん》（自高自大、自以为是）」和「我執《がしゅう》（过分强调和迷恋自我）」。后来秉承这种精神的是武野绍鸥（1502～1555），而最终为草庵茶赋予了哲学性和审美性的则是茶道的集大成者千利休（1522～1591）。

千利休的子孙继承了他的思想，分别创立了武者小路千家（不审庵——茶室名）、表千家（官休庵）和里千家（今日庵）等流派。在当今的茶道各流派中，最广为人知的是里千家。

茶道通常在茶室中进行。主人先以比较简单的「懐石《かいせき》料理」招待客人，这一过程称为「前席」；之后客人便离开茶室，稍事休息，称为「中立《なかだち》」；客人返回茶室后，主人先后以浓茶和淡茶招待客人，称为「後席」。茶道十分注重季节感，茶室的布置、茶具的选择以及品茶前吃的茶点均能体现出当时季节的特色。茶道不仅讲究形式上的礼法，还十分注重修身养性的精神内涵。茶道融入了“禅”的思想，提倡「一期一会《いちごいちえ》（生涯にただ一度まみえること、一生に一度限りであること）」和「和敬清寂《わけいせいじゃく》」。长期以来茶道作为日本文化的一个重要组成部分不仅为广大日本国民所喜爱，而且随着各国文化交流的不断深入，其足迹已遍布世界各地。

第7課　異文化理解

学習目標

ユニット1　会話

(1) 不満の内容を人に説明することができる。

(2) 共感を示したり、共感できないことをソフトに述べたりすることができる。

ユニット2　読解

(1) エッセイを読み、筆者の気持ちや心情を読み取ることができる。

(2) 自身の体験について、当時の気持ちやその体験から考えたことを述べることができる。

- 親しい人にものをもらったら、お礼にすぐに何かをあげますか。それはどうしてですか。
- 初めて、外国人に外国語で話したときの経験を思い出してみましょう。どんなことを感じましたか。

ユニット1　会話

ギョーザにりんご ?!

（談話室で。劉が興奮した様子でりんごがのったお皿を持って入ってくる）

チャリヤー：あれ、劉さん。どうしたの？

劉　：これね、大家さんからもらっちゃったんだけど…。

チャリヤー：何かあったの？

劉　：実はね、ギョーザ、たくさん作ったから、大家さんにも持っていったんだけど…。

チャリヤー：うん、うん。

劉　：そしたら、大家さん、「これ、いただきものだけど、ほんのお返し。」って…。

朴　：お返し？

劉　：うん。まだギョーザ、食べてもいないのに、お返しって言われてもね…。物々交換じゃあるまいし。

王　：ギョーザ作るの、大変なのにね。

劉　：そうでしょ？　なのに、知り合いが送ってきたりんごがあるから、持ってって、だって…。

朴　：それじゃあ、なんだか誠意が感じられないね。

チャリヤー：え、そう？　タイにもお返しの習慣があるよ。まあ、すぐには返さないけど。

劉　：大家さん、いつもはほんとにいい人なんだけど…。

チャリヤー：そう言ってたわよね。

劉　：なんで私の気持ち、わかってくれないんだろう。ちょっと悲しくなっちゃった。…でも、まあ、いいや。

朴　：そう言えば、ホストファミリーのお母さんにお土産あげたら、早速次の日にお返しをもらっちゃったなあ。

劉　：もらうときはものすごく遠慮するくせに、もらったあとはいつまでもほめるのよね。

朴　：そうそう。なんだか「もっとほしい」って催促されてる感じだよね。

チャリヤー：ふーん、そういうふうに取られることもあるんだ。ちょっと驚きだな。

第7課

（三好が入ってくる）

三好　：なんかみんなで盛り上がってるね。

劉　：日本人にものをあげるのは難しい、って話をしてたんだ。

三好　：え、どうして？

朴　：劉さんが大家さんに手作りのギョーザを持ってったら、お返しにりんごを渡されたんだって。三好さん、どう思う？

三好　：それ、何が変なの？　日本では普通じゃないかなあ。

劉　：えっ、本当？

三好　：母なんかも近所の人から何かもらったら、必ずお返ししてるよ。

劉　：ふーん。

三好　：もらいっぱなしは失礼だし。それに、お返しせずにはいられないんじゃないかな、日本人って…。

王　：あー、そういうことだったんだ。でも、一生懸命作ったギョーザに、りんご、たったの３個っていうのは、ちょっと…。

三好　：でもね、あんまり立派なお礼をしたら、かえって相手の負担になるし…。そのくらいがちょうどいいんじゃないかなあ。

劉　：…負担、ねえ…。

三好　：わざわざ高価な物を買って返したら、恐縮しちゃうでしょ？それに５個ももらったら食べきれないじゃない？

劉　：うーん。りんご３個ってそういうことだったのかな。でも、まだ信じらんない。

朴　：これって、吉田先生が言ってた、異文化摩擦の一つなのかなあ。

三好　：もっとも、僕だったら何もしませんよ。何事も出世払いにするつもりだから。

チャリヤー：へえ、三好さん、出世するの。じゃあ、今から投資しておこうかな。（笑い）

新出単語

談話室(だんわしつ)③	〈名〉	谈话室
のる(載る)⓪	〈自Ⅰ〉	放；装
大家(おおや)①	〈名〉	房东；正房；上房
そしたら①	〈接〉	(「そうしたら」的口语表达方式) 于是；结果；这样一来
いただきもの(戴き物)⓪	〈名〉	别人给的东西
ほんの ⓪	〈連体〉	仅仅；只是；不过是
お返し(おかえし)⓪	〈名〉	答谢的礼品；(商店给顾客)找回的钱；汇报；报复
物々交換(ぶつぶつこうかん)⑤	〈名〉	物品交换；以物易物
なのに①	〈接〉	可是；但是
誠意(せいい)①	〈名〉	诚意
なんで(何で)①	〈副〉	为什么；何故
ホストファミリー(host family)④	〈名〉	主人家；东道主家；寄宿家庭
ものすごい(物凄い)④	〈形Ⅰ〉	可怕；令人恐怖；惊人；猛烈；厉害
くせに ②	〈助〉	(虽然/尽管……)可是；却
いつまでも(何時までも)①	〈副〉	到什么时候也；永远；老是
催促(さいそく)①	〈名・他Ⅲ〉	催促
盛り上がる(もりあがる)④	〈自Ⅰ〉	气氛热烈；膨起；隆起；涌起；兴起
近所(きんじょ)①	〈名〉	附近；周围；四邻
もらいっぱなし ⓪	〈名〉	只是收取；接受礼物而不还礼
-っぱなし	〈名・他Ⅲ〉	某种行为之后的状态一直持续不变；置之不理
あんまり⓪	〈副〉	(「あまり」的口语表达方式) 太；过于；过分
負担(ふたん)⓪	〈名・他Ⅲ〉	负担
高価(こうか)①	〈名・形Ⅱ〉	高价；昂贵
恐縮(きょうしゅく)⓪	〈名・自Ⅲ〉	(表示客气或谢意)过意不去；惶恐；惭愧
食べきる(たべ切る)③ -きる	〈他Ⅰ〉	吃完；吃光 完成；完结； (程度达到极限)非常；极其
摩擦(まさつ)⓪	〈名・自他Ⅲ〉	摩擦；阻力；抵抗；不和睦
もっとも(尤も)③	〈副〉	话虽如此；不过；可是
何事(なにごと)⓪	〈名〉	什么事情；何事
出世払い(しゅっせばらい)④	〈名〉	暂时先不付钱，等将来有了出息再付钱
出世(しゅっせ)⓪	〈名・自Ⅲ〉	(在社会上)成功；出息；出头；露脸
投資(とうし)⓪	〈名・自Ⅲ〉	投资

解説・語彙

1. お返し

在日本，收到礼品时有回送礼品的习惯，这种“回敬的礼品”、“答谢的礼品”被称为「お返し」。此外，「おもたせ」这个词也很常用，用客人带来的礼品招待客人时可以说「おもたせですが」「おもたせで失礼ですが」，意为“用您拿来的东西招待您，真不好意思”。例如：

(1) 「これ、いただきものだけど、ほんの**お返し**。」って…。
(2) 結婚祝いの**お返し**をする。
(3) **お返し**には何をあげたらいいでしょうか。

2. 取る

本课中的「取られる」是「取る」的被动态，「取る」在此处表示“（把他人的言行）理解为……；解释为……”。例如：

(1) ふーん、そういうふうに**取られる**こともあるんだ。
(2) 彼は私の言葉をほめ言葉と**取った**。
(3) あれは冗談だからまじめに**取らないで**ね。

3. わざわざ

「わざわざ」在本课中意为“特意地（做某事）”，一般用于对他人行为的评价，而不用于说话人自身的行为。例如：

(1) **わざわざ**高価な物を買って返したら、恐縮しちゃうでしょ？
(2) 山田さんは、今日のこの会のために、**わざわざ**遠くから来てくださいました。
(3) こんな簡単なことは、**わざわざ**先生に聞かなくてもいいです。

4. もっとも

「もっとも」用于连接两个句子，表示后一句是对前一句的补充说明。后一句的内容通常与前一句矛盾或相反，但在整体上却不对前一句的观点、主张形成影响。例如：

(1) **もっとも**、僕だったら何もしませんよ。
(2) この学校の生徒はみんな非常に真面目で、予習復習、宿題はきちんとしてきます。**もっとも**例外もいますが。
(3) 平日は毎日6時まで会社に勤務しています。**もっとも**金曜日は午前だけです。

解説・文法

1. Nじゃあるまいし<否定性原因>

「じゃあるまいし」接在名词后面，构成表示否定性原因的从句，主句多表示说话人的判断、反问、祈使、责备、推测等语气。相当于汉语的“又不是～，（所以～）”。例如：

(1) 物々交換**じゃあるまいし**。
(2) 子供**じゃあるまいし**、自分のことは自分で決めてください。
(3) 神様**じゃあるまいし**、彼が何を考えているかわかるはずがないでしょう。
(4) コンピューター**じゃあるまいし**、そんなにたくさん頭に入らないよ。
(5) そんなに泣かないでよ。赤ちゃん**じゃあるまいし**。

2. ～くせに<转折>

「くせに」接在动词、形容词的连体形或“名词＋の”的后面，构成表示转折关系的从句，主句表示说话人不满、责备、轻蔑等语气。从句与主句必须是同一主语。相当于汉语的“明明～，却～”。例如：

(1) もらうときはものすごく遠慮する**くせに**、もらったあとはいつまでもほめるのよね。
(2) お金がない**くせに**、毎日たくさん高い買い物をしている。
(3) 働かない**くせに**、文句ばかり言っている。
(4) 食べることは大好きな**くせに**、なぜか料理は全然できないんだ。
(5) 中国人の**くせに**、中国の歴史を知らないなんて恥ずかしい。

3. ～っぱなし<放任>

「っぱなし」接在动词第一连用形后面，构成名词性词组，有以下两种用法：

A. 表示做完某一动作后放置不顾，即进行完该动作之后本应继续进行相关的另一个动作，但事实上却没有进行。例如：

(1) **もらいっぱなし**は失礼だし。
(2) 王さんから本を**借りっぱなし**だったことを思い出した。
(3) エアコンをつけているときは、窓を**開けっぱなし**にしないでください。

B. 表示某一状态一直持续或某一动作反复进行。例如：

(4) 会議で1日中**座りっぱなし**だったので、腰が痛い。
(5) きょうはミスばかりして部長に**怒られっぱなし**の一日だった。
(6) 母は映画を見ている間はずっと**泣きっぱなし**だった。

4. Vずにはいられない<不由自主>

「Vずにはいられない」表示不由自主地进行该动作或自然而然地出现该状态，不受人的意志控制。自主动词和非自主动词都可以用于这个句式。一般用于书面语。相当于汉语的“不由得～；忍不住（要）”。例如：

(1) それに、**お返しせずにはいられない**んじゃないかな、日本人って…。
(2) 新しいグッズが出ると、**買わずにはいられなく**なる。
(3) 太るとわかっていても、おいしそうなお菓子を見ると**食べずにはいられない**。
(4) 私は彼の言葉に感動し、**泣かずにはいられなかった**。
(5) 大丈夫だと言われても、やっぱり**心配せずにはいられない**。

5. Vきる／きれる／きれない<动作彻底与否>

复合动词「Vきる」表示彻底进行该动作，相当于汉语的“全部～；～光”。其可能形式是「Vきれる」，意为“能全部～；能都～”。「Vきれる」的否定形式是「Vきれない」，表示无法彻底地进行该动作，如果动作所涉及的客体为复数，则表示该动作无法作用于全部客体。相当于汉语的“～不了；无法全都～”。例如：

(1) それに５個ももらったら**食べきれない**じゃない？
(2) 長い地球の歴史の中で**数えきれない**ほど多くの生物《せいぶつ》が誕生した。
(3) 直美《なおみ》さんは**持ちきれない**ほどの花をもらって、とてもうれしそうだ。
(4) こんなにたくさんの単語を２日で**覚えきれる**かどうかちょっと自信がない。
(5) 携帯電話の電池は**使いきって**から充電するほうがいいそうだ。

解説・会話

1. 如何表示不满

本课会话中使用的表示不满的表达方式，不是向当事人直接表达不满，而是向当事人以外的第三者陈述不满之意。尽管向当事人直接表达不满时也可以使用类似的表达方式，但那是准备和对方吵架的一种强硬的表达方式，通常应避免使用，尤其是对长辈或上级不能直接使用。因此，本课不设直接表达不满的练习。

不满的表达方式各种各样，经常使用的形式列举如下：

1）～のに

表示事情的结果与期待的相反。例如：

(1) **食べてもいないのに**、お返しって言われてもね…。
(2) ギョーザ作るの、**大変なのに**ね。
(3) **なのに**、知り合いが送ってきたりんごがあるから、持ってって、だって…。
(4) お酒をそんなに飲むと一人で帰れなくなるよって**言ったのに**。

2）～ても（ね）…

「ても」的后面省略了「困る／不本意だ」这些词。例如：

（1）食べてもいないのに、お返しって**言われてもね**…。

（2）辞書は1冊しかないし、みんなもよく使っているのに、あさってまで貸してなんて**言われてもね**…。

3）Vてくれない／もらえない

表示未能得到理应得到的利益。例如：

（1）なんで私の気持ち、**わかってくれない**んだろう。

（2）遠慮してなかなか**受け取ってもらえなかった**な。

（3）私がこんなに頑張ったこと、どうして**わかっていただけない**んでしょう。

4）Nじゃあるまいし

表示认为别人在理解上出现了偏误。例如：

（1）**物々交換じゃあるまいし**。

（2）**子供じゃあるまいし**。こんなおもちゃをもらってもうれしいはずがないじゃない。

5）～くせに

表示根据他人的行为所推断的结果与实际结果不符，事情的结果与所期待的相反。例如：

（1）もらうときはものすごく遠慮する**くせに**、もらったあとはいつまでもほめるのよね。

（2）林さんは自分は勉強しない、なんて言っている**くせに**、実は夜も寝ないで勉強してるんだよね。

6）ちょっと

以委婉的形式表达极大的不满、担心、担忧等。例如：

（1）でも、一生懸命作ったギョーザに、りんご、たったの3個っていうのは、**ちょっと**…。

（2）こういう大事なときに大笑いをするのは、**ちょっと**…。

2．寻求共鸣・表达共鸣的方式

1）一般寻求共鸣的一方和产生共鸣的一方会使用句末语气助词「ね」，以此确认共鸣的内容。例如：

（1）食べてもいないのに、お返しって言われても**ね**。
⇒ギョーザ作るの、大変なのに**ね**。

（2）なのに、知り合いが送ってきたりんごがあるから、持ってって、だって…。
⇒それじゃあ、なんだか誠意が感じられない**ね**。

第7課

2）以否定的形式，委婉、客气地寻求共鸣。例如：

（1）そういうのって、なんだか催促されてるみたいな**感じがしない？**
⇒うん、そうだね。
（2）部屋がこんなに汚いのって、ちょっと**気分が悪いじゃない？**
⇒うん。そうだね。

3）产生共鸣的一方会采用重复同一词语的形式，表达自己的相同感受。例如：

（1）もらうときはものすごく遠慮するくせに、もらったあとはいつまでもほめるのよね。
⇒**そうそう**。なんだか「もっとほしい」って催促されてる感じだよね。
（2）遠慮してなかなか受け取ってもらえなかったなあ。
⇒**ある、ある**、そういう経験。

3. 委婉地表达不同意见

如果不认同对方的意见，一般会善意地以委婉、柔和的方式表达这种不同意见。本课会话中出现的「～んじゃないかな」等用法就是比较典型的表达方式。例如：

（1）王　：でも、一生懸命作ったギョーザに、りんご、たったの３個っていうのは、ちょっと…。
三好：でもね、あんまり立派なお礼をしたら、かえって相手の負担になるし…。そのくらいがちょうどい**いんじゃないかなあ**。
（2）朴　　　：なんだか「もっとほしい」って催促されてる感じだよね。
チャリヤー：**ふーん、そういうふうに取られることもあるんだ**。

4. 接受事实

使用「～ということだったのか」这种形式表示刚刚才发现的事实。例如：

（1）あー、**そういうことだったの**。
（2）うーん。りんご３個って**そういうことだったのか**な。

当然，除上述「～ということだったのか」的形式之外，还有「そういうことなのか」「そういうことなのかな」等表达方式。当表达领悟、明白的意思时，还会经常使用这样的表达方式，即：「なーんだ。そういうことだったんだ。」，此时「なーんだ」的发音为降调。

5. 放弃的表达方式

使用「いい」结束谈话，表示无意再说什么。例如：

（1）でも、**まあ、いいや**。
（2）**もういいや**。あきらめよう。

練習用単語

納得（なっとく）⓪	〈名·他Ⅲ〉	理解；领会；信服
孫悟空（そんごくう）③④	〈固名〉	孙悟空
ちっとも ③	〈副〉	一点（也不）；毫（无）
空席（くうせき）⓪	〈名〉	空位；空座
専門用語（せんもんようご）⑤	〈名〉	专业用语；术语
機能（きのう）①⓪	〈名·自Ⅲ〉	功能；技能；作用
思い出話（おもいでばなし）⑤	〈名〉	怀旧谈；回忆的故事；回忆录
振り向く（ふりむく）③	〈自Ⅰ〉	回头；回顾；理睬
満足（まんぞく）①	〈名·形Ⅱ·自Ⅲ〉	满足；满意；心满意足
ごまかす（誤魔化す）③	〈他Ⅰ〉	欺骗；欺瞒；愚弄；蒙蔽；弄虚作假
生意気（なまいき）⓪	〈名·形Ⅱ〉	自大；傲慢；不逊；神气活现；狂妄
ソフト（soft）①	〈形Ⅱ〉	柔软；柔和
いらいら①	〈副·自Ⅲ〉	着急；焦躁；急躁
お世辞（おせじ）⓪	〈名〉	恭维；奉承；献殷勤
繰り返す（くりかえす）③	〈他Ⅰ〉	反复；重复；重演
にこにこ ①	〈副·自Ⅲ〉	笑嘻嘻；笑眯眯；微笑
お気に入り（おきにいり）⓪	〈名〉	心爱的；喜欢的
声をかける（こえをかける）①-②		打招呼
反論（はんろん）⓪	〈名·自他Ⅲ〉	反驳；反方论点
きつい⓪②	〈形Ⅰ〉	严厉；苛刻；强烈；厉害
たまたま⓪	〈副〉	偶然；碰巧；无意中
気がある（きがある）⓪-①		有心；有意；有打算
家庭教師（かていきょうし）④	〈名〉	家教；家庭教师
なーんだ①	〈感〉	（表示不足为取）哪里；算不了什么
十分（じゅうぶん）③	〈形Ⅱ·副〉	充分；十分；足够
目が合う（めがあう）①-①		目光相对；视线相对
にらむ（▼睨む）②	〈他Ⅰ〉	盯视；怒目而视；瞪眼
口をきく（くちを利く）⓪-②		说话；调解；斡旋
ムスリム（Muslim）①	〈名〉	伊斯兰教徒；回教徒
タブー（taboo）②	〈名〉	禁忌；忌讳；避讳
球拾い（たまひろい）③	〈名〉	拾球；捡球（的人）
まあね		（表示达不到满意的程度）还算；还可以
いじめ ⓪	〈名〉	欺负；欺侮；凌辱
体力（たいりょく）①	〈名〉	体力
日頃（ひごろ）⓪	〈名〉	平时；平素

練　習

A．内容確認

会話文について、次の質問に答えてください。

(1) 劉さんはなぜ怒っているのですか。

(2) 劉さんの気持ちに共感しているのは誰ですか。共感する理由としてどんなことを言っていますか。

(3) お返しの習慣があるのはどの国ですか。その国のお返しの習慣と日本の習慣で異なる点はどんなことですか。

(4) 贈り物の習慣に関する異文化摩擦として、他にどんな例が挙げられていますか。

(5) 三好さんは、何かもらったときにすぐにお返しをすることについてどう考えていますか。

(6) 三好さんは、一生懸命作ったギョーザに対してりんご３個のお返しは少ないという話を聞いて、どう思いましたか。それはなぜですか。

(7) 劉さんは三好さんの説明を聞いて納得しましたか。

(8) 三好さん自身はものをもらったときにどうすると言っていますか。それはなぜですか。

B．文型練習

1．次の①②はaまたはbの正しいほうを選んでください。③は文を完成させてください。

(1) Nじゃあるまいし

①孫悟空じゃあるまいし、わたしにその人の言いたいことがわかる＿＿＿＿＿＿。

a．わけだ　　　　　　b．はずがない

②きょうは休みじゃあるまいし、どうして＿＿＿＿＿＿＿＿＿＿のですか。

a．昼まで寝ている　　　　b．会社へ行く

③もう会えないわけじゃあるまいし、＿＿＿＿＿＿＿＿＿＿＿＿＿＿。

(2) ～くせに

①学生のくせに、＿＿＿＿＿＿＿＿＿＿＿＿＿＿＿＿＿＿＿＿＿＿＿。

a．よく勉強している　　　b．ちっとも勉強しない

②父はきょう早く帰ってくると約束したくせに、＿＿＿＿＿＿＿＿＿。

a．帰ってきてくれた　　　b．９時を過ぎてもまだ帰ってこない

③知っているくせに、＿＿＿＿＿＿＿＿＿＿＿＿＿＿＿＿＿＿＿＿。

(3) ～っぱなし

①本を読みっぱなしで、＿＿＿＿＿＿＿＿＿＿＿＿＿＿＿＿＿＿。

a．机の上においてある　　　　b．図書館に返す

②あの人はいつもお金を借りっぱなしで、＿＿＿＿＿＿＿＿＿＿＿＿。

a．すぐ返してくれる　　　　b．なかなか返してくれない

③バスの中に空席がなかったので、私は＿＿＿＿＿＿っぱなしだった。

2．次の文を完成させてください。

(1) Vずにはいられない

①悲しくて、＿＿＿＿＿＿＿＿＿＿＿＿＿＿ずにはいられない。

②私はマナーの悪い人を見たら、＿＿＿＿＿＿＿＿ずにはいられない。

③姉はきれいな洋服を見ると、＿＿＿＿＿＿ずにはいられないようだ。

(2) Vきる／きれる／きれない

①あの商品は人気があって、すぐ＿＿＿＿＿＿＿＿＿＿きれてしまう。

②この説明書は専門用語や英語が多くて、すべての機能を＿＿＿＿きれない。

③高校での思い出話で盛り上がり、１日中話しても＿＿＿きれないほどでした。

C．会話練習

1．ポイント：不満の表現

「まだギョーザ、食べてもいないのに、お返しって言われてもね…。」

モデル会話

マイク：あーあ、どうして彼女、振り向いてくれないんだろう。毎日こんなに熱い視線を送ってるのに。

マリー：あ、あのきれいな人ね…。

マイク：うん、いつも僕に笑顔を見せてくれてるような気がするんだけどなあ。何度誘っても、「きょうはちょっと…」って言うんだ。

マリー：ふーん、そうなんだ。

マイク：いつも「ちょっと」って言われてもね…。その気がないならはっきりそう言ってくれたらいいのに。

ここをおさえよう！

(1) マイクさんは「彼女」の態度に満足していますか。それはどんな表現からわかりますか。

(2) マイクさんは「彼女」にどうしてほしいと思っていますか。

✤言ってみよう！

例のように「　」内の表現を使って、他の人について不満に思っていることを親しい人に話す文を言ってください。
不満の気持ちが伝わるようにイントネーションに注意しましょう。

(1)「どうして〜てくれないんだろう。」

例　わかる→どうしてわかってくれないんだろう。

①受け取る　　　　　　　　②もっと早く言う

③こっちの気持ちがわかる　　④そんな重要なことを教える

(2)「〜のに…。」

例　まだ食べてもいない→まだ食べてもいないのに…。

①ちゃんと読んでもいない

②実際に見たわけでもない

③せっかくあげた

④李さんのために一生懸命考えて選んだ

(3)「〜てもね…。」

例　お返しって言う→お返しって言われてもね…。

①いらないって言う　　　　②突然そんな無理を言う

③そんなに早く来る　　　　④子供みたいな態度をとる

(4)「〜くせに、〜。」

例　何も知らない、すべて知っているかのように話す
　→何も知らないくせに、すべて知っているかのように話すんだよ。
　　信じられない。

①自分がミスしたときは笑ってごまかす、後輩がミスしたときは厳しく注意する

②恋人と別れたばかりだと言っていた、実はまだつきあっていた

③新入部員で何もわからない、生意気なことばかり言う

2. ポイント：共感を示す、共感できないことをソフトに伝える

「ギョーザ作るの、大変なのにね。」
「でもね、あんまり立派なお礼をしたら、かえって相手の負担になるし…。そのくらいがちょうどいいんじゃないかなあ。」

モデル会話

（日本語の授業のあとで）

チャリヤー：きょうの田中先生、なんだかいつもより厳しかったなあ。
王　　　　：そうだね。授業中、ずっといらいらしている感じだったよね。
チャリヤー：そうそう。こっちは間違えたくて間違えてるわけじゃないのにね。
王　　　　：あんなに怒った言い方されると、緊張してもっと間違えちゃうよね。
マリー　　：うーん、私はちゃんと直してくれるんだったら、ちょっとぐらい厳しくても大丈夫かな。
チャリヤー：ふーん、そんなふうに思う人もいるんだ。

ここをおさえよう！

(1) チャリヤーさんはきょうの田中先生の教え方についてどう感じましたか。
(2) 王さんはチャリヤーさんの気持ちに共感していますか。それはどんな表現からわかりますか。
(3) マリーさんは、チャリヤーさんと王さんが言ったことに共感していますか。それはどんな表現からわかりますか。
その表現の代わりに、「先生は学生に厳しくした方がいい。」や「先生は厳しい方がいいでしょう。」と言うと、印象がどう違うと思いますか。
(4) チャリヤーさんはマリーさんが言ったことに共感していますか。それはどんな表現からわかりますか。

✤言ってみよう！

親しい友達の不満を聞いて、共感を示したり、共感できないことをソフトに伝えたりする表現を練習しましょう。

<共感を示す>

(1) Aさん、Bさんの、それぞれの文末に「ね」をつけて、相手に共感を求めたり、共感を示したりしていることがよく伝わるように話しましょう。

① A：あーあ、せっかく一生懸命つくったのに。どうしておいしいって言ってくれないんだろう。
　B：そうだよ。お世辞でもいいから、ほめてくれたらいいのに。
② A：この科目は試験がなくてレポートだけだっていうからとったのに。
　B：うん。学期の途中で、やっぱり試験にする、っていうのはひどい。

(2) 共感を強く示すために、Bさんは、Aさんが言った下線の言葉を2回繰り返すことを意識して話しましょう。

① A：あの先輩、お気に入りの後輩には、「うまくなったね」って時々声かけてるよね。

B：かけてる、かけてる。私たちには、全然声かけてくれないのにね。

② A：彼女、私たちの前では全然笑わないくせに、先生の前ではいつもにこにこしてるよね。

B：してる、してる。私たちと話してるときとは全然違うよね。

<共感できないことをソフトに述べる>

(1) Bさんは、Aさんの不満を聞いて、反論のように強く聞こえないようにして、共感できないことを伝えましょう。

① A：お父さん、私のこと、嫌いなのかな。どんなにがんばっても一度もほめてくれたことないんだよ。

B：嫌いだってことはないんじゃないかな。うちの父も全然ほめてくれないよ。

② A：今度の新入部員、いつも遅刻してくるから、ほんとに困っちゃうよ。先輩より前に来て準備するのは当然なのに。

B：ふーん、でも、まだ慣れていないのかも。

③ A：空手部の練習、マイクさんが副部長になってから、すっごくきつくなっちゃって。あんなにはりきらなくてもいいのに。

B：へえ、でも、副部長がやる気がないのも困るんじゃないかな。

④ A：あの先生、いつも宿題多すぎるよね。

B：え、そう？　今までそんなに気になったことはないなあ。

3．ポイント：納得の表現

「あー、そういうことだったんだ。」

「うーん。りんご3個ってそういうことだったのかな。」

モデル会話

(ポイント1「モデル会話」の1週間後)

マリー：マイクさん、この間、彼女が全然振り向いてくれない、って言ってたよね。

マイク：うん。

マリー：実はね、たまたま、彼女と二人だけで話す機会があったから、マイクさんのことどう思う？って聞いてみたんだ。

マイク：うん、うん。

マリー：①そしたら、いい人だと思う、って言ってたから、やっぱり気があるんじゃないかな。
マイク：うーん。そういうことなのかな…。
マリー：②あ、それから、最近、家庭教師始めて、急に忙しくなってきたんだって。だから、マイクさんのこと、避けてるわけじゃないと思うよ。
マイク：なーんだ、そういうことだったんだ。
マリー：希望はあるよ！　もっと、アタックしなくちゃ。

ここをおさえよう！

(1) マイクさんはどんなことに納得できない気持ちでいましたか。
(2) マイクさんは、マリーさんの①の話を聞いて十分に納得しましたか。
それはどんな表現からわかりますか。
(3) マイクさんは、さらに、マリーさんの②の話を聞いて納得しましたか。
それはどんな表現からわかりますか。

第7課

✤言ってみよう！

例のように、Aさんは B さんの話を聞いて納得できたかどうかによって、表現を選んで話しましょう。

例　A：ギョーザ作るの大変だったのに、お返しはりんご、たったの３個だよ。
B：あんまり立派なお返しをしたら恐縮しちゃうから、３個ぐらいがいいと思ったのかも。
A１：納得できた場合→　あー、そういうことだったんだ。
A２：十分に納得できない場合→ うーん、そういうことだったのかな。

(1) A：李さん、今朝から、ちょっと変なんだ。わたしと目が合うと、にらむんだよ。
B：あ、それはにらんでるんじゃないよ。ゆうべ、めがねがこわれたんだって。たぶん、めがねがなくてよく見えないから、そんな顔になっちゃうんだよ。
A：

(2) A：先週、木村さん、一言も口をきいてくれなかったんだ…。
B：発表会があったから、きっと準備で忙しかったんじゃないかな。
A：

(3) A：インドネシア人の友達にかわいい豚のぬいぐるみをあげたら、嫌な顔されちゃった。もうちょっと喜んでくれてもいいのに…。
B：きっと、その人、ムスリムだったんじゃない？　ムスリムに、豚に関係あるものをプレゼントするのはタブーだから。

A：

✤正しいのはどっち？

以下は、テニス部の新入部員３人の会話です。Aさん、Bさんは先輩の練習のやり方に不満を持っていますが、Cさんは特に不満は感じていません。

（　　）の中から適当なものを選んでください。

A：きょうもまた球拾いだけだったね。
B：（そうだね／そうか）。暑いのにずっと立ちっぱなしだし。
　どうしてボール（打たせない／打たせてくれない）んだろう。
A：私たち、上手になりたいというよりは楽しくやりたいから、テニス部に（入ったのに／入ったくせに）。
B：ほんと、ほんと。毎日先輩のゲームを見て、基礎練習だけなんてひどいよね。球拾いのアルバイトじゃあるまいし。
C：うーん、でも、スポーツって、基礎練習をしっかりしておかないと後で（上達しないかな／上達しないんじゃないかな）。
A：けど、きつすぎるよ。これって、後輩いじめ？　って思っちゃう。
C：まあね。でも、きのう、先輩たち、「１年生もだいぶ体力ついてきたから、そろそろ、打たせようか」って話し合ってたみたいだよ。去年、自分たちも同じ経験をして、今しっかりやった方がいいと思うから、厳しくしてるのかも。
B：（なーんだ、そういうことだったんだ／うーん、そういうことなのかな）。
　私は、そんなに上手にならなくても、今、楽しいほうがいいな。

✤発展練習

(1) 会話しよう！

　３～４人のグループで、日頃の生活で不満に感じていることについて、話しましょう。不満を聞く人は、共感を示したり、共感できないことをソフトに伝えたりしましょう。

(2) ディスカッションしよう！

　今までに、習慣の違いから、驚いたり、異文化摩擦だと感じたりするような経験はありましたか。そのときに感じた不満やその原因などについてグループで話し合いましょう。

ユニット２　読解

中国紀行　言葉

俵万智

外国を旅行していると、「言葉」について考えさせられることが多い。自分とは全く異なった言葉を用い、その言葉で考えている人たち。その人たちによって作りあげられている文化。そこに身を置くわけであるから、当然といえば当然のことかもしれない。

私は、大学で少し中国語を勉強していたこともあって、今回の旅では積極的に中国語を使ってみた。前回に書いた朝市での買い物や市内バス、ホテルなどで結構役に立ち、気をよくしたものである。要は度胸と愛嬌。とはいっても、失敗談も数えればきりがない。中国語には「四声」というのがあって、発音が同じでも、音の上げ下げで意味が違ってくる。それがむずかしい。

こんなことがあった。食堂でお茶がほしくなり、「茶」をください、と言ったはずなのに、出てきたのがなんと「フォーク」。あとで調べてわかったのだが、お茶もフォークも発音は「チャー」であるが、お茶のほうは尻上がりに言わねばならない。それを私は平らに「チャー」と言ってしまったので、フォークの登場とあいなってしまった。

かたことの中国語を用いながら、あらためて思ったのは、「言葉とは＜道具＞である」という、まことに基本的なことである。あるいは＜手段＞といってもいい。リンゴを買う、行き先を告げる、水道の故障を伝える……そういった目的を達成するための、言葉は最も有効な手段なのだ。私の発した「ウォヤオピングォ」という音が、ある法則をもって相手の頭の中に伝わり、「ああ彼女はリンゴがほしいのだな」ということが理解される。日本語では何でもないことだが、中国語をもってすると、まことに不思議な道具として「言葉」は実感された（そして、その不思議さと対照的に実感されたのは、モノとしてのリンゴの手ざわりの確かさである）。

必死で歌を作ったりしていると、言葉そのものを目的のように錯覚しがちだが、決してそうではないということを、この原始的な中国語体験は教えてくれたように思う。伝えたいことがあってこその言葉、なのである。

同様のことは、お金についても感じられた。外国の紙幣を見ると「ああ、お金って紙だったんだなあ」とつくづく思う。社会の一定のルールに基づいて、それは目的達成のための有効な手段となるが、モノとしてはあくまで、ただの紙である。言葉が記号であるのと、それはよく似ている。そしてしばしば、お金も＜手段＞という本来の役割を忘れられて＜目的＞と化してしまう点も、同様であろう。

言葉は、しょせん道具である。が、「たかが」とは言えない恐ろしい道具であることをまた、私は中国で実感した。

杭州から上海への列車の中、私の向かいに一組の男女が座っていた。男は女の父親であろうか。そんなふうに見受けられた。何か熱心に話し合っている。かなり早口で、とても私には内容を聞きとることはできなかった。が、そのことがかえって私の興をそそった。男が何か言う。すると女の表情が変わる。女が何かを答える。男は笑う。二人はごくあたりまえに会話をしているわけだが、まったく言葉のわからない私には、そのやりとりと表情の変化が実におもしろかった。そのうち、男の表情が厳しくなり、二人は言い争うような口調になってきた。——と、ある瞬間、女のほうがはっと顔をこわばらせ、しばし沈黙。そしてスーッと流れる涙を見たとき、私はいいようのない感動と恐ろしさを覚えた。中国語を解さないものにとっては、全くの音でしかない言葉が、一人の人間を泣かせることができるのである。殴るでもなくけるでもなく、言葉は人間を泣かせることができるということ。この重みを、忘れてはならないだろう。

見ておれば言葉にみるみる傷ついて涙を流す異国の少女

『よつ葉のエッセイ』　河出書房新社　1988年

新出単語

紀行(きこう)⓪	〈名〉	旅行记；游记
俵万智(たわら-まち)①-①	〈固名〉	（人名）（日本和歌诗人，1962-）俵万智
用いる(もちいる)③	〈他Ⅰ〉	使用；采用；任用
作りあげる(つくりあげる)⑤	〈他Ⅱ〉	制成；制定；塑造
-あげる		表示动作完了
身を置く(みをおく)⓪-⓪		置身
朝市(あさいち)②	〈名〉	早市
役に立つ(やくにたつ)②-①		有用处；有帮助；有益
気をよくする(きをよくする)⓪-①		觉得高兴；心情愉快
要(よう)①	〈名〉	要点；要领；主要
度胸(どきょう)①	〈名〉	胆量
失敗談(しっぱいだん)③	〈名〉	失败之谈
きりがない ②-①		没完没了；没有止境
きり②	〈名〉	限度；终结
四声(しせい)⓪①	〈名〉	（汉语拼音的）四声；声调
上げ下げ(あげさげ)②	〈名・他Ⅲ〉	上下；抑扬；起落；涨落
尻上がり(しりあがり)③	〈名〉	语尾声调高；升调；事情越往后越好
平ら(たいら)⓪	〈名・形Ⅱ〉	平坦；平静；心平气和
あいなる(相成る)①	〈自Ⅰ〉	（「なる」的郑重说法）变成；成为
登場(とうじょう)⓪	〈名・自Ⅲ〉	登台；上场；出现
かたこと(片言)⓪	〈名〉	只言半语；不完全的话语
あらためて(改めて)③	〈副〉	重新；再
道具(どうぐ)③	〈名〉	工具
まこと(誠)⓪	〈名・形Ⅱ〉	真实；事实；实在；诚然
あるいは(或は)②	〈副・接〉	也许；说不定；或；或者
行き先(いきさき)⓪	〈名〉	（也读作「ゆきさき」）目的地；去的地方
告げる(つげる)⓪	〈他Ⅱ〉	告诉；告知；通知
水道(すいどう)⓪	〈名〉	自来水（管）
達成(たっせい)⓪	〈名・自Ⅲ〉	达成；成就；完成
発する(はっする)⓪	〈自他Ⅲ〉	发生；出发；发出；发布
法則(ほうそく)⓪	〈名〉	法则；规律；定律
手ざわり(て触り)②	〈名〉	手感
必死(ひっし)⓪	〈名・形Ⅱ〉	拼命；殊死
錯覚(さっかく)⓪	〈名・自Ⅲ〉	错觉
決して(けっして)⓪	〈副〉	决（不）；决（非）；绝对（不）

原始的(げんしてき)⓪	〈形Ⅱ〉	原始的
同様(どうよう)⓪	〈形Ⅱ〉	同样；一个样
つくづく②	〈副〉	仔细；痛切；深切
一定(いってい)⓪	〈名・自Ⅲ〉	固定；一定；规定
基づく(もとづく)③	〈自Ⅰ〉	根据；基于；按照
記号(きごう)⓪	〈名〉	记号；符号
しばしば(▼屡)①	〈副〉	屡次；每每
本来(ほんらい)①	〈名・副〉	本来；原来；通常
化する(かする)②	〈自他Ⅲ〉	化为；变成
しょせん(▼所詮)⓪	〈副〉	归根到底；结局；反正；终归
たかが②	〈副〉	不过是；至多
列車(れっしゃ)⓪①	〈名〉	火车；列车
向かい(むかい)⓪	〈名〉	对面；对过
組(くみ)②	〈名〉	对；组；套
ふう(風)①	〈名〉	样子；态度
見受ける(みうける)⓪	〈他Ⅱ〉	看到；看见；看起来
早口(はやくち)②	〈名〉	说话快；嘴快
聞きとる(ききとる)③	〈他Ⅰ〉	听见；听懂；听取
興をそそる(きょうをそそる)⓪-⓪		引起兴趣
興(きょう)⓪	〈名〉	兴致；兴味；乐趣
そそる⓪	〈他Ⅰ〉	引起；勾起
表情(ひょうじょう)③	〈名〉	表情
ごく(極)①	〈副〉	非常；极其；最
やりとり(やり取り)②	〈名・他Ⅲ〉	交换；互换；交谈；争论
実に(じつに)②	〈副〉	实在；确实；真
言い争う(いいあらそう)⑤	〈他Ⅰ〉	口角；争吵；争论
口調(くちょう)⓪	〈名〉	语调；声调；腔调
こわばる(強張る)③	〈自Ⅰ〉	发硬；变僵硬
しばし(暫し)①	〈副〉	暂时；片刻
沈黙(ちんもく)⓪	〈名・自Ⅲ〉	沉默
スーッと①	〈副〉	（多为「すっと」）迅速地；轻快地；一下子
流れる(ながれる)③	〈自Ⅱ〉	流；流动；流于；传播；趋向
解す(かいす)①	〈他Ⅰ〉	解释；解答；理解
殴る(なぐる)②	〈他Ⅰ〉	殴打；打；揍
ける(蹴る)①	〈他Ⅰ〉	踢
重み(おもみ)⓪	〈名〉	重量；分量；重要性

みるみる（見る見る）①	〈副〉	眼看着
傷つく（きずつく）③	〈自Ⅰ〉	受伤；受到创伤
異国（いこく）⓪	〈名〉	异国；外国
少女（しょうじょ）①	〈名〉	少女
よつ葉（四つば）⓪	〈名〉	四叶草
エッセイ（essay）①	〈名〉	随笔；小品文；短论文
河出書房新社（かわでしょぼうしんしゃ）⑦	〈固名〉	（日本一家出版社名）河出书房新社
書房（しょぼう）①	〈名〉	书房；书斋；书店；出版社

解説・語彙

1. かたこと

「かたこと」意为“只言片语”，表示不完整、不完全的话语。例如：

(1) **かたこと**の中国語を用いながら、あらためて思ったのは、「言葉とは、＜道具＞である」という、まことに基本的なことである。
(2) **かたこと**の日本語で話す。
(3) 赤ちゃんが**かたこと**を話すようになった。

2. あるいは

「あるいは」在本课中的用法是副词，意为“也许；说不定”。「あるいは」还可以作为连词使用，连接两个并列的事物，表示“或；或者”的意思，此时与「または」意义相近，但「または」多用于书面语。例如：

(1) 「言葉とは、＜道具＞である」という、まことに基本的なことである。**あるいは**＜手段＞といってもいい。
(2) しっかりやれば**あるいは**勝てるかもしれない。
(2) 卒業したら、就職するのか**あるいは**進学するのか、まだ決めていない。
(3) 鉛筆**あるいは**ボールペンで書いてください。

3. つくづく

「つくづく」表示深切地、痛切地（感受到……）。例如：

(1) 外国の紙幣を見ると「ああ、お金って紙だったんだなあ」と**つくづく**思う。
(2) 実際日本で暮らしてみて、**つくづく**日本の物価は高いと思った。
(3) 何回会議をやっても結論が出ないので、**つくづく**いやになった。

4. ただの

「ただの」用于修饰体言，意为“普通的，一般的，平凡的”，指所修饰的事物没有什么特别之处。例如：

(1) 社会の一定のルールに基づいて、それは目的達成のための有効な手段となるが、モノとしてはあくまで、**ただの**紙である。
(2) **ただの**風邪で入院するなんておおげさな[おおげさ：夸张的；小题大做的]人だなあ。
(3) あの人は**ただの**人ではないらしい。

5. しょせん

「しょせん」意为“归根结底；终归”，略带贬义，表示说话人对结果的感叹、惋惜。例如：

(1) 言葉は、**しょせん**道具である。
(2) 彼の作品は**しょせん**コピーだ。
(3) **しょせん**、人生は喜劇《きげき》なんだよ。

6. たかが

「たかが」意为“至多；不过是；充其量”，表示对程度不高的事物的轻视。例如：

(1) 「**たかが**」とは言えない恐ろしい道具であることをまた、私は中国で実感した。
(2) **たかが**数分遅れただけでこんなに怒ることはないじゃないか。
(3) いくら高級って言っても**たかが**お米じゃないですか。

7. 顔をこわばらせる

「顔をこわばらせる」是一个常用短语，意为“绷着脸”。例如：

(1) と、ある瞬間、女のほうがはっと**顔をこわばらせ**、しばし沈黙。
(2) 女優は自分の恋愛のことを記者に聞かれて、**顔をこわばらせた**。
(3) 彼は何か恐ろしいものでも見たかのように、**顔をこわばらせている**。

解説・文法

1. ～ものだ<回顾；感叹>

「ものだ」接在「Vた」的后面，用于感慨地回顾过去的某一习惯或经常做的事。例如：

(1) 前回に書いた朝市での買い物や市内バス、ホテルなどで結構役に立ち、気をよくした**ものである**。
(2) 学生時代はよく友達とあの店で食事をした**ものだ**。
(3) 子供の頃、放課後《ほうかご》遅くまで外で遊んでよく親に怒られた**ものだ**。

「ものだ」还可以接在动词、形容词的连体形后面，表示说话人的吃惊、感叹。例如：

(4) インターネットの普及で世の中は本当に便利な時代になった**ものだ**。

(5) 時間が経つのは速い**もので**、もう年末が近づいてきた。

2. Nをもって＜手段、方式＞

「をもって」接在名词后面，表示手段或方式，一般用于文章中或会议等正式场合，是较生硬的表达方式。相当于汉语的“以～；用～”。例如：

(1) 私の発した「ウォヤオピングォ」という音が、ある法則**をもって**相手の頭の中に伝わり、「ああ彼女はリンゴがほしいのだな」ということが理解される。

(2) 詳しいことは、書面《しょめん》**をもって**お知らせいたします。

(3) 最新技術**をもって**すれば、その計画は十分実現可能である。

(4) 現代の科学**をもって**しても解明《かいめい》できないことがたくさんある。

3. N／Vがちだ＜容易出现的情况＞

「がちだ」接在名词或动词第一连用形后面，表示该情况发生的几率很高，一般用于叙述消极的情况。「Vがちだ」按照Ⅱ类形容词进行活用。相当于汉语的“容易～”。例如：

(1) 必死で歌を作ったりしていると、言葉そのものを目的のように**錯覚しがちだ**が、決してそうではないということを、この原始的な中国語体験は教えてくれたように思う。

(2) 弟は小さい頃から**病気がちで**、学校へ行けないことが多かった。

(3) 普段、私たちは家族や周囲の方々への感謝の気持ちを**忘れがちです**。

(4) 受験勉強で寝不足に**なりがちな**時期ですが、けがや病気に気をつけてください。

4. Vてこそ＜凸显＞

「こそ」接在「Vて」的后面，表示对动作、状态的凸显、强调，意为只有通过做某事或在某一状态下，才会有积极的意义或好的结果。相当于汉语的“只有～，才～；正因为～，才～”。例如：

(1) 伝えたいことが**あってこそ**の言葉、なのである。

(2) みんなで**協力してこそ**よい仕事ができる。

(3) 外国語は声に出して**話してこそ**上達するのである。

(4) こうやって何でもおいしく食べられるのは健康**であってこそ**です。

5. とても～ない＜否定可能性＞

「とても」后接动词能动态的否定形式，表示无论用什么样的方法都无法实现该动作或行为，相当于汉语的“无论如何都不（能）……；“根本就无法……”。例如：

(1) かなり早口で、**とても**私には内容を**聞きとることはできなかった**。
(2) 彼がなぜそんなことをしたのか、**とても**私には**理解できない**。
(3) 出された料理はどれもおいしかったが、二人では**とても食べきれなかった**。
(4) 直接は恥ずかしくて**とても言えない**感謝の気持ちを、メールだと伝えやすい。

6. Vようがない／ようもない<无法>

「ようがない／ようもない」接在动词第一连用形后面，表示用任何方法、手段都无法完成某事。后面接名词时，有时用「VようのないN」的形式。相当于汉语的“无法～”。例如：

(1) そしてスーッと流れる涙を見たとき、私は**いいようのない**感動と恐ろしさを覚えた。
(2) メールアドレスも電話番号も知らないので、こちらから**連絡しようがありません**。
(3) 地震のような自然災害は人間の力では**防ぎようがない**。
(4) 終わったことは後悔してもどう**しようもない**。

解説・表現

1. 当然といえば当然

同一个名词或形容词（Ⅱ类形容词为词干）用「といえば」连接起来，表示对结论的消极认可。类似的形式还有「悪いといえば悪い」「少ないといえば少ない」「当たり前といえば当たり前」等。例如：

(1) そこに身を置くわけであるから、**当然といえば当然**のことかもしれない。
(2) もう11月に入っているので寒いのは**当たり前といえば当たり前**だね。
(3) ちゃんと確認しなかった自分が**悪いといえば悪い**が、もう少し明確な説明がほしい。

2. あいなる

「あいなる」意同「なる」，是「なる」的正式、郑重的说法。在这里是故意使用正式的说法达到幽默的效果。例如：

3. ～であろうか

「であろう」是「である」的推测的形式，「であろうか」的意思相当于口语中的「でしょうか」。例如：

4. 短歌

短歌是日本传统诗歌（称为「和歌《わか》」）的一种形式，由31个音节构成，共5句，每句的音节数为5、7、5、7、7。

練習用単語

消費者（しょうひしゃ）③	〈名〉	消费者
崩れる（くずれる）③	〈自Ⅱ〉	崩溃；瓦解；坍塌；溃败；失去原形；（天气）变坏
温かい（あたたかい）④	〈形Ⅰ〉	温暖；热情
紫外線（しがいせん）⓪	〈名〉	紫外线
不運（ふうん）①	〈名・形Ⅱ〉	不幸；背运；倒霉；晦气；不走运
無責任（むせきにん）②	〈名・形Ⅱ〉	不负责任；没责任心
飽きる（あきる）②	〈自Ⅱ〉	够；厌倦；腻烦
企画（きかく）⓪	〈名・他Ⅲ〉	计划；规划
通る（とおる）①	〈自Ⅰ〉	通；经过；通过

練　習

A. 内容確認

1. 筆者は、それぞれの経験によって何を感じましたか。次の表を完成させてください。

	経験	感じたこと
(1)	かたことの中国語を使う。	・言葉とは、（例：　道具　　）である。 ・言葉そのものを（①　　　　　　）のように錯覚しがちだが、そうではない。
(2)	外国の紙幣を見る。	・お金は（②　　　　　　　　）となるが、その役割が忘れられて（③　　　　）になってしまうこともある。
(3)	杭州から上海への列車の中で、話し合っている男女がいた。そして、（④　　　　　　）のを見た。	・言葉は（⑤　　　　　　）。 ・言葉は（⑥　　　　　　）道具である。

2．次の質問に答えてください。

(1)「当然といえば当然のことかもしれない」（3・4行目）というのは、何が当然なのですか。

(2) 筆者が「気をよくした」（7行目）のはなぜですか。

(3)「失敗談」（8行目）の例を挙げてください。

(4)「原始的な中国語体験」（26行目）とはどのような体験ですか。

(5)「同様のこと」（28行目）とありますが、何と同様のことがお金についても感じられたのですか。

(6) なぜ、「たかが」（34行目）とは言えないのですか。

(7) 筆者が詠《よ》んだ短歌（50行目）は、どんな状況について表した歌ですか。

B．文法練習

1．次の①②はaまたはbの正しいほうを選んでください。③は文を完成させてください。

(1) Vがちだ

①消費者は広告に＿＿＿＿＿＿＿がちだ。

a．影響し　　　　b．影響され

②仕事が忙しくなると、生活のリズムが＿＿＿＿＿＿がちだ。

a．崩れ　　　　b．崩れる

③日頃＿＿＿＿がちな家族の温かさについてあらためて考えさせられた。

(2) Vてこそ

①お互い信頼してこそ＿＿＿＿＿＿＿＿＿＿＿＿＿＿＿＿＿＿＿。

a．何でも話せる　　　b．遠慮しなければならない

②紫外線対策は毎日やってこそ＿＿＿＿＿＿＿＿＿＿＿＿＿＿＿。

a．意味がある　　　b．意味がない

③社会がよくなってこそ＿＿＿＿＿＿＿＿＿＿＿＿＿＿＿＿＿＿＿＿。

(3) Vようがない

①箸がないから、＿＿＿＿＿＿＿＿＿＿＿＿ようがない。

a．食べ　　　　b．食べる

②質問の意味はわからないから、＿＿＿＿＿ようがなかった。

a．答え　　　　b．答えられ

③＿＿＿＿＿＿＿＿＿＿＿＿＿＿＿＿＿なんて、不運としか言いようがない。

2．①②は（　　）の中の言葉を正しい順番に並べてください。③は文を完成させてください。

(1) ～ものだ

①（に・を・父・点・悪い・とって・しかられた）

小学生のころはよく＿＿＿＿＿＿＿＿＿＿＿＿＿＿＿＿＿＿ものだ。

②（な・が・こと・よく・あんな・言える・無責任）

________________________________ものだ。

③子供のころは________________________________。

(2) とても～ない

①（は・とても・では・できない・言葉・美しさ・表現）

富士山の________________________________。

②（とは・が・とても・思えない・企画・通る・そんな）

最近の景気の悪化から考えると、________________________。

③北京は________________________________。

C．発展練習

1．クラスメートに聞いてみましょう。

(1) 言葉が「恐ろしい道具」だと思った経験はありますか。どんな経験をして、どのように感じたのですか。

(2) 「日本語体験」や「英語体験」など、外国語の体験で、どんな失敗談や成功体験がありますか。

(3) 相互学習の相手の日本人などに、中国語に関する失敗談や成功体験を聞いて、クラスで紹介しましょう。

日常礼仪Q & A

Q：以下做法符合日本人的习惯吗？符合的请画“○”，不符合的请画“×”。

1. （ ）用餐时，两人不能直接用筷子传递食物。
2. （ ）举行婚礼时，来宾不能穿黑色服装。
3. （ ）女子盘腿坐在“榻榻米”或坐垫上是不礼貌的。
4. （ ）给恋人送礼物时，最好不要送手绢。
5. （ ）用餐时，不能左手拿筷子。
6. （ ）谈话时应一直注视着对方的眼睛。
7. （ ）住在朋友家里洗澡时，身上沾满浴液可以进入浴缸或在浴缸中清洗沾满浴液的毛巾。
8. （ ）送给他人的礼品上不能贴着价签。
9. （ ）探望病人时不能送菊花。
10. （ ）送礼时，特别是给老年人送礼时，不能送座钟。

（答案请在第9课中找）

第 8 課　大学祭

学習目標

ユニット1　会話

(1) 目上の人に対して失礼にならないように丁寧に依頼することができる。
(2) 目上の人に対して丁寧に感謝の気持ちを伝えることができる。
(3) 目上の人に電話で丁寧に用件を伝え、話を終わることができる。

ユニット2　読解

(1) 登場人物の心情の変化を読み取ることができる。
(2) 情景を思い浮かべながら読むことができる。
(3) 体験を振り返り、心情を生き生きと描写することができる。

- あなたの大学の大学祭ではどんなイベントが人気がありますか。
- 大学祭の準備は、どのぐらい前から、どんな人たちによって進められますか。

第 60 回　東西大学

大　学　祭　に

アニメ世界の巨匠
黒沢明監督来る！

講演:

自然と人間の共生

日　　時：11 月 10 日（土）15：00―16：30
場　　所：東西大学東京キャンパス内大講堂
アクセス　：JR 線新宿駅より徒歩 10 分
問い合わせ：東西大学アニメ研究会　青木まで
animeken@tozai-u. ac. jp
☆☆　入場無料　☆☆

東西大学大学祭ポスターより

ユニット１　会話

お目にかかれて光栄です

（東西大学アニメ研究会の部長、青木が、大学のＯＢである有名な若手アニメ監督、黒沢氏に講演依頼のため電話をかける。アニメ研究会の顧問、原田教授と黒沢氏は級友。）

秘書：黒沢事務所でございます。
部長：もしもし、わたくし東西大学の青木と申しますが…。
秘書：はい。
部長：大学祭の講演のことで監督にご相談がありまして、お電話したんですが。
秘書：はい、少々お待ちください。
監督：お電話かわりました。黒沢です。
部長：あの、わたくし、東西大学アニメ研究会の青木と申しますが、今、少しお時間よろしいでしょうか。
監督：はい、どうぞ。
部長：あの、ご講演の件で、先日お手紙を差し上げたんですが…。
監督：ああ、大学祭の件ですね。
部長：はい。
監督：原田君からも聞いてます。
部長：あのう、お手紙にも書きましたが、今年は「自然と人間の共生」というテーマで、ぜひ、監督にお話いただけないかと思いまして。
監督：えーっと、11月の10日でしたっけ？
部長：はい、午後なんですが。
監督：午前中にちょっと会議が入るかもしれないんですけど…。
部長：はあ…。
監督：でも、まあ、原田君からの紹介ですしね。会議のほうが調整できればお引き受けしますよ。
部長：そうしてくださるとありがたいです。ぜひ、よろしくお願いいたします。
監督：じゃあ、そうですねえ、あすのこの時間に、もう一度お電話ください。
部長：はい、わかりました。では、またお電話いたします。どうぞよろしくお願いします。
監督：はい。
部長：お忙しいところ、ありがとうございました。では、失礼いたします。

（大学祭当日。講演会のあとで、黒沢監督とアニメ研究会との親睦会が開かれる。王は来日した李のために、アニメ研究会の友人に頼んで特別に親睦会に参加させてもらう。）

部長：監督、きょうはご講演を拝聴できて本当によかったです。どうもありがとうございました。

部員：作品のテーマを絞っていく方法などについても、とても貴重なお話が伺えて、大変勉強になりました。

監督：そうですか。そう言っていただけると、わたしもうれしいです。

部長：あのう、先ほど次の作品のお話が出ましたが、もしお差し支えなければ、少し教えていただけないでしょうか。

監督：そうですねえ。まあ、具体的なことはこれからなんですけどね。次は世界平和をメッセージとした、子供向けの作品にするつもりです。

部長：（部員に）楽しみだね。

部員：ほんとだね。

李　：あのう、中国の京華大学から参りました、李と申します。きょうはお会いできて光栄です。わたしは監督の作品を拝見したのがきっかけで、日本語の勉強を始めたんです。

監督：そうですか。それはそれは。

李　：あの、一つお伺いしたいんですが、外国人でも監督のプロジェクトに参加できるんでしょうか。

王　：（小さい声で）李さん、そんなことはちょっと…。

監督：いやあ、まあ、やる気さえあれば、国籍にはこだわりませんよ。これまでも、外国の方にはおおぜい参加していただいていますし。

李　：そうなんですか！

新出単語

光栄（こうえい）⓪	〈名・形Ⅱ〉	光荣；荣誉
青木（あおき）⓪	〈固名〉	（人名）青木
OB（オービー／OB: old boy）③	〈名〉	毕业生；老小孩
若手（わかて）⓪	〈名〉	年轻少壮的人；年轻人
アニメ監督（animationかんとく）④	〈名〉	动画片导演
監督（かんとく）⓪	〈名・他Ⅲ〉	导演；教练；监考；监督
黒沢（くろさわ）⓪	〈固名〉	（人名）黑泽
–氏（–し）		先生；氏
依頼（いらい）⓪	〈名・他Ⅲ〉	请求；期望；委托
原田（はらだ）①	〈固名〉	（人名）原田
教授（きょうじゅ）⓪	〈名〉	教授；讲授
級友（きゅうゆう）⓪	〈名〉	同班同学；同年级同学
事務所（じむしょ）②	〈名〉	办公室；事务所
件（けん）①	〈名〉	事；事情
共生（きょうせい）⓪	〈名・自Ⅲ〉	共生
入る（はいる）①	〈自Ⅰ〉	含有；列入；有～安排（如「会議が入る」「予定が入る」）
調整（ちょうせい）⓪	〈名・他Ⅲ〉	调整；调节
引き受ける（ひきうける）④	〈他Ⅱ〉	接受；承担；答应
あす（明日）②	〈名〉	明天
当日（とうじつ）⓪①	〈名〉	当天
親睦会（しんぼくかい）④⓪	〈名〉	联谊会；联欢会
拝聴（はいちょう）⓪	〈名・他Ⅲ〉	（「聞く」的自谦语）聆听
先ほど（さきほど）⓪	〈名・副〉	方才；刚才
差し支え（さしつかえ）⓪	〈名〉	妨碍；障碍
差し支える（さしつかえる）⓪	〈自Ⅱ〉	妨碍；抵触
メッセージ（message）①	〈名〉	留言；口信
それはそれは⓪	〈感〉	哎呀；呀呀（表示吃惊、感叹）
プロジェクト（project）②③	〈名〉	计划；设计；规划；项目
こだわる（▼拘る）③	〈自Ⅰ〉	拘泥
国籍（こくせき）⓪	〈名〉	国籍

解説・語彙

1．～君

「～君」是上级对下级、长辈对晚辈或关系较亲近的同辈人之间的一种称呼，通常用于男性。黑泽导演称原田教授为「原田君」，可见他们是老同学，关系相当不错。例如：

（1）原田**君**からも聞いてます。

2．称呼

「監督」「社長」「部長」「課長」等职业、职位的名称都可以用做尊他语来称呼对方，但像「医者」「弁護士」等则不能用做称呼，直接称呼对方时应用「先生」。例如：

（1）大学祭の講演のことで**監督**にご相談がありまして、お電話したんですが。

（2）**監督**、きょうはご講演を拝聴できて本当によかったです。どうもありがとうございました。

3．一つ

本课中的「一つ」指“一件事”，具体说是“（想询问的）一件事”。例如：

（1）あの、**一つ**お伺いしたいんですが、外国人でも監督のプロジェクトに参加できるんでしょうか。

此外，「一つ」还可以表示程度轻微，这时通常写作假名：

（2）ここは**ひとつ**私の顔を立てて許《ゆる》してやってください。

（3）私も負けずに、**ひとつ**がんばってみるか。

解説・文法

1．Nの／Aところ（を）<对方所处的状态>

「ところ(を)」接在形容词连体形或“名词＋の”后面，表示对方所处的状态，名词、形容词前一般带前缀「お／ご」，以表示对对方的敬意。谓语部分多为表示感谢、道歉或请求的词语。例如：

（1）お忙しい**ところ**、ありがとうございました。

(2) お疲れの**ところを**、いろいろ教えていただいてありがとうございました。

(3) お休みの**ところ**、恐《おそ》れ入りますが[恐れ入る：过意不去]、京都からご乗車《じょうしゃ》の方は乗車券を拝見いたします。

2．N向け<对象>

「向け」接在名词（多为指称人、组织的名词）后面，表示“面向～；适合于～”的意思。「N向け」可以「N向けの」的形式做连体修饰语，也可以「N向けに」的形式做连用修饰语。例如：

(1) 次は世界平和をメッセージとした、子供**向け**の作品にするつもりです。

(2) 最近男性**向けの**料理教室が流行《はや》っている[流行る：流行]ようだ。

(3) 中村さんは北京に住む日本人**向け**に情報雑誌を作っている。

(4) 会社の輸出《ゆしゅつ》の８割は日本**向け**です。

3．さえ～ば<充分条件>

「さえ～ば」构成条件从句，表示充分条件，即只要该条件成立，主句所描述的事件也会成立，相当于汉语的“只要～就～”。根据接续词语词性的不同，「さえ～ば」可有相应的表达形式：

①Nさえ＋V／Aば

②V（Ⅰ、Ⅱ类动词第一连用形；Ⅲ类动词「～する」的词干）＋さえ＋すれば

③Vて＋さえ＋いれば

④$A_{Ⅰ}$く／$A_{Ⅱ}$で＋さえ＋あれば

例如：

(1) いやあ、まあ、**やる気さえあれば**、国籍にはこだわりませんよ。

(2) 見た目がよくなくても**味さえよければ**買いたい。

(3) 一生懸命**勉強さえすれば**、試験に合格できるだろう。

(4) 何も聞かないで、黙って**ついてきさえすれば**よい。

(5) ここで**待ってさえいれば**いい。

(6) お客さんは本当に**安くさえあれば**よいと思っているのだろうか。

(7) 交通が**便利でさえあれば**、家賃《やちん》が少々高くてもかまわない。

解説・会話

1．向年龄、地位较高者提出的礼貌请求

1）请求的语法形式

无论被请求者为何人，均须在语法形式上明确表示以下两点，①听话人的行为将使说

话人受益；②实施该行为的决定权完全属于听话人一方。因此，①首先必须通过授受动词表达说话人的受益。当对方年龄、地位高于说话人时，要将授受动词「くれる／もらう」改为敬语形式「くださる／いただく」。②有必要使用问句或仅仅表达说话人的愿望、推测等。

向年龄、地位较高者提出请求的典型的语法形式如下：

(1) 「～てくださいませんか／いただけませんか」

此时通常使用否定问句。正因为说话人期待该行为的实现，才特意将自己对该行为的实现没有把握或内心的不安以否定的形式表述出来，以此避免给听话人造成一种强加于人的感觉，从而使表达更为客气礼貌。实际上「～くださいますか／いただけますか」与其说是请求，不如说更接近于下达指示或命令，因此，不宜对年长者或上级使用。例如：

①先生、すみませんが、留学のための推薦状を**書いてくださいませんか／書いていただけませんか**。

②スピーチコンテストの作文を書いてるんですが、できましたら**直してくださいませんか／直していただけませんか**。

另外，像「お書きください／お書きになってください」中使用的「お～ください」「お～になってください」，尽管有表达礼貌的「ください」，但它不表示请求，只表示命令或建议，因此使用时需要注意。例如：

(2) 「～ていただけないでしょうか／いただけないかと思いまして」

① もしお差し支えなければ、少し**教えていただけないでしょうか**。

② ぜひ、監督に**お話しいただけないかと思いまして**。

(3) 「～てくださると／いただけるとありがたいのですが」

① そう**してくださるとありがたいです**。

② 来週の金曜日までに**書いていただけると、ありがたいのですが**。

2) 请求的语篇结构

根据所请求的对象或内容的不同，有必要在语篇结构上对“请求”加以把握和认识。例如：

(1) 考虑对方所处的状况；表达歉意。例如：

① 今、少し**お時間よろしいでしょうか**。

② **お忙しいところ、失礼いたします**。

使用「あのう／ええと」等犹犹豫豫、吞吞吐吐的表达方式，或「～ですが…」这种欲言又止的形式也可以表达说话人的歉意。

(2) 开始提出所求之事。例如：

① あのう、**～のこと/件で、ちょっとお願いがあるのですが…**。

② あの、ご講演**の件で、先日お手紙を差し上げたんですが**。

(3) 使用请求句式，陈述请求的内容。

用「ぜひ」等表达请求愿望之强烈；用「なんとか」「できましたら」等表示充分地理解对方的身分地位非同一般，因此所求之事难以实现；用「よろしかったら／お差し支え（が）なければ」表示考虑到对方的实际情况。这些表达形式均可以加强请求的效果。

(4) 结束请求。

首先感谢对方听完自己的请求。当对方明确答应自己的请求或当场没有承诺时，使用以下表达方式：

① どうもありがとうございました。**どうぞよろしくお願いいたします。**

对方没有答应自己的请求时，使用以下表达方式：

② **お忙しいところ、すみませんでした／ありがとうございました。**

之后，还应对占用了对方的时间、向对方提出麻烦的请求表示歉意（在日语当中，请求方和拒绝方都要表示歉意）。例如：

③ **ご無理なお願いをしまして、申し訳ありませんでした。**

2. 向年龄、地位较高者表示谢意

日语一般对年龄、地位较高者不宜给予评价，像「先生は教え方が上手です・親切に／熱心に教えてくださいました」等当面评价的说法是不礼貌的。一般只表示感谢，或陈述自己获益良多、得到很大的帮助即可。

1) 听话人的行为将成为说话人受益的情况

必须使用授受动词以示受益。当对方的年龄、地位高于说话人时，授受动词须使用敬语形式。例如：

(1) 「～てくださって、ありがとうございました」

① 先日は傘を**貸してくださって、ありがとうございました。**

(2) 「～てくださると／ていただけると、ありがたいです／うれしいです」

① そう**言っていただけると**わたしも**うれしいです。**

② お客様が**喜んでくださると、**私達スタッフも**うれしいです。**

表示受益时仅仅使用动词的敬语形式而不使用授受动词，相当于没有把说话人等受益者的存在表示出来，其结果等于没有表达谢意。这是一种不礼貌的说法，而且这样的错误用法经常出现，需要学习者格外注意。例如：「～なさって／お～になって、ありがとう」「なさるとうれしいです／ありがたいです」等都是错误的用法。

2）说话人的行为因听话人的行为而得以实现的情况

以可能的形式表达说话人的行为。当听话人的年龄、地位高于说话人时，如果有相对应的自谦表达形式则换成该自谦形式的可能形式。例如：「～できて（可能形式）、よかった／ありがたい／ためになった／勉強になった」。例如：

（1）監督、きょうは**ご講演を拝聴できて**、本当によかったです。（聞けて→拝聴する：拝聴できて）

（2）**貴重なお話が伺えて**、大変勉強になりました。（聞けて→伺う：伺えて）

（3）**お会いできて**光栄です。（会えて→お会いする：お会いできて）

（4）君と**結婚できて**うれしいよ。（結婚して：結婚できて）

3．给年龄、地位较高者打电话时需要注意的礼节

通常要比当面交谈时，自始至终客气礼貌的程度均有所增加。

（1）主动通名报姓。例如：

もしもし、わたくし東西大学の青木と申しますが。

（2）询问对方此时是否方便，并寒暄客套一番。例如：

今、少しお時間よろしいでしょうか。／夜分《やぶん》遅く失礼します。

如果问过「今、少しお時間よろしいでしょうか」之后，对方说不方便，那么就使用「それでは、また後でかけ直します」之类的表达方式。

（3）说明具体事由。

（4）结束语。例如：

お忙しいところ、ありがとうございました。では、失礼いたします。

（5）电话中的附和词语使用频繁。

打电话时因为相互看不到对方的表情，为告知对方自己在注意倾听对方的谈话，与通常的面对面的会话交谈相比，此时日语会更多地使用附和词语，如「はい」「ええ」「ええ、ええ」等。

4．如何询问年龄、地位较高者的意向

对方年龄、地位高于自己时，应避免直接使用「何をするおつもりですか／したいで

すか」等询问对方真实意愿的表达。一般采取如下的询问方式：

(1) もしお差し支えなければ、**ちょっと教えていただけないでしょうか。**

不过，对方回答时可以使用「Vつもりだ」。例如：

(2) 子供向けの作品に**するつもりです。**

另外，本单元会话中，在听到上述（2）的回答后，年龄、地位较低者之间相互悄悄交谈各自的感想，此时使用的是如下（3）的表达。这是因为即使是敬语表达形式「大変楽しみです」「期待しております」，也不能直接对年龄、地位较高者使用。例如：

(3) A：**楽しみだね。**
B：**ほんとだね。**

像「ぜひがんばってください」「きっと素晴らしい作品ができるに違いありません」等鼓励、期待的表达方式，也是年龄、地位较高者对年龄、地位较低者使用的语言。反之不可使用。这样的错误用法也经常见到，所以请大家使用时注意避免类似错误。

解説・表現

1. お電話かわりました

这是日本人接听电话时特有的一种表达方式，以明确告诉对方已经换成说话人在接听电话。通常紧接着要报出自己的姓名。这种表达方式一般只用于互相不熟悉的人之间。例如：

(1) **お電話かわりました。**黒沢です。

2. （お）差し支えなければ

在请求对方为自己做某件事情时多使用这样的表达方式，它显得很客气，没有强加于人的感觉，相当于汉语的“如果可能的话（能不能请您……）；如果不妨碍您的话；如果您不介意的话”。例如：

(1) あのう、先ほど次の作品のお話が出ましたが、もし**お差し支えなければ**、少し教えていただけないでしょうか。

練習用単語

ポーズ(pause)①	〈名〉	中顿；停顿
手数(てかず)①②	〈名〉	（也说「てすう」②）麻烦；周折
お手数をかける(おてかず／てすうをかける)②-②		添麻烦
否定形(ひていけい)⓪	〈名〉	否定形；否定形式
録音(ろくおん)⓪	〈名・他Ⅲ〉	录音
秘訣(ひけつ)⓪	〈名〉	秘诀；窍门；诀窍
聴衆(ちょうしゅう)⓪	〈名〉	听众
かぼちゃ⓪	〈名〉	南瓜
案(あん)①	〈名〉	计划；方案；意见；主意
タイミング(timing)⓪	〈名〉	时机
名乗る(なのる)②⓪	〈自他Ⅰ〉	自报姓名；自称
用件(ようけん)③	〈名〉	事情；事
かけ直す(かけなおす)④	〈他Ⅰ〉	再打一次；重新拨打
締め切り(しめきり)⓪	〈名〉	截止（日期）；期限；期满
あいづち【相槌・相鎚】⓪	〈名〉	随声附和；帮腔
あいづちを打つ(あいづちをうつ)⓪-①		随声附和；帮腔

練　　習

A．内容確認

会話文について、次の質問に答えてください。

(1) 青木さんは黒沢監督にどんなことを依頼しましたか。

(2) 青木さんが黒沢監督に連絡をしたのは、この電話が初めてでしたか。

(3) この依頼に関して、青木さんのほかにも黒沢監督にお願いをした人はいますか。いる場合、それは誰ですか。

(4) 黒沢監督は青木さんの依頼に対して、はっきり引き受けると答えましたか。それはなぜですか。

(5) 黒沢監督はなぜ青木さんにもう一度電話をしてくださいと言ったのですか。

(6) アニメ研究会の部員は黒沢監督の講演についてどんな点がよかったと言いましたか。

(7) 黒沢監督は次にどんな作品を作る予定ですか。

(8) 李さんが日本語の勉強を始めたきっかけはどんなことでしたか。

(9) 黒沢監督のプロジェクトに外国人が参加することができますか。

B．文型練習

1．次の文を完成させてください。

(1) Nの／Aところ（を）

①お忙しいところ＿＿＿＿＿＿＿＿＿＿＿＿＿＿＿＿＿＿＿＿。

②お休みのところ＿＿＿＿＿＿＿＿＿＿＿＿＿＿＿＿＿＿＿＿。

③お疲れのところ＿＿＿＿＿＿＿＿＿＿＿＿＿＿＿＿＿＿＿＿。

(2) さえ～ば

①意欲と実行力がありさえすれば、＿＿＿＿＿＿＿＿＿＿＿＿。

②少し練習さえすれば、＿＿＿＿＿＿＿＿＿＿＿＿＿＿＿＿。

③この学校はお金さえ払えば、＿＿＿＿＿＿＿＿＿＿＿＿＿＿。

C．会話練習

1．ポイント：目上の人に対する丁寧な依頼

「もしお差し支えなければ、少し教えていただけないでしょうか。」

モデル会話

小王　　：すみません、今、ちょっとお時間よろしいでしょうか。
井上先生：ええ、いいですよ。
王　　　：あの、きょう勉強した依頼の表現のことなんですが。
井上先生：ええ。
王　　　：あのう、実は、まだよくわからないところがあって…。できましたら、お時間のある時に①少し教えていただけないでしょうか。
井上先生：いいですよ。じゃあ、そうですねえ、3時頃に研究室に来てください。
王　　　：はい。では、3時に伺います。お忙しいところすみませんが、どうぞよろしくお願いします。
井上先生：はい、じゃ、また後で。
王　　　：失礼します。

ここをおさえよう！

(1) 王さんは井上先生のところへお願いに行った時に、すぐに依頼の内容を話し始めましたか。まず、どんなことを言いましたか。

(2) 王さんが、「あの」や「あのう」を使ったり、「～があって…。」と文を最後まで言わずに話したりしているのはなぜだと思いますか。

(3) 王さんは、①の表現の代わりに、「少しお教えになりませんか。」と言ってもいいですか。

(4) 先生が依頼に応じてくださった時、王さんはどのように挨拶をしましたか。

(5) もし、先生に「今週は出張があってちょっと難しい」と言われたら、王さんはどのように応じたらいいと思いますか。

✤言ってみよう！

目上の人に丁寧に依頼するときの言葉を、ポーズやイントネーションに気をつけて言ってみましょう。
(2)は、例のように目上の人に対する依頼を表す文に変えて言ってください。

(1) 依頼する相手の状況を確認する

①学生：すみません。今、ちょっとお時間よろしいですか。
　先生：ええ、いいですよ。

②学生：あのう、今、ちょっとお時間よろしいでしょうか。
　先生：あ、ごめんなさい。今から会議があるので…。
　学生：そうですか。では、また。失礼します。

(2) 依頼の内容を話す

例 （できたら、論文をみる）
→ できましたら、論文をみていただけないでしょうか。

①学生：あの、あさっての面接の件なんですが、
　先生：ええ。
　学生：実は、急に都合が悪くなってしまって…。
　先生：そうですか。
　学生：（できたら、他の日に変える）→ ______________________
　先生：いいですよ。じゃ、金曜日の４時はどうですか。
　学生：はい、よろしくお願いします。

②学生：あのう、先週授業で見たビデオのことなんですが、
　先生：ええ。
　学生：とてもおもしろかったので、もう一度見てみたくて…。
　先生：あ、そうですか。
　学生：（できたら、２、３日、貸す）→ ______________________
　先生：ごめんなさい。あのビデオはまだ授業で使っているので…。
　学生：そうですか。わかりました。

(3) 挨拶をして話を終わる

①先生：じゃ、金曜日の４時に研究室に来てください。

学生：はい。では、お忙しいところすみませんが、また金曜日によろしくお願いします。

②先生：ビデオ、貸してあげられなくてごめんなさいね。

学生：いえ、こちらこそ無理なお願いをしてすみませんでした。

③先生：ビデオ、あした持ってきますね。

学生：お手数をおかけしますが、どうぞよろしくお願いします。

✤正しいのはどれ？

（　）の中から適当なものを選んでください。

（吉田先生の研究室で）

木村　：（ノックする）失礼します。

吉田先生：はい、どうぞ。

木村　：失礼します。あの、今、少しお時間よろしいでしょうか。

吉田先生：ええ、いいですよ。どうぞ、（座ってください／座りましょうか／座っていただけないでしょうか）。

木村　：あのう、京華大学への交換留学のことなんですが、

吉田先生：ええ、

木村　：実は、今度応募してみたいと思っていて…。

吉田先生：ええ、ええ。

木村　：それで、お忙しいところすみませんが、推薦状を（お書きください／お書きになりませんか／書いていただけないでしょうか）。

吉田先生：ええ、いいですよ。木村さん、前から中国で日本語教師をしたいって言ってたし、応募してみたらどうかなって思ってたんですよ。

木村　：どうもありがとうございます。

吉田先生：で、いつまでに必要ですか。

木村　：あの、来週の木曜日までに（お書きになる／書いていただく／書いていただける）とありがたいんですが。

吉田先生：来週の木曜日まででですね。わかりました。

木村　：急なお願いで本当に申し訳ございませんが、どうぞよろしくお願いします。

吉田先生：はい。

木村　：では、失礼します。

2．ポイント：目上の人に対する感謝の言葉

「貴重なお話が伺えて、大変勉強になりました。」

モデル会話

王　　　：あ、先生、きのうは依頼の表現について①教えてくださって、どうもありがとうございました。
井上先生：いいえ。
王　　　：否定形を使うときと使わないときの違いについても伺えて、とても勉強になりました。
井上先生：そうですか。また、何かわからないことがあったら、いつでも聞いてくださいね。
王　　　：はい、どうもありがとうございます。

ここをおさえよう！

(1) ①「教えてくださって」の代わりに、「お教えになって」と言ってもいいですか。
(2) 先生への感謝の言葉として、「先生は依頼の表現をとても上手に教えてくださいました。」や「先生の教え方はとても上手です。」などと言ってもいいですか。

✤言ってみよう！

例のように、目上の人に向かって直接感謝を伝える文にして言ってください。

A. 目上の人の行為による受益

(1) 【〜してくださって、ありがとうございました】

例　私達が研究発表会をした。先生が出席した。<先生、ありがとうございました。>

⇒ （先生に向かって）研究発表会に出席してくださって、ありがとうございました。

①先生が貴重な資料を見せた。<先生、ありがとうございました。>

②私達が発表会をした。先生が雨の中、見に来た。<先生、感謝申し上げます。>

③私達が試合をした。先輩が応援に来た。<先輩、うれしかったです。>

(2) 【〜していただいて、ありがとうございました】

例　私は先生にスピーチの原稿のチェックをお願いした。先生は忙しい時

にチェックしてくれた。<先生、ありがとうございました。>

⇒ （先生に向かって）お忙しいところスピーチの原稿をチェックしていただいて、ありがとうございました。

①私は先生に質問した。先生は詳しく教えてくれた。<先生、大変勉強になりました。>

②私は先生にスピーチの録音をお願いした。先生は忙しい時に録音してくれた。<先生、本当にどうもありがとうございました。>

③私は社長に報告した。社長はよく頑張ったと言ってくれた。<社長、本当にうれしいです。>

B．話し手の行為の実現による受益

(1) 【～できて、よかったです】

例　先生から貴重な話を聞いた。とてもよかった。

→ （先生に向かって）貴重なお話が伺えて、とてもよかったです。

①先生にいろいろ相談した。とてもよかった。

②先輩に海外留学を成功させるためのポイントを聞いた。大変勉強になった。

③監督に会った。本当によかった。

✤正しいのはどれ？

（　　）の中から適当なものを選んでください。

（留学生が吉田先生にスピーチ指導のお礼を言う）

留学生：先週はお忙しいところ、スピーチのことでいろいろ（教えて／お教えになって／教えてくださって）、どうもありがとうございました。

先生　：いえいえ、どういたしまして。スピーチ大会、ぜひ聞きに行きたかったんですけど、行けなくてごめんなさい。

留学生：いえいえ。

先生　：で、どうでした？

留学生：１位でした！

先生　：まあ、よかったわね。おめでとう。

留学生：ありがとうございます。自分でも不思議なぐらい、落ち着いて話すことができて。あがらないようにするための秘訣も（お教えになって／教えていただいて／拝聴できて）、ほんとによかったです。

先生　：ね、聴衆をかぼちゃだと思えば全然あがらなかったでしょう？

留学生：はい。これからも忘れないようにします。（先生の教え方はほんとに上手でした／いろいろお世話になって、ほんとにどうもありがとうございました）。

3．ポイント：目上の人に対する電話のマナー

「もしもし、わたくし東西大学の青木と申しますが、」

モデル会話

（アニメ研究会部長の青木が、顧問の原田先生の研究室に電話する）

原田先生：はい、原田です。
青木　　：もしもし、アニメ研究会の青木ですが、あの、今、少しお時間よろしいでしょうか。
原田先生：ええ、いいですよ。
青木　　：あのう、黒沢監督の講演会の件ですが、
原田先生：はい。
青木　　：当日のスケジュールの案を作ってみたんですが、
原田先生：ええ、ええ。
青木　　：できましたら、今週中に一度見ていただけないでしょうか。
原田先生：いいですよ。じゃあ、そうですね、あしたの２時に研究室に来てくれますか。
青木　　：はい、あしたの２時ですね。
原田先生：ええ。
青木　　：では、お忙しいところすみませんが、またあした、どうぞよろしくお願いいたします。失礼いたします。
原田先生：はい。（原田先生が電話を切ってから、青木が電話を切る）

ここをおさえよう！

(1) 原田先生以外にもスタッフがいるオフィスに電話する場合は、どのように話し始めたらいいですか。
(2) もし、青木さんが原田先生に「今、少しお時間よろしいでしょうか。」と確認した時に、返事が「今からちょっと会議があるんですよ。」だった場合は、青木さんはどのように言ったらいいですか。
(3) 原田先生は青木さんの話を聞いているときに、どんなタイミングであいづちを打っていますか。また、もし、原田先生があいづちを打たなかったら、青木さんはどんな気持ちになると思いますか。
(4) 青木さんはどんな言葉を言って電話を切りましたか。

✤言ってみよう！

目上の人への電話のかけ方を練習しましょう。

(1) 名乗って相手を確認する

①学生：もしもし、張と申しますが、加藤先生はいらっしゃいますか。

先生：はい、加藤です。

②学生　　：もしもし、わたくし、日本語専攻３年の陳と申しますが、人事部の田中さんをお願いしたいんですが。

スタッフ：はい、少々お待ちください。

(2) 用件を話す前に、話を続けてもよいか確認する

①学生：あの、今少しお時間よろしいでしょうか。

先生：はい、どうぞ。

②学生：あの、今ちょっとお時間よろしいでしょうか。

田中（人事部）：今から会議なので、後でかけ直してもらえますか。

学生：そうですか。失礼しました。

(3) 話を終わる

①学生：それでは、また後でよろしくお願いします。

先生：はい。

学生：失礼いたします。

②学生：お忙しいところどうもありがとうございました。

田中（人事部）：はい。

学生：失礼します。

✤ 発展練習：ロールプレイをしよう！

ロールカードの指示に従って、話しましょう。

A

◆役割：学生

◆状況：日本語の先生にスピーチ大会の原稿のチェックをお願いしたいと思っています。原稿提出の締め切りは来週の金曜日です。

①先生の研究室に電話をかけて、丁寧に依頼してください。

B

◆役割：日本語の先生

◆状況：今、研究室にいます。もうすぐ会議に行かなければなりません。

①学生から電話がかかってきたら、１時間後ぐらいにかけ直すように言ってください。

②学生がかけ直してきて何か依頼されたら、いつまでにするのかなども確認してから、引き受けてください。

ユニット2　読解

Kazuhiko's blog

11月10日（土）pm　10：30

雑感記：大学祭に行って

1週間ぐらい前に、息子が「今度、大学祭で黒沢監督の講演会があるけど、どう？」と聞いてきた。黒沢監督が次々にヒット作を発表しているということは知っている。でも、アニメのような子供っぽい映画の話など聞いても、どうせつまらないだろう…そう思って、「スケジュール帳を見てからでないと…」と言いかけたら、「よかったら、母さんと一緒に」と、さっさとチケットを2枚渡された。

妻の方は、黒沢監督の講演会と聞いたとたん、大喜びした。驚いたことに、本人は昔から黒沢作品が好きだったと言う。それに、「久しぶりに母校に行けるなんてわくわくする」、とはしゃいでいる。ここで「僕は留守番してるよ」なんて言おうものなら、怒り出すに決まっている。あきらめて一緒に行くと約束した。

当日、講演は3時からなのに、妻はなぜか朝からいそいそと支度をしている。不安になって予定を聞いたら、「せっかくだからお昼前に着いて模擬店や展示を見てから講演を聴きましょう。もちろん、付き合ってくれるわね」とにっこり笑った。まいった！

11時頃、大学に着くと、模擬店がずらりと並び、キャンパスは既に大勢の若者でにぎわっていた。入口で手渡されたプログラムを見ると、ライブ、ゲーム大会、スピーチコンテスト、ダンスパフォーマンス、公開セミナーなど、数えきれないほどイベントがある。妻と私は、学生たちの屋台をめぐり、お笑いライブやスピーチコンテストを聴いているうちに、すっかり学生気分になっていた。

いよいよ講演会の開始時刻になった。黒沢監督の講演というだけあって、場内は満員だ。私たちは何とか席を見つけて並んで座った。間もなく場内が暗くなり、監督が登場した。気鋭の監督らしく、さっそうとしている。監督が低い声で静かに語り始めると、妻はハンカチを握りしめ、真剣な顔になった。私もいつしか話に引き込まれ、「自然と共存していくしかない人間は、自然の脅威を忘れてはならない」という、監督の熱い思いをひしひしと感じた。彼の作品は子供向けの娯楽などではなかったことを、私はようやく理解した。

講演が終わり、「なかなかよかった、じいんときたよ。」と妻に言うと、妻は「今度、黒沢監督の作品、一緒に見に行きましょうね」とほほえんだ。うなずいて席を立った、そのとき、大学祭実行委員の腕章をつけた青年の姿が目に飛び込んできた。それは息子だった。アンケートへの協力を呼びかけつつ、てきぱきと参加者を出口へ誘導している。思わず声をかけようとしたが、何だか邪魔をするような気がして、二人とも黙って教室を後にした。

外へ出ると、すがすがしい秋空がほんのり夕焼けに染まり始めていた。

東西大学　大学祭実行委員のブログ

プロフィール

ニックネーム：

東西大学大学祭実行委員

メッセージを送る

プレゼントを贈る

友達登録

カレンダー

≪　11　≫

日	月	火	水	木	金	土
				1	2	3
4	5	6	7	8	9	10
11	12	13	14	15	16	17
18	19	20	21	22	23	24
25	26	27	28	29	30	31

11月11日

無事、成功!!

講演会担当の青木です。運営を担当してくださった皆さん、お疲れ様でした！

前日のリハーサルの時は、マイクの音が出なかったり、いすが足りなかったり、いろいろトラブルがあってみんなピリピリしていましたね。正直、成功するかどうか不安でした。

でも、講演会は無事、成功！♫

黒沢監督に感謝！です。

思えば、準備を始めて半年…。実行委員になって、本当に充実した日々を過ごすことができました。

本当にどうもありがとうございました!

| Permalink | Comments（28）|

新出単語

雑感記（ざっかんき）③	〈名〉	杂感笔记
雑感（ざっかん）⓪	〈名〉	杂感
-記（き）	〈名〉	记录；记述
ブログ（blog）⓪	〈名〉	博客
ヒット作（hitさく）③	〈名〉	成功之作
ヒット①	〈名・自Ⅲ〉	获得好评；（棒球的）安全打
-作（さく）		作品
子供っぽい（こどもっぽい）⑤	〈形Ⅰ〉	孩子气；幼稚
-っぽい	〈接尾・形Ⅰ〉	表示具有某种倾向的意思
どうせ⓪	〈副〉	反正；终归；无论如何
スケジュール帳（scheduleちょう）⓪	〈名〉	记事本
言いかける（いいかける）④	〈自Ⅱ〉	开始说；说起；话说一半
さっさと①	〈副〉	赶快；赶紧；迅速地
とたん（途端）⓪	〈名〉	恰好在……的时候；刚一……的时候
大喜び（おおよろこび）③	〈名・自Ⅲ〉	非常高兴
わくわく①	〈副・自Ⅲ〉	激动；紧张；不安
はしゃぐ⓪	自〈Ⅰ〉	喧闹；欢闹
留守番（るすばん）⓪	〈名・自Ⅲ〉	看家；看家人
なぜか（何故か）①	〈副〉	不知为什么；不知什么原因
いそいそ①	〈副・自Ⅲ〉	高高兴兴地；急急忙忙地
支度（したく）⓪	〈名・自他Ⅲ〉	准备；预备
展示（てんじ）⓪	〈名・他Ⅲ〉	展示；展览
にっこり③	〈副・自Ⅲ〉	微微一笑
ずらり②	〈副〉	成排的；一排的；一串儿的
既に（すでに）①	〈副〉	已经；业已
にぎわう（▼賑わう）③	〈自Ⅰ〉	热闹；兴隆；兴旺
手渡す（てわたす）③⓪	〈他Ⅰ〉	递给
ライブ（live）①	〈名〉	实况
ゲーム大会（gameたいかい）④	〈名〉	游戏大会
スピーチコンテスト（speech contest）⑤	〈名〉	演讲比赛
ダンスパフォーマンス（dance performance）⑤	〈名〉	舞蹈表演
パフォーマンス（performance）②	〈名・自Ⅲ〉	表演；演出；余兴
イベント（event）⓪	〈名〉	活动项目；特别节目
屋台（やたい）①	〈名〉	（在路边等处售货的）货摊；（庙会等临时搭设的）演出棚

めぐる⓪	〈他Ⅰ〉	巡游；周游；绕行；（再度）轮到
お笑い（おわらい）⓪	〈名〉	搞笑的节目；滑稽表演；笑柄；笑话
時刻（じこく）①	〈名〉	时刻；时间
場内（じょうない）①	〈名〉	场内
間もなく（まもなく）②	〈副〉	不久；很快；一会儿
気鋭（きえい）⓪	〈名〉	朝气蓬勃
さっそう（▼颯▼爽）⓪	〈形Ⅱ〉	飒爽；潇洒（连体形为「さっそうたる」，连用形为「さっそうと」）
握りしめる（にぎり締める）⑤	〈他Ⅱ〉	握紧；紧抓住不放
いつしか①	〈副〉	不知不觉地
引き込む（ひきこむ）③	〈自他Ⅰ〉	吸引；拉进来；拉拢入伙
共存（きょうぞん・きょうそん）⓪	〈名・自Ⅲ〉	共存；共处
脅威（きょうい）①	〈名・他Ⅲ〉	威胁；胁迫
ひしひし①⓪	〈副〉	紧紧地；深深地
娯楽（ごらく）⓪	〈名〉	娱乐
じいんと⓪	〈副〉	（多作「じんと」）感动得热泪盈眶的样子
ほほえむ（微笑む）③	〈自Ⅰ〉	微笑
うなずく（▼頷く）③⓪	〈自Ⅰ〉	点头
委員（いいん）①	〈名〉	委员
腕章（わんしょう）⓪	〈名〉	臂章；袖标；袖章
青年（せいねん）⓪	〈名〉	青年
～つつ	〈接助〉	边……边……
呼びかける（よびかける）④	〈他Ⅱ〉	打招呼；呼唤；叫
てきぱき①	〈副・自Ⅲ〉	麻利；敏捷；爽快
誘導（ゆうどう）⓪	〈名・他Ⅲ〉	引导；诱导；导致
邪魔（じゃま）⓪	〈名・他Ⅲ〉	障碍；妨碍；干扰；打搅
後にする（あとにする）①-⓪		离开；推迟；放到后头
すがすがしい（▽清▽清しい）⑤	〈形Ⅰ〉	清爽；神清气爽
秋空（あきぞら）③	〈名〉	秋天的天空
ほんのり③	〈副・自Ⅲ〉	微微；稍微
夕焼け（ゆうやけ）⓪	〈名〉	晚霞
染まる（そまる）⓪	〈自Ⅰ〉	染上；染色
無事（ぶじ）⓪	〈名・形Ⅱ〉	平安；顺利；太平无事
前日（ぜんじつ）⓪	〈名〉	前一天
リハーサル（rehearsal）②	〈名〉	彩排
トラブル（trouble）②	〈名〉	麻烦；困难；纠纷
ピリピリ①	〈副・自Ⅲ〉	神经紧张；神经过敏
正直（しょうじき）③	〈副〉	说实话；老实说；事实上
思えば（おもえば）②		回顾一下的话；回想起来

解説・語彙

1. さっさと

「さっさと」表示赶紧、迅速地做某事，既可用于说话人自身的动作、行为，也可用于他人的动作、行为。例如：

(1) そう思って、「スケジュール帳を見てからでないと…」と言いかけたら、「よかったら、母さんと一緒に」と、**さっさと**チケットを２枚渡された。
(2) きょうは花火大会があるから**さっさと**食事をすませて出かけましょう。
(3) 遊んでばかりいないで、**さっさと**宿題をしなさい。

2. いそいそ

「いそいそ」表示心情愉悦地做某事，可译为“高高兴兴地；兴冲冲地”。一般用于表示女性愉悦的心情通过动作、行为表露出来，通常不用于说话人自身的动作、行为。例如：

(1) 当日、講演は３時からなのに、妻はなぜか朝から**いそいそ**と支度をしている。
(2) 母親は**いそいそ**と遠足に行く子どもの弁当を作っている。
(3) チャイムが鳴ると、彼女は**いそいそ**と立ち上がって玄関に夫を迎えた。

3. にっこり

「にっこり」表示微笑的样子，可译为“微笑着（做……）”。例如：

(1) 「もちろん、付き合ってくれるわね」と**にっこり**笑った。
(2) わかったというふうに、彼女は**にっこり**うなずいた。
(3) 彼女は彼の顔を見て**にっこり**した。

4. ずらり

「ずらり」表示排成一大排的样子。例如：

(1) 11時頃、大学に着くと、模擬店が**ずらり**と並び、キャンパスは既に大勢の若者でにぎわっていた。
(2) パーティーには、有名な政治家が**ずらり**と出席した。
(3) 先生の研究室の本棚には難しそうな本が**ずらり**と並んでいた。

5. ひしひし

「ひしひし」意为“深切地、深刻地（感受到……）”，一般用于表示说话人自身的感受。例如：

(1) 私もいつしか話に引き込まれ、「自然と共存していくしかない人間は、自然の脅威を忘れてはならない」という、監督の熱い思いを**ひしひし**と感じた。
(2) 彼女の愛が**ひしひし**と伝わってきた。
(3) 久しぶりに家族で出かけて、皆で一緒に過ごせることのありがたさを**ひしひし**と感じた。

6. じいんと

「じいんと」为「じんと」的强调形式，表示一下子受到感动。常见的搭配有「じいんとくる」，意为“深受感动”。例如：

(1) 講演が終わり、「なかなかよかった、**じいんと**きたよ。」と妻に言うと、妻は「今度、黒沢監督の作品、一緒に見に行きましょうね」とほほえんだ。
(2) 親子の別れの場面は**じいんと**きたね。
(3) 先生の励ましのお言葉を聞いて、胸が**じいんと**熱くなりました。

7. てきぱき

「てきぱき」表示麻利、利落、果断地做某事。例如：

(1) アンケートへの協力を呼びかけつつ、**てきぱき**と参加者を出口へ誘導している。
(2) 係りの人が**てきぱき**と対応する。
(3) 彼女は**てきぱき**と仕事をしている。

8. ほんのり

「ほんのり」表示程度低，意为“稍微、略微”，用于表示“（颜色、气味或味道）略微有些……”。例如：

(1) 外へ出ると、すがすがしい秋空が**ほんのり**夕焼けに染まり始めていた。
(2) 彼女のほお［ほお：面颊］が**ほんのり**赤くなっている。
(3) このかぼちゃのスープは**ほんのり**甘くておいしい。

9. ピリピリ

「ピリピリ」表示精神、气氛异常紧张，可译为“提心吊胆；战战兢兢”。例如：

第8課

(1) 前日のリハーサルの時は、マイクの音が出なかったり、いすが足りなかったり、いろいろトラブルがあってみんな**ピリピリ**していましたね。
(2) 部長は朝からずっと**ピリピリ**しているから、近づかない方がいいよ。
(3) 学生たちは受験で**ピリピリ**している。

解説・文法

1. ～っぽい＜性质、倾向＞

「っぽい」接在名词或动词的第一连用形后，构成一个派生形容词。「っぽい」接在名词前，常用来表示具有该名词所示意义的那种感觉。例如：

(1) でも、アニメのような**子供っぽい**映画の話など聞いても、どうせつまらないだろう…。
(2) １か月も留守にしていたので、家の中が**埃《ほこり》っぽい**。
(3) 若い社長が「世界一の会社にしたい」という夢を、**熱っぽく**語りました。

「っぽい」接在动词后面时，常常表示有某种倾向，相当于“动不动就～；容易～”。例如:

(4) 彼は疲れると、**怒りっぽく**なる。
(5) 年のせいか、最近なんだか**忘れっぽい**。

2. Vてからでないと＜必要条件＞

「Ｖてからでないと」（或「Ｖてからでなければ」）表示如果不先完成Ｖ这一动作，就不能进行后续动作，后句往往是表示否定或消极意义的内容，相当于汉语的“如果不（先）……就（不）……”。在意义明确的前提下，「Ｖてからでないと」之后的部分在谈话中有时可以省略，例如（1）。

(1) そう思って、「スケジュール帳を**見てからでないと**…」と言いかけたら、「よかったら、母さんと一緒に」と、さっさとチケットを２枚渡された。
(2) 目の病気が**治ってからでないと**、プールに入ってはいけません。
(3) このことについては、両親に**相談してからでないと**、お返事できません。
(4) 免許を**取ってからでないと**、運転してはいけない。

3. Vかける＜动作的阶段＞

「かける」接在动词的第一连用形后，表示某动作刚刚开始或正在进行中尚未完成，相当于汉语的“开始……；……了一半”。也可以「Ｖかけの」的形式出现。例如：

(1) そう思って、「スケジュール帳を見てからでないと…」と**言いかけたら**、「よかったら、母さんと一緒に」と、さっさとチケットを２枚渡された。
(2) 手紙を**書きかけた**ところに、電話がかかってきました。
(3) 彼は**飲みかけた**コーヒーをテーブルに置いたまま、どこかへ行ってしまいました。
(4) **読みかけの**小説を友達に持って行かれた。

4．Vたとたん（に）<契机–出现>

「とたん（に）」接在动词的过去时后面，表示某一动作或变化刚一发生,紧接着就出现了后句所述的动作或变化。一般后句所述的动作变化多包含“出乎意料”的含义。相当于汉语的“一……就……；刚……就……”。例如：

(1) 妻の方は、黒沢監督の講演会と**聞いたとたん**、大喜びした。
(2) テレビを**つけたとたん**、停電《ていでん》してしまった。
(3) バスを**降りたとたんに**、雨が降り出した。
(4) 窓を**開けたとたんに**、小鳥《ことり》が飛びこんできた。

5．～ことに<主观评价>

「ことに」接在表示感情、心理活动的形容词的连体形以及动词的「Vた」形式后，是对后句所述事态的主观评价，以此来表达说话人的情感。一般用于句首，相当于汉语的“（令人）……的是，……”等。例如：

(1) 驚いた**ことに**、本人は昔から黒沢作品が好きだったと言う。
(2) 困った**ことに**、電波《でんぱ》の状態が悪くてなかなか電話がかかりません。
(3) うれしい**ことに**、大学に入って一番やりたかった活動に参加させてもらえることになりました。
(4) 不思議な**ことに**、２週間前に出した手紙がまだ届いていないらしい。

6．V（よ）うものなら<条件>

「ものなら」前接动词的意志形表示条件，意为“一旦做了V这个动作，就会引发出一个比较严重的后果”，用于强调说话人担心、恐惧、不安等心情。相当于“万一……，就……”。例如：

(1) ここで「僕は留守番してるよ」なんて**言おうものなら**、怒り出すに決まっている。
(2) 社長の提案に**反対しようものなら**、すぐ首にされてしまう[首にする：解雇]だろう。
(3) 彼に一度でも**お金を貸そうものなら**、何度でも貸してくれと言ってくるよ。
(4) 林先生に年齢を**聞こうものなら**、ものすごく怒られるよ。

7. ～に決まっている＜确信、断定＞

「に決まっている」前接动词、Ⅰ类形容词的连体形或Ⅱ类形容词的词干、名词，表示说话人对某事的确信、断定。相当于“一定……；准是……”。例如：

(1) ここで「僕は留守番してるよ」なんて言おうものなら、怒り出す**に決まっている**。
(2) この試合、Aチームが勝つ**に決まっている**から、最後まで見なくてもいいよ。
(3) そんなふうにトンポーロウを作ったら、おいしくない**に決まっている**。
(4) 目的地に早く行くためには、タクシーのほうが便利**に決まっている**。
(5) そんなうまい話[うまい話：花言巧语]はうそ**に決まっている**。

8. ～だけあって＜成正比的因果关系＞

「だけあって」与第3课第2单元学到的「～だけに」的意义用法相近，接在动词、形容词的连体形或名词后，表示前后句所述的情况相符合、成正比。相当于“不愧是……；到底是……；正因为……”等。经常与副词「さすがに」呼应使用。例如：

(1) 黒沢監督の講演という**だけあって**、場内は満員だ。
(2) 京華大学の学生**だけあって**、いろいろな方面で優《すぐ》れた才能《さいのう》を持っている。
(3) さすがに日本に20年もいた**だけあって**、日本のことには詳しい。
(4) 手術《しゅじゅつ》を受けたが、若い**だけあって**、回復が早かった。
(5) 新しい監督は指導経験が豊富な**だけあって**、選手の気持ちをコントロールするのがうまい。

9. Vつつ＜同时进行＞＜转折＞

「つつ」接在动词第一连用形后面，表示动作V与后句动词所指称的动作为同时关系，一般用于书面语，意思相当于口语的「ながら」。例如：

(1) アンケートへの協力を**呼びかけつつ**、てきぱきと参加者を出口へ誘導している。
(2) ラジオでサッカーの中継を**聞きつつ**、運転している。
(3) 一人一人の子どもの個性を**尊重しつつ**、その能力を最大限発揮《さいだいげんはっき》できるように育てる。

与「ながら（も）」一样，「Vつつ（も）」也可用于连接两件相反的事情，表示转折关系，相当于汉语的“尽管……但是……”。例如：

(4) 失礼とは**思いつつ**、途中で電話を切った。
(5) よくないこととは**知りつつも**、なかなかやめられない。

練習用単語

心情(しんじょう)⓪	〈名〉	心情
箇所(かしょ)⓪①	〈名〉	地方；部分
真っ青(まっさお)③	〈形Ⅱ〉	(脸色)苍白；铁青；(大海、天空)蔚蓝；深蓝
離婚(りこん)⓪	〈名・自Ⅲ〉	离婚
デート(date)①	〈名・自Ⅲ〉	与异性约会
秘密(ひみつ)⓪	〈名〉	秘密
語り合う(かたりあう)④	〈他Ⅰ〉	交谈；聊天
彼氏(かれし)①	〈名〉	男朋友
こもる(篭る)②	〈自Ⅰ〉	闭门不出；不出门
老舗(しにせ)⓪	〈名〉	老店；老铺；老字号
オノマトペ③	〈名〉	拟声拟态词
生き生き(いきいき)③②	〈副・自Ⅲ〉	生动；活泼；生机勃勃

練　　習

A．内容確認

1．読解文を読んで、黒沢監督の作品に対する筆者の心情が表れている箇所を抜き出して書いてください。

	黒沢監督の作品に対する筆者の心情が表れている箇所
● 講演会のことを初めて聞いた時	
● 講演会を聴いている時	
● 講演会が終わった時	

2．読解文「雑感記：大学祭に行って」を読んで次の質問に答えてください。

(1) 講演を聴く前と聴いた後では、黒沢監督についての筆者の考えはどのように変わりましたか。問題1で抜き出した箇所をもとに簡潔にまとめてください。

(2) 黒沢監督の講演会について聞いた時の妻の反応は、筆者の反応と比べてどうでしたか。

(3) 大学祭を見て回ることについて、筆者と妻の態度はどのように異なりましたか。大学祭に行ってから、筆者の態度は変わりましたか。

（4）筆者はアンケートを配る息子の姿を見たとき、どんな気持ちだったと思いますか。理由も挙げてください。

（5）「外へ出ると、すがすがしい秋空がほんのり夕焼けに染まり始めていた」（最後の段落）とありますが、筆者はどんな気持ちだったと思いますか。

3．読解文「東西大学大学祭実行委員のブログ」を読んで次の質問に答えてください。

（1）青木さんは何月頃から講演会の準備を始めましたか。

（2）講演会を実施する前はどんな気持ちでしたか。実施した後は、どんな気持ちだったと思いますか。

B．文法練習

1．次の①②は（　）の中の言葉を正しい順番に並べてください。③は文を完成させてください。

（1）～に決まっている

①（が・に・いる・彼氏・決まっている）

香織《かおり》さんはかわいいから＿＿＿＿＿＿＿＿＿＿＿＿＿＿＿＿。

②（に・を・なんて・完成する・無理・この仕事・決まっている）

１週間で＿＿＿＿＿＿＿＿＿＿＿＿、＿＿＿＿＿＿＿＿＿＿。

③毎日家の中にこもっていると＿＿＿＿＿＿＿＿＿＿＿＿に決まっている。

（2）～っぽい

①（を・顔・外国人・っぽい・しています）

あの人は＿＿＿＿＿＿＿＿＿＿＿＿＿＿＿＿。

②（水・は・そのお茶・っぽくて）

＿＿＿＿＿＿＿＿＿＿＿＿＿＿＿＿おいしくなかった。

③姉はまだ若いのに、＿＿＿＿＿＿＿＿＿っぽい髪型をしている。

（3）Ｖかける

①（本の・読みかけの・読んだ・さっそく・続きを）

家へ帰って＿＿＿＿＿＿＿＿＿＿＿＿＿＿＿＿。

②（が・黒く・おいしい・なりかけている・ほう）

バナナは＿＿＿＿＿＿＿＿＿＿＿＿＿＿＿＿。

③その歌を聞いたとたん、＿＿＿かけた故郷の思い出が目の前に浮かんできた。

（4）Ｖたとたん（に）

①（が・とたんに・部長・来た）

＿＿＿＿＿＿＿＿＿＿＿＿＿＿＿＿静かになった。

②（を・とたんに・そのニュース・聞いた）

＿＿＿＿＿＿＿＿＿＿＿＿＿＿＿＿＿彼女は真っ青になった。

③窓を開けたとたんに＿＿＿＿＿＿＿＿＿＿＿＿＿＿＿＿＿。

(5) ～ことに

①（に・は・こと・離婚した・あの２人・信じられない・そうだ）

＿＿＿＿＿＿＿＿＿＿＿＿＿＿＿＿＿。

②（に・が・こと・バイト先・うれしい・決まった）

＿＿＿＿＿＿＿＿＿＿＿＿＿＿＿＿＿。

③驚いたことに＿＿＿＿＿＿＿＿＿＿＿＿＿＿＿＿＿。

(6) V（よ）うものなら

①（を・こと・もの・そんな・言おう・なら）

＿＿＿＿＿＿＿＿＿＿＿＿＿＿＿＿＿、社長に怒られるよ。

②（に・でも・の・もの・よう・１分・約束・遅れ・なら）

デート＿＿＿＿＿＿＿＿＿＿＿＿＿＿＿＿＿、彼女に殴られちゃうよ。

③彼女にそんな大切な秘密を教えようものなら、＿＿＿＿＿＿＿＿＿＿＿。

(7) Vつつ

①（つつ・と・酒を・友達・語り合った・飲み）

同窓会では、久しぶりに会った＿＿＿＿＿＿＿＿＿＿＿＿＿＿。

②（つつ・と・を・思い・返事・書かなければ）

もらった手紙に＿＿＿＿＿＿＿＿＿＿、もう10日も経ってしまった。

③休みの日に試験勉強をしなければと思いつつ、＿＿＿＿＿＿＿＿＿＿＿。

2．次の①②はa. b. の正しいほうを選んでください。③は文を完成させてください。

(1) Vてからでないと

①説明書を読んでからでないと、＿＿＿＿＿＿＿。

a．使える　　　　b．使えない

②入学手続きが済んでからでないと、学生証が＿＿＿＿＿＿＿。

a．もらえる　　　　b．もらえない

③両親に相談してからでないと、＿＿＿＿＿＿＿＿＿＿＿。

(2) ～だけあって

①さすが老舗だけあって、＿＿＿＿＿＿＿。

a．料理がおいしい　　　　b．料理が口に合わない

②プロだけあって＿＿＿＿＿＿＿。

a．歌が上手です　　　　b．歌があまり上手ではありません

③さすが毎日運動しているだけあって＿＿＿＿＿＿＿＿＿＿。

3．次の文の（　　）に入る言葉を、［　　］の中から選んで書いてください。

ほんのり・ピリピリ・にっこりと・いそいそと ひしひしと・さっさと・ずらりと

(1) 手紙から、母親が子を思う気持ちが（　　　　　　）伝わってきた。
(2) あの受付の女性は、いつも（　　　　　　）ほほえんでいて感じがいい。
(3) もう夜の12時だから、テレビを消して（　　　　　　）寝なさい。
(4) パーティーではおいしそうな料理が（　　　　　　）並んでいた。
(5) 彼は今（　　　　　　）していて怖いから話しかけない方がいいよ。

C．発展練習

1．日本の大学祭について調べて、中国の大学祭と違う点や、おもしろいと思ったことについてクラスで紹介しましょう。

2．何かをやってみる前と後で、気持ちが大きく変化した経験がありますか。その経験について、読む人に気持ちの変化がよくわかるように書いてください。
※読解文を参考にして、オノマトペ（「わくわく」など）を使って書いてみましょう。

3．次のブログを日本語に翻訳してください。生き生きとした感じが伝わるように書きましょう。

他/她是我特别喜欢的演员，很有魅力。在电影里总是板着脸，接受采访的时候倒是乐呵呵的，我太喜欢他/她了。

日本的文字（1）

日语中使用的文字有汉字、片假名、平假名、罗马字四种，此外还有阿拉伯数字。

汉字

汉字是在公元5世纪以前从中国经朝鲜传入日本的。大约6世纪初日本的上层阶级开始学习汉字，他们用汉字标记日语的发音。镰仓时期（12—14世纪）出现了汉字和平假名混用的书写方式（和漢混交文《わかんこんこうぶん》）。

1946年日本内阁颁布了《当用漢字表《とうようかんじひょう》》，规定了1850个常用汉字。1981年内阁将《当用漢字表》改为《常用漢字表《じょうようかんじひょう》》，字数也增至1945个，其中，「教育漢字《きょういくかんじ》」有996个，规定在小学期间学习，其余的949个汉字在中学学完。此外还有「人名用漢字別表《じんめいようかんじべっぴょう》」，列出了166个人名用字，加上常用汉字，共有2111个汉字可供人们取名时参考使用。由于人名用字非常有限，名字的读法就十分复杂，有时相同的汉字在不同的名字中会有很多种不同的读法。

日语的汉字有不同的「書体《しょたい》」，常见的手写体有「楷書《かいしょ》」「行書《ぎょうしょ》」和「草《そう》書《しょ》」，印刷体有「教科書体《きょうかしょたい》」「明朝体《みんちょうたい》」和「ゴシック体《たい》」。同一个汉字用不同的字体书写时，笔画可能会有所不同，这时通常以「教科書体」为准。

《常用汉字表》还规定了其中每个汉字的音训读法，在附表中还列出了「当《あ》て字《じ》」和「熟字訓《じゅくじくん》」等特殊读法。

片假名

在介绍片假名之前先介绍一下「万葉仮名《まんようがな》」。6世纪时人们借用汉字的音训读法来标记日语的读音，这时汉字是作为表音文字使用的，与其意义没有关系。到了奈良时期汉字被更广泛地用于标记读音，著名的《万葉集《まんようしゅう》》就是用这种表音汉字写成的。人们把这种用于表音的汉字称为“万葉仮名”。

片假名的“片”有“不完整、一部分”的意思，片假名就是由汉字的一部分创造出来的。例如「イ」「カ」「タ」分别是由汉字“伊”“加”“多”演变而来的。片假名最初主要为男性使用，当时的书写方式基本上是汉字与片假名共用。

现在片假名主要用于以下几个方面：①外来词，包括国名、地名、人名等；②动植物的名称；③拟声词、拟态词；④电报；⑤报纸的标题、广告等（为加强视觉效果）。

标记外来词时，有时同一个词会有不同的写法，例如“team”既可写成「チーム」，又可写成「ティーム」。

第9課　外来語

学習目標

ユニット１　会話

(1) 論理的でまとまった意見を述べることができる。

(2) 他者の意見に賛成意見・反対意見を述べることができる。

ユニット２　読解

(1) 意見文を読み、賛成か反対かの立場とその理由を読み取ることができる。

(2) 賛成か反対かの意見とその理由を述べることができる。

- カタカナで書かれた外来語の学習は簡単ですか。それはどうしてですか。
- 中国語の中で外来語が増えていると思いますか。どんな時に、そう感じますか。

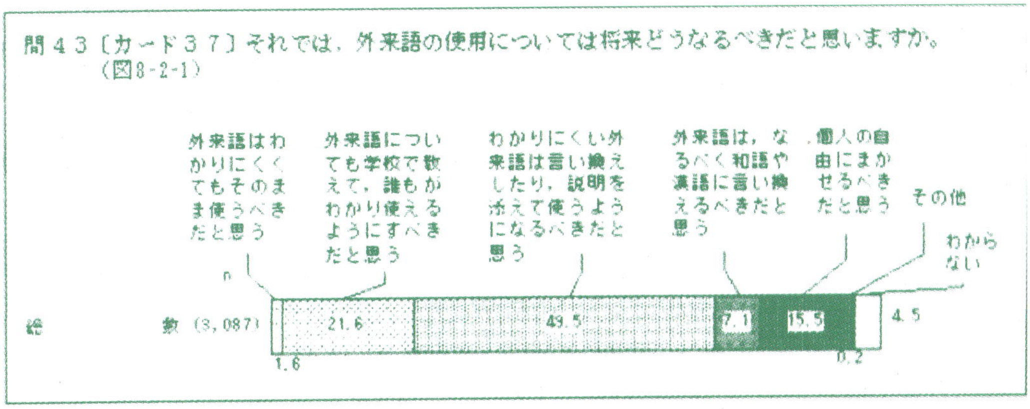

平成16年６月　国立国語研究所

外来語に関する意識調査（全国調査）より

ユニット１　会話

外来語は制限すべきか

（日本語研究会で「外来語使用の是非」をテーマにパネルディスカッションをする）

司会　：きょうのテーマは「外来語は制限すべきかどうか」です。それでは、今ご紹介した４人の方のうち、まず、制限すべきだとお考えの村上さん、ご意見をお願いします。

村上（50代男性）：はい。ただ今ご紹介いただきましたとおり、わたくしは外来語は制限すべきだと思います。

職業柄、よくわたくしは政治経済関係の紙面を読むのですが、外来語の多さとわかりにくさにはいつも苛立ちを感じています。

例えば、先日の選挙を例にとると、紙面に「マニフェスト」ですとか、「シャドーキャビネット」ですとか、初めて見る外来語が並んでいたんですが、別の記事に「政策綱領」や「影の内閣」などの漢語の表現もありました。わたくし、一瞬混乱してしまったんですが、読み進めるうちに両方とも同じ意味を指していることに気付きました。おそらく外来語のほうはイメージの一新を図るために使われるようになったのでしょうね。でも、それだけの目的でむやみに外来語を使用するのは読者の混乱を招きかねません。

それで、何にでも外来語を使うのはいかがなものかとわたくしは思うわけです。

司会　：ありがとうございました。では続いて、同じように制限すべきとお考えの小林さん、お願いします。

小林（40代女性）：はい。わたしも外来語は制限すべきだと考えます。

わたしは介護支援専門員をしておりますが、介護に関する言葉は新しい概念が多く、外来語も多くなっています。

皆さんは「ヘルパー」「バリアフリー」「ケアマネージャー」という言葉をご存じかと思います。でも、これらの言葉を聞いてすぐに意味がわかるお年寄りはどれぐらいいるとお思いですか。少なくともわたしが普段接しているお年寄りの中には、まずいらっしゃらないでしょう。これでは「お年寄り不在」の介護です。

おじいちゃん、おばあちゃんが安心して生活できる世の中にするためにも、外来語の見直しとわかりやすい言葉への変換が急務だとわたしは強く感じます。

司会　：ありがとうございました。では次に、外来語を制限すべきではないというお考えの長谷川さん、永井さん、ご意見をお願いします。まず長谷川さんから。

長谷川（30代男性）：はい。今、お二人がおっしゃったように、確かに新しい概念をそのまま外来語として使うことはわかりにくさの原因になっていると思います。しかし、それでもわたしは外来語を制限する必要はないと考えます。

と言いますのは、日本語は古来中国から漢語を大量に輸入し、和語と漢語を使い分けて日本語独自の表現を発展させてきたわけでして、今は、外来語がこれに加わって、バリエーションを広げていると考えるからです。

村上さんの「マニフェスト」と「政策綱領」のお話は、必要に応じてこの二つを使い分けるところが日本語のユニークな点だと思います。また、小林さんのご指摘は介護などの枠の中で解決されるべき問題だと考えます。

国立国語研究所の資料によりますと、日本人の発話における外来語の割合は５％にすぎないそうです。このことは、外来語が日本語全体のごく一部でしかないことをよく示しているのではないでしょうか。

以上から、わたしは外来語はあえて制限する必要はないと考えます。

司会　：ありがとうございました。最後に永井さん、お願いします。

永井（30代女性）：はい、わたくしも長谷川さんと同様、外来語を制限する必要はないと思います。というよりも、言葉を制限することには反対です。

ご承知のとおり、言葉は変化するものですよね。わたしは変化こそ、言葉の姿だと思います。つまり、言葉は特定の人によって制限されるべきものではなく、あくまで使う人々の自由に任せるべきだと思うわけです。

村上さんや小林さんがご指摘くださった個別的な問題ももちろんあるでしょうが、基本的姿勢としては、わたしは制限そのものに反対です。

司会　：皆さん、どうもありがとうございました。ではフロアからの質疑応答に入りたいと思います。（以下、活発な議論が続く）

新出単語

外来語(がいらいご)⓪	〈名〉	外来词
制限(せいげん)③	〈名·他Ⅲ〉	限制；限定；节制
是非(ぜひ)①	〈名〉	是非；是与非；对与错
パネルディスカッション(panel-discussion)⑥	〈名〉	专题讨论会
村上(むらかみ)⓪	〈固名〉	（人名）村上
ただ今(ただいま)②	〈副〉	现在；刚才；马上
職業柄(しょくぎょうがら)⓪	〈名〉	职业性质
-柄(-がら)		身分；性质；品格
政治(せいじ)⓪	〈名〉	政治
紙面(しめん)①	〈名〉	版面；报纸上；篇幅
苛立ち(いらだち)⓪	〈名〉	焦躁；急躁
選挙(せんきょ)①	〈名·他Ⅲ〉	选举；推举
例にとる(れいにとる)①-①		作为例子；以～为例
マニフェスト(意大利语manifesto)③	〈名〉〈固名〉	选举公约；（共产党）宣言
シャドーキャビネット(shadow cabinet)④	〈名〉	影子内阁
別(べつ)⓪	〈名·形Ⅱ〉	另外；其他；除外
政策綱領(せいさくこうりょう)⑤	〈名〉	施政纲领，竞选宣言
影(かげ)①	〈名〉	影；影子
内閣(ないかく)①	〈名〉	内阁
漢語(かんご)⓪	〈名〉	汉语；汉语词
一瞬(いっしゅん)⓪	〈名〉	一瞬；一刹那
混乱(こんらん)⓪	〈名·自Ⅲ〉	混乱
読み進める(よみすすめる)⑤	〈他Ⅱ〉	继续读；接着看
-進める(-すすめる)		前进；推进；继续；发展
気付く(きづく)②	〈自Ⅰ〉	注意到；意识到；察觉
おそらく(恐らく)②	〈副〉	恐怕；大概；或许
一新(いっしん)⓪	〈名·自他Ⅲ〉	使～一新；革新；刷新
図る(はかる)②	〈他Ⅰ〉	谋求；策划；图谋
むやみ(無闇)①	〈形Ⅱ〉	过度；过分；胡乱；随便
いかがなものか(如何なものか)②		（委婉的疑问和批判）不合适；不可靠
介護(かいご)①	〈名·他Ⅲ〉	护理；照顾；帮助
～に関する(～にかんする)		有关；关于
概念(がいねん)①	〈名〉	概念
ヘルパー(helper)①	〈名〉	助手；帮手
バリアフリー(barrier free)⑤	〈名〉	无障碍

バリア(barrier)①	〈名〉	障碍；障碍物；栅栏
フリー(free)②	〈名・形Ⅱ〉	自由；不受约束
ケアマネージャー(care manager)③	〈名〉	专业护理人员
ケア(care)①	〈名・他Ⅲ〉	护理；照顾；关怀
年寄り(としより)③④	〈名〉	老人
少なくとも(すくなくとも)③	〈副〉	至少；最低；最小限度
おじいちゃん〖お祖父ちゃん〗②	〈名〉	爷爷；姥爷；老爷爷
世の中(よのなか)②	〈名〉	世上；世间；社会
見直し(みなおし)⓪	〈名〉	重新认识；重新评价；重看
変換(へんかん)⓪	〈名・自他Ⅲ〉	改变；转变；变换
急務(きゅうむ)①	〈名〉	当务之急；紧急任务
長谷川(はせがわ)⓪	〈固名〉	（人名）长谷川
永井(ながい)①	〈固名〉	（人名）永井
そのまま④⓪	〈名・副〉	照原样；原封不动
と言うのは(というのは)	〈接〉	因为；理由是～
古来(こらい)①	〈副〉	自古以来
輸入(ゆにゅう)⓪	〈名・他Ⅲ〉	进口；输入
和語(わご)①	〈名〉	日本固有的词；和语词
独自(どくじ)①⓪	〈名・形Ⅱ〉	独自；独特；个人
加わる(くわわる)⓪③	〈自Ⅰ〉	加入；参加
バリエーション(variation)③	〈名〉	变化；变异；变种
～に応じて(～におうじて)		按照；根据；随着
ユニーク(unique)②	〈形Ⅱ〉	独特；唯一；无比
枠(わく)②	〈名〉	框架；范围；界线
国立国語研究所(こくりつこくごけんきゅうしょ)⑫	〈固名〉	国立国语研究所
発話(はつわ)⓪	〈名・自Ⅲ〉	讲话；表达；谈话
あえて(敢えて)①	〈副〉	硬是；勉强；（下接否定语）并不；未必；不见得
承知(しょうち)⓪	〈名・他Ⅲ〉	知道；明知；答应；同意
特定(とくてい)⓪	〈名・他Ⅲ〉	特别指定；特定
任せる(まかせる)③	〈他Ⅱ〉	听任；任凭；委托；托付
個別(こべつ)⓪	〈名〉	个别；一个个
基本的(きほんてき)⓪	〈形Ⅱ〉	基本的；基本上
フロア(floor)②	〈名〉	会场；听众席；地板
質疑応答(しつぎおうとう)②①	〈名〉	提问和回答
質疑(しつぎ)②①	〈名・自Ⅲ〉	提问
応答(おうとう)⓪	〈名・自Ⅲ〉	回答

解説・語彙

1. 郑重的表达方式

在日语中，郑重的表达方式通常用于较正式的场合，当然，在一些比较随意的场合，如果有年龄、身份、资历高于自己的人在场，也可使用郑重的表达方式。下表列出了一些常用的郑重的表达方式以及与其对应的一般的表达方式。

郑重的表达方式	一般的表达方式	郑重的表达方式	一般的表达方式
最も	いちばん	ただ今	今／たった今
苛立ちを感じる	いらいらする	本日	きょう
先日	この間	先ほど	さっき
危惧する	心配する	徐々に	少しずつ
今しばらく	もう少し（の間）	おおむね	だいたい
おそらく	たぶん	ごく	とても
いかに～か	どんなに～か	いかがなものか	どんなものか
まことに	本当に	みなさま	みなさん
古来	昔から	理解に苦しむ	理解できない
わたくし	わたし	やはり	やっぱり

第9課

2. ディスカッション

「ディスカッション」用汉语词来表示应为「討論会」，指的是“讨论会”、“论坛”这一类的活动，而「討論」是指“讨论”这一行为。「討論」既可以作名词使用也可以作动词使用，而「ディスカッション」主要作名词使用，常见的用法除「パネルディスカッション」外，还有「グループディスカッション」（分组讨论）、「ケースディスカッション」（案例讨论）等。

3. あえて

「あえて」意为“硬要～；勉强～”。经常与否定形式的谓语呼应使用，表示“并不～；没必要～；不必硬要～”的意思。例如：

(1) 以上から、わたしは外来語は**あえて**制限する必要はないと考えます。
(2) 彼の言うことに**あえて**反対しない。
(3) 大切な自然を犠牲にしてまで、**あえて**開発をする必要があるのだろうか。

解説・文法

1. Vかねない＜負面的可能性＞

「かねない」接在动词的第一连用形后面，意为有可能会产生某种不好的结果，是说话人的否定性评价，表达说话人的担心和不安。多用于书面语。例如：

(1) それだけの目的でむやみに外来語を使用するのは読者の混乱を**招きかねません**。
(2) 疲れている時は事故を**起こしかねない**から、運転をやめたほうがいい。
(3) 本当のことを言ったら親に**反対されかねない**。
(4) このまま雨が降らなければ、深刻な問題に**なりかねない**。

2. Nに関する／に関して＜内容＞

「に関する」接在名词后面构成连体修饰语，表示与之相关。「に関する」是连体形式，与之对应的连用形式是「に関して」。相当于汉语的"关于～；就～的问题"。例如：

(1) わたしは介護支援専門員をしておりますが、介護**に関する**言葉は新しい概念が多く、外来語も多くなっています。
(2) 夏休み中に、日本の歴史**に関する**本を読みたい。
(3) この問題**に関して**は、今まで盛んに研究されてきた。
(4) 環境問題**に関して**、今後も議論していく必要があると考えます。

3. Nに応じて＜根据＞

「に応じて」接在名词后面，表示根据该事物的性质、内容的不同而采取相应的措施。相当于汉语的"随着～；根据～"。例如：

(1) 村上さんの「マニフェスト」と「政策綱領」のお話は、必要**に応じて**この二つを使い分けるところが日本語のユニークな点だと思います。
(2) 参加人数**に応じて**場所を変更する可能性がある。
(3) あの店は季節**に応じて**メニューを変えている。これも人気の理由の一つだ。
(4) 予算**に応じて**旅行先を決めましょう。

4. ～にすぎない＜程度低＞

「にすぎない(過ぎない)」接在名词或动词、形容词的连体形（Ⅱ类形容词为词干）后面，表示说话人的价值判断，即认为该事物数量小、程度低或该动作、性状不过如此之意。相当于汉语的"不过～；仅仅～"。例如：

(1) 国立国語研究所の資料によりますと、日本人の発話における外来語の割合は5％**にすぎない**そうです。
(2) 給料をもらったといっても、わずか[わずか：仅仅]800元**にすぎない**。

(3) 私は当たり前のことを言った**にすぎない**。

(4) 私はただ命令されたことをした**にすぎない**。

解説・会話

1. 口头陈述意见的一般结构：1）-10）

陈述意见的结构一般由三部分组成：（一）表明立场；（二）阐述根据和理由；（三）总结概括、得出结论。若进行更加详细的论述，则采纳如下1）-10）的具体步骤。本课会话课文是专题讨论会的形式，因此采用的都是非常郑重的语言表达方式，每位发言人在讲话中所使用的句子都比通常讨论时所用的句式要长一些，而且都是有一定完整性的讲演的语体形式。

以下是一般性规则，也是讲演、致辞的一般结构。

从本课的会话也可以看出，如果不是完整的致辞，而是一般的口头陈述意见，则不必一定满足以下1）-8）的所有条件。（例如，所陈述的理由、根据与所指出的问题相互重复或没有资料时；所陈述的意见较短没有必要中间进行归纳总结时；估计到对方不会反驳时；没有必要向听话人进行特别陈述时；公开讨论或一般讨论等，没有必要进行个人致辞时；等等。上述情况均可适当省略1）-8）中的某些条件。）

1）首先明确表明自己的立场

日语一般不必说「わたしは～」，但在陈述意见或阐述说话人的立场、主题时，一般采用这一形式，在更加正式的场合还会使用「わたくしは～と考えるものです／ございます」等表达形式。正由于如此，也可以使用「わたしは～と思う／考える」「～に（は）賛成です／反対です」的表达方式。如果使用「～は～です」等断定的命题形式，就意味着自己对这一主题有资格进行判断，即使自己对所陈述的意见非常有信心，这种句式也会给人不谦虚的印象，因此需要回避使用。例如：

(1) **わたくしは**外来語は制限すべきだ**と思います**。

(2) しかし、それでも**わたしは**外来語を制限する必要はない**と考えます**。

(3) **わたくしも**長谷川さんと同様、外来語を制限する必要はない**と思います**。というよりも、言葉を制限すること**には反対です**。

2）指出问题所在

在陈述意见时，要指出最值得注意的问题以及基于各自立场的具体事例等。例如：

(1) **職業柄、よくわたくしは政治経済関係の紙面を読むのですが**、外来語の多さとわかりにくさには**いつも苛立ちを感じています**。例えば、**先日の選挙を例にとると**、紙面に「マニフェスト」ですとか、「シャドーキャビネット」ですとか、初めて見る外来語が並んでいたんですが、別の記事に「政策綱領」や「影の内閣」などの漢語の表現もありました。

(2) **わたしは介護支援専門員をしておりますが、**介護に関する言葉は新しい概念が多く、**外来語も多くなっています。皆さんは「ヘルパー」「バリアフリー」「ケアマネージャー」という言葉をご存じかと思います。でも、これらの言葉を聞いてすぐに意味がわかるお年寄りはどれぐらいいるとお思いですか。**少なくともわたしが普段接しているお年寄りの中には、まずいらっしゃらないでしょう。

3）陈述理由或根据

针对1）中自己所陈述的观点，通常以断定的形式叙述其理由或根据。例如：

(1) **と言いますのは、**日本語は古来中国から漢語を大量に輸入し、和語と漢語を使い分けて日本語独自の表現を発展させてきたわけでして、今は、外来語がこれに加わって、バリエーションを広げていると考えられる**からです。**

(2) **その第一の理由は**外来語のもともとの意味がわからないまま使われてしまうこと、**第二の理由は**そのようなカタカナ語が増え続けてしまうことが**挙げられます。**

4）根据一般性的概念资料对自己所陈述的意见、理由、根据进行补充说明

为了说明自己所陈述的意见、理由、根据并非仅属说话人个人所有，而是得到普遍认可的内容，一般根据众所周知的概念或值得信赖的资料，指出与自己意见相同的观点已经得到普遍支持和认可，强调理由、根据是确凿的事实，以此补充说明自己所提出的观点，使之更具有说服力。例如：

(1) **国立国語研究所の資料によりますと、**日本人の発話における外来語の割合は５％にすぎないそうです。

(2) **ご承知のとおり、**言葉は変化するものですよね。わたしは変化こそ、言葉の姿だと思います。

5）初步归纳观点

当陈述一番自己的观点、理由、根据以后，再从另外一个角度改变表达方式进行归纳总结，整理逻辑上的因果关系，以便使自己的观点更加通俗易懂，并给听话人留下深刻的印象。

此时日语大多使用「言い換えると／別の見方からいうと」「つまり／要するに／すなわち」等表达方式等，尤其经常与「ことだ／わけだ」等形式名词搭配使用。例如：

(1) これらの言葉を聞いてすぐに意味がわかるお年寄りはどれぐらいいるとお思いですか。少なくともわたしが普段接しているお年寄りの中には、まずいらっしゃらないでしょう。**これでは**「お年寄り不在」の**介護です。**

(2) **つまり、**言葉は特定の人によって制限されるべきものではなく、あくまで使う人々の自由に任せるべきだと思う**わけです。**

6 ）确认（所预想到的）反对意见并给予部分认可

对于可以预料到的不同意见或已提出来的反对意见，其可取之处应予以承认，以使自己的观点更具有包容性。同时亦可以强调自己的观点并非片面。此时大多使用「確かに～かもしれません」「もちろん～と考えることが可能でしょう」「～の点で～という意見には賛成すべき点があると思います」等推论的表达方式。例如：

(1) 今、お二人がおっしゃったように、**確かに**新しい概念をそのまま外来語として使うことはわかりにくさの原因になっている**と思います**。

(2) 村上さんや小林さんがご指摘くださった個別的な**問題ももちろんあるでしょうが**、基本的姿勢としては、わたしは制限そのものに反対です。

7 ）反驳不同意见

在首先承认对方的不同意见的基础上，进一步对其进行反驳，以增强自己的观点的说服力。例如：

(1) 村上さんの「マニフェスト」と「政策綱領」のお話は、必要に応じてこの二つを使い分けるところが日本語のユニークな点だ**と思います**。**また**、小林さんのご指摘は介護等の枠の中で解決されるべき問題だ**と考えます**。

(2) 確かに逆の考え方もあるでしょうが、**それでも最初の問題は解決できないのではないでしょうか**。

8 ）面向听众的呼吁

特别强调的意见或主张，可以直接向听众提出，进行呼吁。例如：

(1) このことは、外来語が日本語全体のごく一部でしかないことをよく示している**のではないでしょうか**。

(2) このように考える**のはわたくしだけでしょうか**。

(3) こうした問題を皆で解決していく**べきだと思います**。

9 ）总结：叙述结论

最后，使用「以上より／従いまして」等起首词语，概括自己的观点，结束讲话。例如：

(1) **それで**、何にでも外来語を使うのはいかがなものかとわたくしは思うわけです。

(2) **以上から**、わたしは外来語はあえて制限する必要はないと考えます。

(3) **基本的姿勢としては**、わたしは制限そのものに反対です。

10）结束语

当讲话、致辞较长的时候，最后要向听者表示感谢。下面的两个例子都是在主题演讲等结束后使用的结束语。例如：

(1) **以上です。どうもありがとうございました。**

(2) **ご清聴《せいちょう》ありがとうございました。**

第9課

2. 主持人的惯用表达方式

主持一场讨论会或辩论会时通常使用如下表达方式，这也是本课会话中出现的一些说法，大家在做主持人时可以试着用一用：

では、早速、～を始めたいと思います。
⇒ きょうのテーマは～です。
⇒ まず、～。
⇒ では続いて、～。
⇒ では最後に～。
⇒ では質疑応答に入りたいと思います。

解説・表現

1. いかがなものかと思う

用于说话人较委婉地提出自己强烈的质疑、批评、反驳，相当于汉语的"～是怎么回事？"、"～合适吗？"。一般用在较正式的场合。注意不能对长辈、上司使用。例如：

(1) 有名人として、カメラの前であのような態度をするのは**いかがなものかと思う**。
(2) こんな個人情報をネットで公開するのは**いかがなものかと思う**。

2. というのは

先说明结果，再叙述理由时使用，一般后续「～からだ／のだ」等。多用于书面，日常会话中，仅限于辩论、交换意见等时使用。相当于汉语的"这样说，是因为～"。例如：

(1) 面接の際には、身だしなみにも注意した方がいい。**というのは**、第一印象が大きく影響すると言われているからだ。
(2) 最近、電車の中が静かになったという声もある。**というのは**、みんな携帯電話を見ているのだ。

練習用単語

矛盾（むじゅん）⓪	＜名・自Ⅲ＞	矛盾
失恋（しつれん）⓪	＜名・自Ⅲ＞	失恋
整える（ととのえる）④③	＜他Ⅱ＞	整理；整顿
構成（こうせい）⓪	＜名・他Ⅲ＞	结构；组织；构成
表明（ひょうめい）⓪	＜名・他Ⅲ＞	表明；表示

結論（けつろん）⓪	〈名・自Ⅲ〉	结论
根拠（こんきょ）①	〈名〉	根据；依据
本分（ほんぶん）①	〈名〉	本分；应尽的责任
サイト（site）⓪①	〈名〉	网站
交際（こうさい）⓪	〈名・自Ⅲ〉	交际；交往；应酬
従って（したがって）⓪	〈接〉	因此；因而；从而；所以
同意（どうい）⓪	〈名・自Ⅲ〉	同意；赞成
短縮（たんしゅく）⓪	〈名・他Ⅲ〉	缩短；缩减
無駄（むだ）⓪	〈名・形Ⅱ〉	浪费；无用；徒劳；无益
どちらかと言えば（どちらかといえば）⑦①	〈接〉	说起来；算是
引用（いんよう）⓪	〈名・他Ⅲ〉	引用
愛情（あいじょう）⓪	〈名〉	爱情
有料（ゆうりょう）⓪	〈名〉	收费
罰金（ばっきん）⓪	〈名〉	罚款；罚金
課す（かす）①	〈他Ⅰ〉	使负担；课以（罚金）
改まる（あらたまる）④	〈自Ⅰ〉	郑重其事；严肃；改变；更新
稼ぐ（かせぐ）②	〈自Ⅰ〉	挣钱；赚钱
たった今（たったいま）④	〈副〉	刚刚；刚才
徐々に（じょじょに）①	〈副〉	徐徐；慢慢；逐渐；渐渐

練　習

A．内容確認

1．会話文を読んで下の表を完成させてください。

	外来語の制限に賛成／反対	理由
村上さん		（1）（　　　　）意味を指しているのに、（　　　　）と（　　　　）の二つが使われると（　　　　）するから。 （2）（　　　　）に外来語を使うと、（　　　　）が（　　　　）してしまうから。
小林さん		（1）（　　　　）にとって、外来語は難しいから。

長谷川さん		（1）必要に応じて、昔は（　　　　）と（　　　　）、今はこれに（　　　　）が加わって、これらを使い分けるのが日本語のユニークなところだから。 （2）日本人の発話の中で、外来語の割合は（　　　　）しかないから。
永井さん		（1）言葉は（　　　　）ものであり、制限するかどうかを（　　　　）が決めるべきではないから。

2．会話文について、次の質問に答えてください。

(1) 村上さんは新聞を読むといつもどんなことに苛立ちを感じると言っていますか。

(2) 村上さんは、同じ意味なのに、漢語の代わりに外来語が使われるようになったのはどうしてだと思っていますか。

(3) 小林さんの話では、介護に関する言葉に外来語が多いのはどうしてですか。小林さんは、そのために、どんな矛盾が起きていると言っていますか。

(4) 小林さんは、外来語をどうするべきだと言っていますか。

(5) 長谷川さんは、村上さんと小林さんの話を一部認めています。二人の意見のどの部分を認めていますか。

(6) 外来語を制限するかどうかについて、永井さんはどうするのがいちばんいいと言っていますか。

B．文法練習

1．次の①②はaまたはbの正しいほうを選んでください。③は文を完成させてください。

(1) Vかねない

①この事件は若者に＿＿＿＿＿を与えかねない。

a．良い影響　　　　　b．悪い影響

②彼はどんな＿＿＿＿＿でもやりかねない。

a．いいこと　　　　　b．悪いこと

③このまま雨が続くと＿＿＿＿＿＿＿＿＿＿＿＿＿＿＿＿。

(2) ～にすぎない

①英語を勉強したと言っても、＿＿＿＿＿＿＿＿にすぎない。

a．まだ半年　　　　　b．もう3年

②あの人を知っているといっても、＿＿＿＿＿＿＿＿にすぎない。

a．前に一度会った　　　b．一度も会ったことがない

③失恋は＿＿＿＿＿＿＿＿＿＿＿＿＿＿＿＿＿＿＿＿。

2．次の文を完成させてください。

(1) Nに関する／Nに関して

①＿＿＿＿＿＿＿＿＿＿＿＿＿＿に関するシンポジウムが開催されました。

②中国の歴史に関する＿＿＿＿＿＿＿＿＿＿＿＿＿＿＿。

③就職に関して＿＿＿＿＿＿＿＿＿＿＿＿＿＿＿。

(2) Nに応じて

①ご希望に応じて＿＿＿＿＿＿＿＿＿＿＿＿＿＿＿＿＿＿＿。

②アルバイトの収入は、＿＿＿＿＿＿＿＿＿＿＿＿＿に応じて決められる。

③＿＿＿＿＿＿＿＿＿＿＿＿＿＿＿に応じて、新しい言葉が生まれる。

C．会話練習

1．ポイント：意見を主張する

「わたくしは、外来語は制限すべきだと思います。」

「わたしは外来語を制限する必要はないと考えます。」

モデル会話1

（大学生Aが「大学生にとってアルバイトは必要か」というテーマで、意見を述べている）

①わたしは大学生がアルバイトをすることに賛成です。

②その理由は二つあります。まず第一に、社会勉強ができるということです。学校で習うことだけを勉強していては、知識だけのつまらない人間になってしまうのではないでしょうか。やはり社会の中で自分に何ができるかを知ることは、将来のために役に立つと考えます。

③第二に、やはり経済的な点です。勉強のために本やパソコンなど、必要なものはたくさんあります。アルバイトをすればそれらを自分で買うことができるのです。大学生にとって、勉強する環境を自分で整えていくことも大切なのではないでしょうか。

④ですから、わたしは大学生にとってアルバイトは必要だと考えます。

ここをおさえよう！

(1) Aさんはどんな構成で意見を述べていますか。①〜④の発話について、右のa〜cから選んでください。

①（　　　）
②（　　　）
③（　　　）
④（　　　）

a．立場表明
b．結論
c．理由と根拠

（2） Aさんは「大学生にとってアルバイトは必要である」と言っていますが、それに対する反対意見にはどのようなものが考えられますか。反対意見の理由をいくつか挙げてみましょう。

モデル会話２

（大学生Bが大学生Aの意見を聞いて、反論している）

①確かに、Aさんがおっしゃるように、アルバイトの経験は将来のために役に立つかもしれません。
②しかし、わたしは、大学生はアルバイトをするべきではないと考えます。
③大学生の本分は勉強することにあると考えるからです。
④実際、あるサイトの調査によると、大学生の80%がアルバイトをしているそうですが、アルバイトで得たお金は、ほとんどが娯楽や交際のために使われているということです。結局、勉強するための時間がなくなってしまうのです。
⑤学生には自由に使える時間がたくさんありますが、学生の間にたくさん本を読み、役に立つ知識を得ておくことが大切なのではないでしょうか。
⑥従って、わたしは、やはり大学生はアルバイトをするべきではないと考えます。

ここをおさえよう！

（1） Bさんはどんな構成で意見を述べていますか。①～⑥の発話について、右のa～eから選んでください。

①（　　　）
②（　　　）
③（　　　）
④（　　　）
⑤（　　　）
⑥（　　　）

a. 理由と根拠
b. 結論
c. 立場表明
d. 異なる意見に対する一部同意
e. 反対意見の提示

（2） Bさんは、Aさんの意見を聞いてから、自分の意見を述べています。Aさんの意見のどの部分を認めていますか。

✤言ってみよう！

「立場表明」や「反対意見の提示」などの表現を、ポーズやイントネーションに注意しながら言ってみましょう。

(1)「大学生にとってアルバイトは必要だ」という意見への同意

a. 立場表明（賛成）

→わたしは「大学生にとってアルバイトは必要だ」という意見に賛成です。

b. 理由

→それは、アルバイトを通じて社会勉強ができるからです。

(2) (1)bへの反論

a. 異なる意見に対して一部同意

→確かに、アルバイトを通じて社会勉強が可能になるかもしれません。

b. 立場表明（反対）

→しかし、わたしは大学生にとって必要なのは勉強で、アルバイトはするべきではないと思います。

c. 反対意見の提示

→大学生の間に、本を読んだり役に立つ知識を得ておくことは、アルバイトよりもっと大切なのではないでしょうか。

第9課

2．ポイント：ディスカッションでのやりとり

モデル会話

（「2時間の昼休みを1時間に短縮して、授業を早く終わらせるべきかどうか」というテーマで李、趙、鈴木がディスカッションをしている）

李　：わたしは、「2時間の昼休みを1時間に短縮して、授業を1時間早く終わらせるべきだ」と考えます。早く授業が終われば、それだけ長くアルバイトをしたり、好きなことができる時間が増えると考えるからです。

趙　：つまり、昼休みの1時間は無駄だということですか。

李　：いいえ、無駄だとは言いませんが、一日をもっと有効に使うために早く授業を終わった方がいいと思います。

趙　：確かに、李さんが言ったように、授業が早く終われば一日が有効に使えるのかもしれません。しかし、そうしなくても、昼休みの時間をもっと有効に利用すれば問題はないのではないでしょうか。

鈴木：つまり、昼休みに宿題をしたり勉強したりすれば、有効に時間が使えるということですね。

趙　：はい。鈴木さんはどう思いますか。

鈴木：そうですね…さきほど李さんが言ったように、授業が早く終わればアルバイトや好きなことができますが、昼休みにはそういうことはできません。時間を有効に使うためだったら、授業は早く終わった方がいいと思うんです。ですから、どちらかと言えば、わたしは李さんの意見に賛成です。

ここをおさえよう！

(1) 李さんが最初に意見を言った後、趙さんは李さんの意見をまとめて確認しました。どんな表現を使って確認しましたか。ほかに、その表現が使われているのはどこですか。

(2) 最後に、鈴木さんは李さんの意見を引用しました。どんな表現を使って引用しましたか。ほかに、その表現が使われているのはどこですか。

✤発展練習：ディスカッションをしよう！

クラスで賛成派と反対派のグループを作り、下のテーマから一つ選んでディスカッションをしてください。必要な資料があったら自分たちで調べてください。

テーマ：①お金は愛情より大切である。
②年を取ったら、都市よりも地方のほうが生活しやすい。
③公衆トイレはすべて有料化するべきである。
④歩きながらタバコを吸ったら、罰金を課すべきである。

3. ポイント：改まった話し言葉

「それでは、今ご紹介した４人の方のうち、まず、制限すべきだというお考えの村上さん、ご意見をお願いします。」

「ただ今ご紹介いただきましたとおり、わたくしは外来語は制限すべきだと思います。」

モデル会話

司会：大学生にとってアルバイトは必要だというご意見の方、いらっしゃいますか。

A　：はい。わたくしは、アルバイトは必要だと考えています。と言いますのは、大学生の間に、お金を稼ぐということがどのようなものか、体験しておいたほうがいいと考えるからです。おそらく多くの大学生が、アルバイトを通じて働くことの厳しさが体験できるはずです。このような経験は将来必ず役に立つと考えます。以上がわたくしの意見です。

司会：ありがとうございました。ただいまＡさんがおっしゃったのは、大学生にとってアルバイトの経験は将来役に立つということでした。では、Ａさんのお考えに賛成の方は、いらっしゃいますか。

ここをおさえよう！

(1) 司会もＡさんも非常に改まった話し方をしていますが、どんな場面でのディスカッションだと思いますか。

(2) 司会が使った表現の中で、非常に改まった場面で使われる表現には、どんな表現がありますか。

(3) Ａさんが使った表現の中で、非常に改まった場面で使われる表現には、どんな表現がありますか。

✤言ってみよう！

普通の表現を改まった表現に直してください。

① (皆さん→　　　　) (きょう→　　　　) はお集まりいただきまして、(本当に→　　　　) ありがとうございます。

② (たった今→　　　　) のＡさんの (意見→　　　　) に反対の方はいらっしゃいますか。

③ (さっき→　　　　) Ａさんが (言った→　　　　) ように、何にでも外来語を使うことには賛成できません。

④ お年寄りは、若者のように新しい外来語に (少しずつ→　　　　) 慣れてくるとは限りません。

⑤ 新しい外来語は、(たぶん→　　　　)、多くの人がその外来語の意味をはっきりと理解しないまま使っているかもしれません。

第9課

外来語の増加は是か非か

＜賛成派＞

外来語の増加が社会的な問題になっている。この問題に関しては、増加を否定的にとらえる意見が多いようだ。私自身は、日本語本来の性質からみて外来語が増加するのは当然のことだと考える。日本語は外国の言葉を柔軟に受け入れることで成立した言語だと言われているし、表音文字のカタカナがあること自体、外来語を受け入れやすくしているからである。カタカナで表記することによって、外来語であることを明確に示すことができるというのも利点だと考えるのである。

外来語はわかりにくいという批判があるが、例えば、「ノーマライゼーション」と「等生化」とではどちらの方がわかりにくいだろうか。わかりにくいのは外来語であるからではなく、新しく生まれた言葉であるからだ。新しい言葉は、外来語でも漢語でもわかりにくい点では同じだ。新しい概念を表すために作られた言葉は、その意味が広く普及するまでに時間が必要である。その間、新しい言葉は「わかりにくい」という評価を受けるのである。わかりにくさが同じであるなら、新しい言葉であることを明確に示すカタカナで表記される外来語の方がよいのではないか。

これからも時代とともに新しい事物や概念が生まれ、それらを表すために外来語が使われるにちがいない。

＜反対派＞

私は、外来語の使用は制限したほうがよいと考える。もちろん、カタカナで表記される外来語の中にはパンやコーヒー、カーテンやテーブルなど日本語としてすっかり定着している言葉も多い。そういう言葉まで制限することはとても無理だと思う。

しかし、現在のように外来語が増える一方である以上、制限を加えたほうがよいと考える。その理由は、外来語が理解できないために、必要な情報が受け取れなかったり、コミュニケーションがうまくできなくなったりする可能性があるからだ。

先日祖母から高齢者向けの介護施設の案内書を見せられた。案内書には「バリアフリー」や「ユニバーサルデザイン」などカタカナ語があふれている。ふだんよく耳にする言葉だが、高齢者にとってわかりやすいことばで説明しようと思うと案外難しい。案内書の作成者にすれば、漢字の言葉よりカタカナの言葉のほうがやさしいと考えたのだろうが、本当に必要な人に必要な情報が伝わらないということになりがちである。

言葉というものは、多くの人にとって理解可能なものでなければならない。現在使われている外来語には、そうでないものが多すぎる。外来語の使用は多くの人に理解可能なものに制限すべきである。

新出単語

本学(ほんがく)⓪	〈名〉	本校（专指大学）
ぞうか(増加)⓪	〈名・自Ⅲ〉	增加
是(ぜ)①	〈名〉	是；合乎道理
非(ひ)①	〈名〉	非；不利；过错
賛成派(さんせいは)⓪	〈名〉	赞成派
-派(-は)		派别；派
～に関して(～にかんして)		有关；关于
性質(せいしつ)⓪	〈名〉	性质
柔軟(じゅうなん)⓪	〈形Ⅱ〉	柔软；灵活；不死板
成立(せいりつ)⓪	〈名・自Ⅲ〉	成立；完成；实现；通过
表音文字(ひょうおんもじ)⑤	〈名〉	表音文字
自体(じたい)①	〈名〉	本身；自身；自己
表記(ひょうき)①	〈名・他Ⅲ〉	书写；记载；标记
明確(めいかく)⓪	〈形Ⅱ〉	明确
批判(ひはん)⓪	〈名・他Ⅲ〉	批评；批判
ノーマライゼーション(normalization)⑥	〈名〉	正常化；通常化
等生化(とうせいか)⓪	〈名・他Ⅲ〉	正常化；通常化
評価(ひょうか)①	〈名・他Ⅲ〉	评价；定价；考查
事物(じぶつ)①	〈名〉	事物
カーテン(curtain)①	〈名〉	窗帘；幕
定着(ていちゃく)⓪	〈名・自Ⅲ〉	固定；安定；定居
とても⓪	〈副〉	（后接否定意义）无论如何也（不）～；怎么也（不）～
案内書(あんないしょ)⑤	〈名〉	说明书
ユニバーサルデザイン(universal design)⑧	〈名〉	通用设计
カタカナ語(片仮名ご)⓪	〈名〉	用片假名书写的词语
あふれる(溢れる)③	〈自Ⅱ〉	充满；溢出
耳にする(みみにする)②－⓪		听到

解説・語彙

1. とらえる

「とらえる」的本义是捉住、逮住，例如「犯人をとらえる」。在本课中用的是其引申义，意思是“把握；掌握；看待”。例如：

(1) この問題に関しては、増加を否定的に**とらえる**意見が多いようだ。
(2) 文章の意味を正しく**とらえる**。
(3) 彼女は人の心を**とらえる**話が上手だ。

2. 柔軟

「柔軟」的本义是柔软，例如「年をとっても体が柔軟だ」；在本课中意为“灵活”，用来形容人的观念、态度、做法等，常见的搭配有「柔軟な態度」等。例如：

(1) 日本語は外国の言葉を**柔軟に**受け入れることで成立した言語だと言われている。
(2) 何先生はいつも生徒一人一人の性格をよく見て、**柔軟な**態度で接している。
(3) どのようなご意見に対しても**柔軟に**対応させていただきます。

3. 受け入れる

「受け入れる」在本课中意为“接受；采纳（一种事物、观点、意见等）”。例如：

(1) 日本語は外国の言葉を柔軟に**受け入れる**ことで成立した言語だと言われている。
(2) 先生からの注意を素直に**受け入れた**。
(3) この習慣は外国人には**受け入れて**もらえないかもしれない。

4. 自体

「自体」接在名词后使用，强调事物本身。例如：

(1) 日本語は外国の言葉を柔軟に受け入れることで成立した言語だと言われているし、表音文字のカタカナがあること**自体**、外来語を受け入れやすくしているからである。
(2) 今回のことは、担当者の責任ではなく、制度**自体**の問題によるらしい。
(3) 作業**自体**は非常に簡単だが、最初から最後まで手作業なので時間がかかる。

5. 生まれる

「生まれる」本义为出生，在本课中意为“产生”，通常指抽象事物的产生。例如：

(1) わかりにくいのは外来語であるからではなく、新しく**生まれた**言葉であるからだ。

(2) 小さな疑問から大きな発見が**生まれる**こともある。
(3) 実験の結果から新しい疑問が**生まれた**。

6. 評価

「評価」既可做名词又可做动词使用，意为“评价”。例如：

(1) その間、新しい言葉は「わかりにくい」という**評価**を受けるのである。
(2) 高い**評価**を与える。
(3) 外見で人を**評価する**べきではない。

「評価」做动词使用时，有时表示“对……给予较高评价，值得肯定”的意思。例如：

(4) 調査に積極的な協力が得られたということは過去にはあまり例のないことであり、この点でも**評価したい**。

7. 受け取る

「受け取る」的本义是“接收；领取”，例如「荷物を受け取る」。在本课中用的是其引申义，意思是“领会；理解”。例如：

(1) その理由は、外来語が理解できないために、必要な情報が**受け取れなかったり**、コミュニケーションがうまくできなくなったりする可能性があるからだ。
(2) 彼女は私の意見を間違って**受け取った**らしい。
(3) 同じ言葉でも人によって**受け取り**方が異なる。

8. あふれる

「あふれる」在本课中意为“充满”，常见的搭配是「～に～があふれている」。例如：

(1) 案内書には「バリアフリー」や「ユニバーサルデザイン」などカタカナ語が**あふれている**。
(2) 目には涙が**あふれていた**。
(3) 入口には開店を待つ客が**あふれていた**。

9. 案外

「案外」意为“意想不到；出乎意料”，表示结果与所预想的相反，其结果既可以是积极的，也可以是消极的。例如：

(1) ふだんよく耳にする言葉だが、高齢者にとってわかりやすい言葉で説明しようと思うと**案外**難しい。
(2) この仕事は少なくとも１か月はかかると思ったが、**案外**早くできた。
(3) 挑戦してみようと思うと**案外**難しい。

解説・文法

1. ～とともに＜变化＞

「とともに」接在名词或动词辞典形后面，可以表示一方发生变化，另一方也随之发生变化。相当于汉语的“随着～；～的同时”。例如：

(1) これからも時代**とともに**新しい事物や概念が生まれ、それらを表すために外来語が使われるにちがいない。
(2) 経済の発展**とともに**、国民の生活様式《ようしき》も変わってきた。
(3) ダイエットして、やせる**とともに**体調がどんどんよくなってきた。
(4) 社会人になる**とともに**、一人暮らしが始まった。

2. ～にちがいない＜有把握的判断＞

「にちがいない」接在名词（也可以后接「である」）、Ⅱ类形容词的词干后面，或接在Ⅰ类形容词、动词的连体形后面，表示说话人基于某种根据的非常有把握的判断。多用于书面语，在口语中则多用「きっと～と思う」。相当于汉语的“肯定～；一定～”。例如：

(1) これからも時代とともに新しい事物や概念が生まれ、それらを表すために外来語が使われる**にちがいない**。
(2) 細かい描写《びょうしゃ》の仕方から見ると、この小説の作者《さくしゃ》は女性**にちがいない**。
(3) あの店はいつも多くの人が並んでいるから、おいしい**にちがいない**。
(4) ちょっと曇っていて残念だが、晴れていれば景色はもっときれい**にちがいない**。

3. Vる一方だ＜不断增强的势头＞

「一方だ」接在非自主动词的词典型后面，表示变化的势头在不断加强，一时难以止住，多用于叙述消极的事情。相当于汉语的“不断～”。例如：

(1) しかし、現在のように外来語が増える**一方である**以上、制限を加えた方がよいと考える。
(2) 最近は携帯電話の普及により、公衆電話は減る**一方だ**。
(3) このごろは、食料の値段が上がる**一方で**、困っている。
(4) 劉さんは忙しくなる**一方で**、一緒に食事をする時間さえなくなった。

4. ～以上＜推理的根据＞

「以上」接在动词连体形或简体形式的名词谓语句后面，表示说话人据此进行推理，理所当然地得出后项所陈述的结论，后项一般为说话人的判断、要求、愿望、决心等主观表达方式。相当于汉语的“既然～”。例如：

(1) しかし、現在のように外来語が増える一方である**以上**、制限を加えた方がよいと考える。

(2) 薬である**以上**、飲みすぎるのはよくない。

(3) ここまで来た**以上**、やめるわけにはいかない。

(4) あらゆる製品は人間が作る**以上**、完全であるとは言えない。

5. Nにすれば＜思考的角度＞

「にすれば」一般接在指人或团体组织的名词后面，表示站在该人或该团体组织的角度来思考问题的话会得出后面的结果。相当于汉语的“从～的角度来看的话；对～来说”。例如：

(1) 案内書の作成者**にすれば**、漢字の言葉よりカタカナの言葉のほうがやさしいと考えたのだろうが、本当に必要な人に必要な情報が伝わらないということになりがちである。

(2) 彼女**にすれば**私にいろいろ不満があるのだろうけれど、私だって彼女に言いたいことがある。

(3) 日本人**にすれば**、ごく自然な発想であるが、外国人から見ると不思議なことかもしれない。

第9課

練習用単語

徹底的（てっていてき）⓪	〈形Ⅱ〉	彻底（的）
水準（すいじゅん）⓪	〈名〉	水平；水准
向上（こうじょう）⓪	〈名・自Ⅲ〉	提高；向上
権利（けんり）①	〈名〉	权利
生活様式（せいかつようしき）⑤	〈名〉	生活方式
母語（ぼご）①	〈名〉	母语
話者（わしゃ）①	〈名〉	说话人；演讲者

練　習

A. 内容確認

1. 読解文を読み、次の質問に答えてください。

(1) 賛成派の意見として書かれているものはどれですか。

（　　）外来語の増加は日本語本来の性質によると思われる。
（　　）カタカナで書けば、外来語であることが明確になる。
（　　）新しい言葉が普及するまでには時間がかかる。
（　　）新しい言葉を漢語にするとわかりにくくなる。
（　　）これからも外来語は使われ続けるだろう。

(2) 反対派の意見として書かれているものはどれですか。
（　　）外来語の使用は徹底的に制限すべきである。
（　　）外来語のせいで、コミュニケーションがうまくいかない場合がある。
（　　）外来語は難しいが、丁寧に説明すれば理解できないものではない。
（　　）案内書の作成者は、漢字で書かれた新しい言葉が難しいと思っている。
（　　）私たちは現在使われている外来語が理解できるように努力すべきである。

B．文法練習

1．次の文を完成させてください。

(1) ～にちがいない

①このドアはどうしても開かない。＿＿＿＿＿＿＿＿＿＿にちがいない。
②母にとって、一人で私を育てるのは＿＿＿＿＿＿＿＿＿＿にちがいない。
③親なら、＿＿＿＿＿＿＿＿＿＿＿＿＿＿＿＿＿＿＿＿にちがいない。

(2) Nにすれば

①この話は＿＿＿＿＿＿＿＿人にすれば、まったくおもしろくないだろう。
②慣れている人にすれば、やさしいかもしれないが、初めての人には＿＿＿。
③地方出身の学生にすれば、＿＿＿＿＿＿＿＿＿＿＿＿＿＿＿＿＿＿。

2．次の①②はaまたはbの正しいほうを選んでください。③は文を完成させてください。

(1) ～とともに

①科学技術の進歩とともに、＿＿＿＿＿＿＿＿＿＿。
　a．生活水準も向上した　　　　b．生活水準も高い
②インターネット利用の拡大とともに、＿＿＿＿＿＿＿＿＿＿。
　a．生活様式もいろいろある　　b．生活様式も大きく変化した
③時代の変化とともに、＿＿＿＿＿＿＿＿＿＿＿＿＿＿＿＿＿＿＿＿。

(2) Vる一方だ

①最近、迷惑メールが＿＿＿＿＿＿＿＿＿＿一方だ。
　a．増える　　　　　　　　　　b．増えた

②車が増えたため、＿＿＿＿＿＿＿＿＿＿＿一方だ。

a．環境がよくなる　　　　　　　b．空気が汚くなる

③中国では、＿＿＿＿＿＿＿＿＿＿＿＿＿＿＿＿＿＿＿＿＿。

(3) ～以上

①＿＿＿＿＿＿＿＿以上、自分の行動に責任を持たなければならない。

a．社会人　　　　　　　　　　b．社会人である

②大学に＿＿＿＿＿＿＿＿＿＿以上は、精一杯勉強したい。

a．入って　　　　　　　　　　b．入った

③北京に来た以上、＿＿＿＿＿＿＿＿＿＿＿＿＿＿＿＿＿＿。

C．発展練習

1．次の意見に対して、あなたはどのように考えますか。例のように、意見を書いてみましょう。

例

日本人学生の意見：「英語がわかる人にとって外来語は難しくないだろう。」

私の意見：

日本人の学生は、英語がわかる人にとって外来語は難しくないだろうと言う。確かに、英語の言葉はどんどん日本語の中に入っているにちがいない。しかし、例えば、「ストレス」や「バリア」などのように、日本語の発音になった英語の言葉は英語の母語話者にとってもわかりにくいのではないか。従って、英語がわかる人にとっても日本語の外来語は難しいだろうと考える。

(1)

日本人学生の意見：「中国語にも『巧克力』や『沙发』のような外来語の音だけを利用して作られた言葉がある。漢字には意味があるのに、どうして意味のない漢字を使うのか。」

私の意見：

＿＿＿＿＿＿＿＿＿＿＿＿＿＿＿＿＿＿＿＿＿＿＿＿＿＿＿＿＿＿

＿＿＿＿＿＿＿＿＿＿＿＿＿＿＿＿＿＿＿＿＿＿＿＿＿＿＿＿＿＿

確かに、＿＿＿＿＿＿＿＿＿＿＿＿＿＿＿＿＿＿＿＿＿＿＿＿＿＿

＿＿＿＿＿＿＿＿＿＿＿＿＿＿＿＿＿＿＿＿＿＿＿＿＿にちがいない。

しかし、＿＿＿＿＿＿＿＿＿＿＿＿＿＿＿＿＿＿＿＿＿＿＿＿＿＿

＿＿＿＿＿＿＿＿＿＿＿＿＿＿＿＿＿＿＿＿＿＿＿＿＿ではないか。

＿＿＿＿＿＿＿＿＿＿＿＿＿＿＿＿＿＿＿＿＿＿＿＿＿＿＿＿＿＿

＿＿＿＿＿＿＿＿＿＿＿＿＿＿＿＿＿＿＿＿＿＿＿＿＿＿と考える。

(2)

日本人学生の意見：「こんなに電話やメールが普及しているのだから、手紙の書き方を練習する必要はない。」

私の意見：

____

____

確かに、______________________________

______________________________にちがいない。

しかし、______________________________

______________________________ではないか。

____

______________________________と考える。

2．日本語と中国語における外来語の増加について、あなた自身はどのように考えますか。賛成ですか、反対ですか。なぜそのように考えるか。理由も含めて意見をまとめてください。

日常礼仪Q＆A答案

Answers：

1. ○。在葬礼上，两名亲属各持一双筷子共同夹起已故亲人的骨灰放到骨灰盒中，用餐时的这一举动与葬礼上的仪式相仿，被认为是不吉利的。
2. ×。来宾可以穿黑色服装，男性通常穿黑西服，系白领带。
3. ○。女性通常跪坐在“榻榻米”或坐垫上，称为“正座《せいざ》”。如果是比较随意的场合，也可以把双腿放在身体的一侧，称为“横座《よこずわ》り”。
4. ○。伤心哭泣时会用手绢擦眼泪，因此手绢带有分别的意思，不宜送给恋人。
5. ×。左右手都可以拿筷子。
6. ×。目不转睛地直视对方是不礼貌的。
7. ×。正确的做法是在浴缸外把身体洗干净后再到浴缸里泡。
8. ○。故意让对方知道礼品的价钱是很不礼貌的。
9. ○。菊花常用于葬礼，送给病人会令对方心情不愉快。
10. ×。不能“送钟（送终）”是中国的习惯，在日本没有这种讲究。

日本的文字（2）

平假名

「万葉仮名」逐渐简化成易于书写的形式，便产生了平假名。平假名在平安时期发展起来并在宫廷中的女性之间得到广泛使用，因而又被称为「女《おんな》手《で》」。因其字体流畅自然，深受当时贵族的喜爱，不久男性也开始使用平假名。平假名最初只是单独使用，后来才出现了汉字与平假名混用的书写方式。

平假名是作为表音文字使用的。随着时代的变化，一些词的发音发生了变化，但书写方式却保持不变。第二次世界大战后日本对标记法进行了改革，规定按照实际发音标记单词。现在通用的这种标记方式被称为「現代《げんだい》仮《か》名遣《なづか》い」，原来的标记方式被称为「歴史的《れきしてき》仮名遣《かなづか》い」。但有一些助词的发音和书写方式不一致，需要特别注意，例如：「日本へ(e)出す手紙は(wa)いくらの切手を貼りますか」。

罗马字

最初用罗马字标记日语的是室町时期东渡日本的葡萄牙传教士，他们用罗马字编写了日葡辞典、外语教科书和传教用的书籍。

罗马字的书写方式有「訓令式《くんれいしき》」「日本式《にほんしき》」和「標準式《ひょうじゅんしき》（ヘボン式）」三种，小学教授「訓令式」，但在日常生活中「標準式（ヘボン式）」则更为常用。

罗马字主要用于以下几个方面：①表示顺序；②表示分类的项目；③指称某人或某事物（A君、C・J両国の関係）；④科学术语；⑤缩略语（3LDK、NHK、OL）；⑥站牌、路标、海报等。

数字和标点符号

日语中的数字有汉字和阿拉伯数字两种，究竟使用哪一种，要视具体情况而定。一般来说，横行书写时多使用阿拉伯数字，竖行书写时多使用汉字。以下情况一般使用汉字：①数字感不强时（如：「一般」、「一部」）；②表示“万”以上的数字单位时（如：「100億」、「1,000万」）；③表示不确定的数字时（如：「数十日」、「四、五人」）。

标点符号是表示文章结构和语句关系的必不可少的一种文字形式。下表列出了日语中常用的标点符号。

名称	符号	意义
まる/句点《くてん》	。	表示句子结束
てん/読点《とうてん》	、	表示句中停顿或并列关系
なかぐろ	・	表示并列等关系
かぎかっこ	「」『』（二重かぎかっこ）	表示引用、强调等
まるかっこ	（ ）	表示补充说明等

「句点」和「読点」合起来叫做「句読点《くとうてん》」，泛指标点符号。

“”？！等符号来自西方语言，在日语中有时用来表达某种感情或渲染某种气氛，但一般限于记录口语或用于非正式的书面语。

第10課　日本のアニメ産業

学習目標

ユニット1　会話

(1) 親しい相手に対して依頼をするときに、内容に応じて依頼のしかたを変えることができる。

(2) 親しい相手からの依頼を引き受けたり断ったりすることができる。

ユニット2　読解

(1) 論説文を読み、事態の変化とその背景を理解することができる。

(2) 変化を表すグラフについて、わかりやすく説明することができる。

- 最近、友達にどんなことを頼まれましたか。
- 中国で人気のあるアニメは何ですか。どうして人気があるのですか。

◆デジタルアニメ制作の主な流れ◆

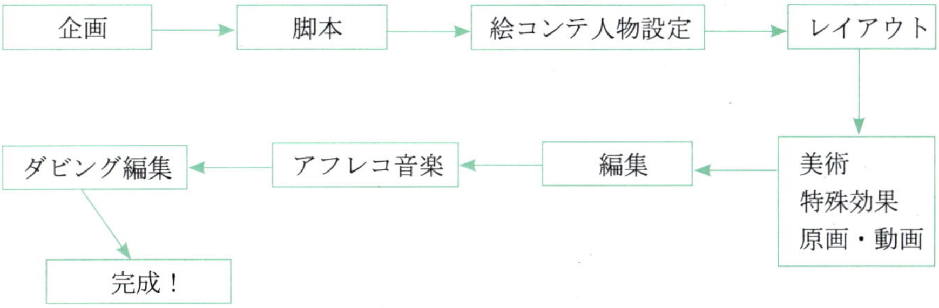

ユニット１　会話

そこを何とか

（大学で）

李　：高橋さん、今ちょっといい？
高橋：うん、何？
李　：あの、僕、先月日本へ行ってきたじゃない？
高橋：うん、うん。
李　：今度、その報告会をしなくちゃいけなくて…。
高橋：ふーん、そうなんだ。大変だね。
李　：それで、高橋さんにちょっと手伝ってもらえないかなと思って…。
高橋：うん、どんなこと？
李　：報告会でね、日本のアニメについて話す予定なんだけど、
高橋：あ、講演を聞いたって話？
李　：そうそう。できたら若者のアニメ観についても、話せるといいんだけどね、
高橋：うん、おもしろそう。
李　：でね、やっぱりインタビューも必要かなあと思って。
高橋：うん、うん。
李　：それで、ちょっとお願いなんだけど、知り合いの留学生にインタビューをしてもらえないかなあ。
高橋：ええっ、それはちょっと…。遣唐使の会の人にも聞いてみた？
李　：うん。でも、みんな中国語の試験勉強で忙しいからできない、って。
高橋：それじゃあ、ちょっと無理かなあ…。
李　：２、３人でもいいから、ちょっとやってもらえると助かるんだけど…。だめかな？
高橋：うーん、難しいなあ。
李　：そこを何とか。
高橋：うーん、そう言われてもね…。できないことはないかもしれないけど…。
李　：あー、助かった。やっぱり高橋さんに相談してよかった。
高橋：ちょ、ちょっと待って、私やるって言ってないんだけど。

李　：えっ？　だって、今「できないことはない」って…。

高橋：できれば協力したいけど、やっぱりちょっと…。ごめんね。

李　：そうか。あーあ、困ったなあ。

高橋：あ、そうだ。王さんに頼んでみたらどうかな？

李　：あ、そうか。アニメ研究会の人と仲がいいみたいだったし、聞いてみてくれるかも！

高橋：そうよ。李さんのためだもの、きっとやってくれるわよ。

李　：じゃ、悪いけど、高橋さんからも王さんに一言お願いしてくれない？

高橋：もう、李さんったら。（笑い）はい、はい。

李　：じゃ、よろしく！

（１週間後）

高橋：李さん、このあいだのインタビューの話、どうなった？

李　：王さんがアニメ研究会の部長さんに頼んでくれたおかげで、

高橋：うん、うん。

李　：研究会のメンバーがみんなで協力してくれて、たくさん調査結果がもらえたんだ。

高橋：よかった。私が断ったせいで、李さんの発表がうまくいかなかったらどうしようって、気になってたの。

李　：大丈夫。もう、完璧ですよ。ねえ、来週の報告会、来てくれるよね？

高橋：もちろん！

李　：デジカメで、僕のかっこいい姿、しっかり撮っておいてね。

高橋：オッケー！

新出単語

でね		（「それでね」的省略，语气较为亲近）因此；因而
かなあ ②	〈終助〉	（表示感叹、疑问）啊；吗
仲がいい(なかがいい)①-①		关系好
ったら	〈取立て助・終助〉	（多为女性使用，责备的语气）可真是的

解説・文法

1. ～ないことはない＜双重否定＞

「ことはない」接在动词或形容词的否定形式后面，构成双重否定的形式，实际上表达肯定的意思。有时也用「～ないこともない」的形式。相当于“也不是不～；并非不～”。例如：

（1）**できないことはない**かもしれないけど…。

（2）納豆は**食べないことはない**ですが、あまり好きではありません。

（3）提出はあしたは無理ですが、あさってまでなら**できないことはありません**。

（4）**おいしくないことはない**んですが、ちょっと味が薄いような気がしました。

（5）A：林さん、彼女のこと、ほんとは好きじゃないんじゃないの？

B：うーん、**好きじゃないことはない**んだけど…。

2. ～もの＜强调原因、理由＞

「もの」接在简体句后面，表示原因、理由，多用于为自己的动作行为辩解，有时也用来表示强调。多为女性或儿童在非正式的会话中使用，有较浓重的关东地区方言的色彩。也可以说成「もん」，语气更为随意。例如：

（1）李さんのためだ**もの**、きっとやってくれるわよ。

（2）A：毎日早いですね。

B：新人です**もん**。頑張らなくちゃ。

（3）A：そんなにたくさん食べるの？

B：だって、お腹すいちゃったんだ**もん**。

3. Nったら＜（负面）评价的对象＞

「ったら」接在指人名词的后面，表示说话人对该人物的轻微不满，后续的内容是对该人物的负面评价，所评价的内容多为说话人感到意外的事情。「ったら」后面的词语有时也可以省略。「ったら」只用于口语,多为女性使用，关东地区更为常用。相当于汉语的“～这个人呀，～”。例如：

(1) もう、李さん**ったら**。

(2) 李　：窓からごみを捨ててはいけない…。

高橋：李さん、それは当たり前ですよ。

李　：そうですね。人が下を歩いているときに、窓からごみを捨ててはいけない…。

趙　：もう、李さん**ったら**。人がいないときにも、捨ててはいけませんよ。

(3) 私**ったら**また寝坊しちゃった。

4．～おかげだ＜积极结果的原因＞

「おかげだ」接在动词、形容词连体形或“名词＋の”后面，表示带来某种积极结果的原因。常以「～おかげで」的形式出现，后句动词则多采用「～てくれる」等表示受益的形式。相当于汉语的“多亏了～；由于～”。例如：

(1) 李　：王さんがアニメ研究会の部長さんに頼んでくれた**おかげで**、

高橋：うん、うん。

李　：研究会のメンバーがみんなで協力してくれて、たくさん調査結果がもらえたんだ。

(2) 親が働いてくれている**おかげで**、私がこうしてここにいることができるのです。

(3) この二、三日朝晩涼しい**おかげで**よく眠れた。

(4) 新しい家は交通が便利な**おかげで**、通勤が楽になりました。

(5) 合格できたのは僕一人の力ではなく、友達や先生方が応援をしてくれた**おかげだ**と思います。

有时说话人为了讽刺对方，会故意用「おかげだ」表示引起消极结果的原因，这是一种反语的说法。例如：

(6) 彼の**おかげで**、先生に叱られてしまった。

5．～せいだ＜消极结果的原因＞

「せいだ」接在动词、形容词连体形或“名词＋の”后面，表示造成某种消极结果的原因。除了「～せいだ」「～せいで」的形式外，还有「～せいではない」「～せいでもない」「～せいに（する）」等形式。相当于汉语的“都怪～；就因为～”。例如：

(1) 私が断った**せいで**、李さんの発表がうまくいかなかったらどうしようって、気になってたの。

(2) コンサートに行ったが、舞台が遠すぎるのと暗い**せいで**、歌手がよく見えなかった。

(3) 自分の失敗を人の**せいに**するのはやめてほしい。

(4) 最近よく眠れないのは暑さの**せいだ**。

解説・会話

1. 向好友、关系亲密者提出请求

1）请求的语法形式

与第7课相同，无论请求对象为何人，均须通过语法手段明确地表示出以下两点：（一）以授受动词表明听话人（被请求者）的行为将使说话人（请求者）受益；（二）由于该行为实施与否归根结底由听话人（被请求者）决定，所以需要使用疑问句或仅仅表明说话人（请求者）的愿望、推测等。

以下是向好友或关系亲密者等提出请求的说法：

(1) 「～てくれない／もらえない（か／かな）？」

① 知り合いの留学生に、**インタビューしてもらえないかなあ**。

② この漢字の読み方と意味、**教えてくれない**？

(2) 「～てくれると／もらえると／くれたら／もらえたら助かるんだけど」

①２、３人でもいいから、ちょっと**やってもらえると助かるんだけど**…。だめかな？

②ちょっと**手伝ってくれたら嬉しいんだけど**…。

如果关系极其亲密，有时可不使用请求句，而使用近乎命令、要求的表达方式：

(3) 「～てくれる？ 」

① 悪いけど、これ、**やってくれる**？

另外，还有下面这种以可能形式提出请求的句式：

① 何とか**お願いできないかな**。

2）请求的语篇结构

（1）铺垫。

即使关系很好或非常亲密，当所求之事会给对方造成负担时，说话人大多在提出请求之前，首先考虑对方的情况，并在语言上体现出来。例如：

① 高橋さん、**今ちょっといい**？

（2）说明请求的前提。

对年龄、地位较高者提出请求时，语言表达礼貌客气，可以较快地进入主题；而向好友、关系亲密者提出的请求，所求之事越难以启齿，越需要说明请求的目的和理由，以获取对方感情上的共鸣。如果对年龄、地位较高者也以同样的方式请求，会给对方一

种不知分寸、厚脸皮的印象。

为引起对方的共鸣，可以使用表示确认的「～じゃない」，或比较含蓄的表达方式「～んだけど（どう思う／どうだろう？）…」。例如：

① あの、僕、先月日本へ行ってきたじゃない？
→今度、その報告会を**しなくちゃいけなくて**、
→それで、高橋さんにちょっと**手伝ってもらえないかなと思って**。
→報告会でね、日本のアニメについて話す**予定なんだけど**、
→できたら若者のアニメ観についても、話せる**といいんだけどね**、
→でね、やっぱりインタビューも**必要かなあと思って**。

（3）陈述请求内容。

如果内容简单，可以开门见山。例如：

① じゃ、悪いけど、高橋さんからも王さんに一言**お願いしてくれない**？

即使被拒绝，也可以再次提出请求。例如：

② 2、3人でもいいから、ちょっとやってもらえると助かるんだけど…。**だめかな**。
③ **そこを何とか**。

有时可以故意地表现出非常为难，或请求的愿望非常强烈。例如：

④ **あーあ、困ったなあ**。

2. 拒绝好友、关系亲密者的请求

即使关系很好、非常亲密，有的请求也未必容易拒绝，这时通常采用以下方式，通过整个语篇加以拒绝，包括：使用「ちょっと」「無理だ」「難しい」等词汇手段；陈述理由的同时告诉对方所求之事是不可能实现的或很困难（如果采取自言自语的形式则更为间接委婉）；还要对不能答应对方的请求表示歉意。例如：

(1) （知り合いの留学生にインタビューをしてもらえないかなあ。）
→ええっ、それはちょっと…。
（→2、3人ぐらいでもいいから、ちょっとやってもらえると助かるんだけど…。だめかな？）
→うーん、難しいなあ。
（→そこを何とか。）
→そう言われてもね…。やっぱりちょっと…。ごめんね。

为了尽量不破坏双方的友好、亲密关系，一般应避免直截了当的拒绝方式，而使用带有拒绝含义的铺垫或间接委婉的表达方式。例如：

(2) **できないことはないかもしれないけど…**。
(3) **できれば協力したいけど**、やっぱり**ちょっと…**。

拒绝对方的请求时要表示歉意。例如：

(4) ごめんね。

(5) 協力できなくてごめんね。

3. 接受好友、关系亲密者的请求

大多采用如下的表达方式。例如：

(1) うん、いいよ。

(2) オッケー！

(3) まかせといて。

4. ちょっと

请求或拒绝对方的请求时经常使用「ちょっと」一词。

向对方提出请求时所使用的「ちょっと」，表达说话人的顾虑，即希望自己的请求尽量少给对方带来负担。例如：

(1) 今**ちょっと**いい？

(2) そのことで**ちょっと**頼みたいことがあるんだけど…。

拒绝对方的请求时所使用的「ちょっと」，表示说话人的这样一种考虑：虽然无法答应对方的请求，但其请求并不过分或说话人（拒绝的一方）所承受的负担并不太大（程度较低）。例如：

(3) それじゃあ、**ちょっと**無理かなあ。

(4) **ちょっと**難しいなあ。

(5) できれば協力したいけど、やっぱり**ちょっと**…。

練習用単語

提案（ていあん）⓪	〈名·他Ⅲ〉	建议；提案
ついに①	〈副〉	终于；直到最后
長時間（ちょうじかん）③	〈名〉	长时间
だって①	〈接〉	可是；但是
応諾（おうだく）⓪	〈名·他Ⅲ〉	应允；答应；同意
断り（ことわり）⓪	〈名〉	谢绝；拒绝；推辞
配慮（はいりょ）①	〈名·他Ⅲ〉	关怀；照顾；照料；关照
ぎりぎり⓪	〈名·形Ⅱ〉	最大限度；极限
そっか		（「そうか」的语气较为亲近的说法）是嘛；原来如此啊
消しゴム（荷兰语けしgom）⓪	〈名〉	橡皮
ひま（暇）⓪	〈名·形Ⅱ〉	时间；工夫；闲暇

第10課

クッキー(cookie)①	〈名〉	曲奇；饼干
自炊室(じすいしつ)③	〈名〉	（学生宿舍等公共住宿设施内可供自己做饭的）公共厨房
自炊(じすい)⓪	〈名・自Ⅲ〉	自己做饭
オーブン(和製「オーブン・トースター」oven toaster的略语)①	〈名〉	烤箱；烤炉
異性(いせい)⓪①	〈名〉	异性
合唱(がっしょう)⓪	〈名・他Ⅲ〉	合唱

練　習

A．内容確認

会話文について、次の質問に答えてください。

(1) 李さんは何の報告会をしなければなりませんか。

(2) 李さんが高橋さんに頼みたかったことは何ですか。

(3) 李さんは高橋さんに聞く前に、同じことを他の人にも頼みました。それは誰ですか。その結果はどうでしたか。

(4) 高橋さんは李さんの依頼に応じましたか。それはなぜですか。

(5) 李さんは、高橋さんが「できないことはないかもしれないけど…。」と言ったときの気持ちをすぐに正しく理解できましたか。

(6) 高橋さんは李さんにどんな提案をしましたか。李さんはそれを受け入れましたか。

(7) 高橋さんはどんなことを心配していましたか。心配したとおりになりましたか。

B．文型練習

1．次の①②はaまたはbの正しいほうを選んでください。③は文を完成させてください。

(1) ～ないことはない

①メールでも話が伝えられないことはないが、手紙のほうが________と思う。

　a．気持ちが伝わる　　　　b．気持ちが伝わらない

②買えないことはない値段だが、________________________。

　a．もうすぐ安くなるのではないかと思って買わなかった

　b．今がチャンスだと思って、買ってきた

③ギョーザは作れないことはないが、______________________。

(2) ～おかげだ

①よい友達に出会えたおかげで、＿＿＿＿＿＿＿＿＿＿＿＿＿＿＿＿。

a．大学生活はとても楽しかった　b．勉強も頑張ります

②力を合わせて頑張ったおかげで、＿＿＿＿＿＿＿＿＿＿＿＿＿＿＿。

a．ついに成功できたのです　　　b．きっと成功するでしょう

③日ごろの行いがよいおかげで、＿＿＿＿＿＿＿＿＿＿＿＿＿＿＿＿。

(3) ～せいだ

①長時間電車の中で本を読んでいたせいで、＿＿＿＿＿＿＿＿＿＿＿。

a．気分がよくなった　　　　　　b．気分が悪くなった

②毎日暑い日が続いているせいで、＿＿＿＿＿＿＿＿＿＿＿＿＿＿＿。

a．体の調子がいい　　　　　　　b．なかなか元気が出ない

③ストレスがたまっているせいで、＿＿＿＿＿＿＿＿＿＿＿＿＿＿＿。

2．例のように「もの」を使って、次の質問に答えてください。

例　A：どうしてあきらめたの？

　　B：だって、やりがいがないんだもん。

①A：あれ、まだヨガ続けてるの？　時間ないって言ってたのに。

　B：だって、＿＿＿＿＿＿＿＿＿＿＿＿＿＿＿＿＿＿＿＿＿＿＿＿。

②A：どうしていやだとはっきり言わなかったんだ？

　B：＿＿＿＿＿＿＿＿＿＿＿＿＿＿＿＿＿＿＿＿＿＿＿＿＿＿＿＿＿。

③A：そのビデオ、また見るの？ もう５回目じゃない？

　B：だって、＿＿＿＿＿＿＿＿＿＿＿＿＿＿＿＿＿＿＿＿＿＿＿＿。

C．会話練習

1．ポイント：親しい相手に対する依頼、応諾・断り

（依頼された側にかける負担が大きいことに配慮する場合）

「ちょっとお願いなんだけど、知り合いの留学生にインタビューをしてもらえないかなあ。」

モデル会話

劉　：三好さん、今ちょっといい？

三好：うん。

劉　：あの、教育学のレポートのことなんだけど、もうできた？

三好：ううん、まだ６割程度。今晩頑張らなきゃ。劉さんは？

劉　：もうできたんだけど、日本語のチェックがまだなんだ。

三好：え、すごいなあ！　もうほとんど完成だね。
劉　：うん、まあ…それで、ちょっと三好さんにお願いなんだけど…。
三好：何？
劉　：あの、レポートの日本語、ちょっと見てもらえないかなと思って…。
三好：ええっ、それはちょっと…。まだ自分のレポートもできてないし。
劉　：もちろん、終わってからでいいんだけど、時間、ないかなあ。
三好：締め切りの時間ぎりぎりまでかかりそうなんだ。だから、ちょっと難しいなあ。
劉　：結論の書き方だけでもいいんだけど、だめかな？
三好：うーん、もうちょっと早く言ってくれたら手伝えたかもしれないけど、今からだとやっぱり難しいなあ。
劉　：そっか…。ごめんね、無理なこと言って。
三好：ううん。手伝えなくてごめんね。

ここをおさえよう！

(1) 劉さんは、三好さんがお願いを簡単に引き受けてくれると思って話し始めましたか。それはどんな言葉からわかりますか。
(2) 三好さんはどんな表現を使って劉さんのお願いを断りましたか。
(3) 三好さんの断りに対して、劉さんはすぐにあきらめましたか。それはどんな言葉からわかりますか。

✤言ってみよう！

例のように、親しい人に対する依頼と断りの会話にして言ってください。

例　依頼：アンケートを手伝う⇒５人分ぐらいでもいい
A：できたら、アンケートをちょっと手伝ってもらえないかなあ。
B：うーん、それはちょっと…。
A：５人分ぐらいでもいいから手伝ってもらえると助かるんだけど…。
B：うーん、やっぱりちょっと難しいなあ…。

(1) 依頼：今晩中に日本語のレポートをチェックする
⇒あしたまででもいい
(2) 依頼：来週返すから、200元貸す
⇒100元でもいい
(3) 依頼：私達を代表して、先輩にみんなの不満を伝える
⇒全部じゃなくてもいい

✤正しいのはどれ？

（　　）の中から適当なものを選んでください。

李　：高橋さん、今いい？
高橋：うん。
李　：（あのう、ちょっと／すみませんが）お願いしたいことがあるんだけど。
高橋：何？
李　：（さて／実は／では）、来週日本人の知り合いが来るんだけど。
高橋：うん。
李　：日本料理を作って、ごちそうしたいな、と思って。
高橋：うん、いいじゃない。
李　：でも、僕、作り方、知らないんだ。
高橋：そっか…。
李　：（それで／それから）、できたら、高橋さんにちょっと（教えてもらえない／教えてもらう）かなあと思って。
高橋：ええっ！？　それはちょっと…。私、料理苦手だから…。
李　：簡単な料理でいいから、何か一つ（教えられる／教えてあげる／教えてもらえる）と嬉しいんだけど。
高橋：うーん、ごめん。私、ほんとに料理全然だめなんだ。
李　：そうか…残念。
高橋：そうだ、遠藤先生に聞いてみたら？　料理、とってもお上手だから、きっと、何か（教えてもらえる／教えてもらう）と思うよ。
李　：あ、そうか。それは気がつかなかった。ありがとう。
高橋：（お役に立てなくて／教えてあげなくて）、ほんとにごめんね。
李　：ううん、気にしないで。

2．ポイント：親しい相手に対する依頼、応諾・断り

（依頼された側にかける負担が小さいと思われる場合）
「高橋さんからも王さんに一言お願いしてくれない？」

モデル会話

（自習室で）

マイク：ねえ、この漢字の読み方、ちょっと教えてくれない？
小川　：うん、いいよ。…あ、それは「けんじょうご」。
マイク：なーんだ、「けんじょうご」か。ありがとう。

小川　：ううん。
マイク：あ、それと、この言葉の意味もちょっと…。
小川　：うーん…。そ、それはね、あ、ごめん、ちょっと友達と会う約束があるんだ…。またあとで。
マイク：え…。

ここをおさえよう！

(1) マイクさんは小川さんにどんな言葉を使ってお願いしましたか。なぜ、ポイント１のモデル会話の依頼の言葉と違うのだと思いますか。
(2) 小川さんはどんな言葉を使って、マイクさんのお願いを引き受けましたか。
(3) 小川さんは最後にマイクさんのお願いを断りました。どんな言葉を使って断りましたか。なぜ、ポイント１のモデル会話の言葉と違うのでしょうか。

✤言ってみよう！

例のように、親しい人に対する依頼をして、それに応じる、または断る会話をしてみましょう。

例　依頼：ペンを貸す、返事：うん、いいよ。
　A：ねえ、ちょっと、ペン、貸してくれない？
　B：うん、いいよ。

(1) 依頼：消しゴムを取る、返事：（手渡しながら）はい。
(2) 依頼：この本をあとで彼に渡しておく、返事：オッケー。
(3) 依頼：電子辞書を貸す、返事：ごめん、私も持ってないんだ。
(4) 依頼：特別講義のノートを見せる、
　返事：ごめん、今ちょっと急いでるから、またあとでね。

✤正しいのはどっち？

マリーさんは、相手にかける負担の大きさによって、依頼の言葉を変えています。ポイント１と２の会話を参考にして、（　　）の中から適当なものを選んでください。

(1) マリー：マイクさん、（今、ひま／今、ちょっといい）？
　マイク：うん、何？
　マリー：あしたのパーティのために、今からクッキーを焼くんだけど、
　マイク：うん。
　マリー：それで、できたら、（ちょっと手伝ってもらえないかな／手伝ってよ）。
　マイク：いいよ。ちょうどお腹すいてたんだ。
　マリー：えっ？

（寮の自炊室で、マリーとマイクがクッキーを作っている）

(2) マリー：ねえ、これ、（混ぜてくれる？／ちょっと混ぜてもらえないかなと思って…）。

マイク：オッケー。まかせて。

(3) マリー：あ、お砂糖が足りなくなっちゃった！　ごめん。ほんとに悪いんだけど、近くのコンビニでお砂糖（ちょっと買ってきてもらえないかなあ／買ってきて）。

マイク：ええっ？　今から？

マリー：うん。お願いできないかな？

マイク：うん、わかった。

マリー：無理言って、ほんとにごめんね。

(4) マリー：テーブルの上のクッキー、（オーブンに入れて焼いてくれない？／可能だったら、オーブンに入れて焼いてくれると助かるんだけど…）。

マイク：うん、いいよ。あ、（すみません／ごめん）、このオーブン、どうやって使うの？

✤発展練習：ロールプレイをしよう！

ロールカードの指示に従って、話しましょう。

A

◆ 役割：Ｂさんの友達

◆ 状況：クラスメートの加藤さん（異性）から、加藤さんが入っている合唱クラブの発表会の案内をもらいました。加藤さんのことが好きなので、ぜひ発表会に行きたいと思っていますが、一人では恥ずかしくて行けません。

①Ｂさんに、一緒に聞きに行くようお願いしてください。

②断られても、Ｂさんの好きな歌を歌うから、などの理由を言って、もう少し頼んでみてください。

B

◆ 役割：Ａさんの友達

◆ 状況：Ａさんに、合唱の発表会へ一緒に行ってくれるように頼まれましたが、合唱にはあまり興味がありません。

①Ａさんに頼まれたら、依頼に応じたい気持ちがあることを示しつつ、理由を言って断ってください。

②Ａさんが困っているようだったら、応じてください。

ユニット２　読解

日本経済の国際競争力とアニメ産業

三和 良一

1980年代の後半期、日本は、バブル経済と呼ばれる時期を経験した。企業も個人も、不動産や株式の投機によってお金を簡単に増やす「金づくり」に目の色を変えていた。しかし、バブルは弾けて、破産する企業が続出した。銀行などは取り立てができなくなった貸付け金を抱えて、経営が極端に悪化した。人間の体にたとえれば血液の循環系の役割を果たす金融の仕組みがうまく働かなくなったために、平成の時代に入ってからの日本経済は、長く続く不況に悩まされることとなった。

一方で、平成大不況のなかでも、日本の貿易は、大幅な輸出超過を続けていた。品質の良さで高い評価を受けていた乗用車、テレビ、コンピュータなどの工業製品の輸出は好調であった。またさらに、中国をはじめとするアジア諸国・地域が目覚ましい経済成長を続けると、それらの国々への輸出も大きく伸びた。コンピュータで制御する工作機械や自動車・電気機器の部品などが、輸出をリードした。つまり、「物づくり」の面では、日本の国際競争力は、依然として強かった。「金づくり」では失敗したが、「物づくり」大国としての日本は健在であった。

ひとくちに「物づくり」といっても、日本が得意なのは、ハード・ウエアである。たとえば、半導体やコンピュータ本体を作るのはうまいものの、それを動かし利用するソフト・ウエアでは、アメリカに大きく後れをとっている。そのなかで、ソフト・ウエアの技術として日本が優れているものに、ゲームとアニメーションの分野がある。３次元の立体画像でゲームが楽しめるゲーム機とゲーム・ソフトは全世界で熱狂的に受け入れられているし、手塚治虫や宮崎駿らの作品をはじめとして、「ポケモン」などのアニメーションは国際的評価を博している。好評の理由は、日本の文化・美意識と職人的な技が創り出すコンテンツの優秀さ、つまり、登場するキャラクターの魅力やストーリーの面白さと画像の美しさであろう。

基本動画を描き、それを少しずつ変化させた一コマセル画を丹念に作っていく作業は、職人芸とも言える熟練を必要とする。しかし、製作コストの面から、製作現場が日本から韓国や中国に移る動きが目立ち、コンピュータによる画像製作ソフトも進歩して、セルアニメからデジタルアニメの時代に移りつつある。日本のアニメ産業を支える人材の育成についての不安もあり、アニメーション分野での日本の競争力が、いつまでも安泰であるとは言えないのが現状である。

<参考>

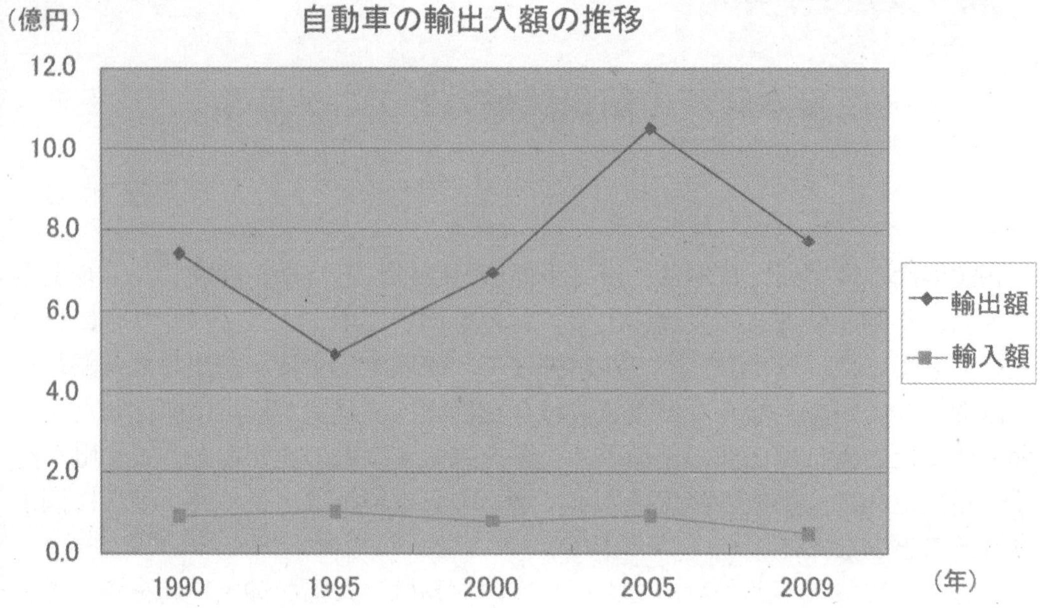

参考データ　http://www.customs.go.jp/toukei/suii/html/time.htm（2010年7月参照）

グラフは、日本の自動車の輸出額と輸入額の推移を示している。

1990年から1995年にかけて輸出額は大幅に落ちているが、その後10年間で飛躍的に伸びている。しかし、2005年以降、輸出額は再び急激に減少している。また、輸出額は輸入額を大幅に上回り、日本の自動車貿易は輸出超過を続けていることがわかる。

新出単語

後半期(こうはんき)③	〈名〉	后半期
バブル経済(bubble けいざい)④	〈名〉	泡沫经济
バブル(bubble)①	〈名〉	泡沫
時期(じき)①	〈名〉	时期
企業(きぎょう)①	〈名〉	企业
目の色を変える(めのいろをかえる) ①-②-⓪		（热衷于某事、愤怒、惊讶等时）急眼；红眼；变色
弾ける(はじける)③	〈自Ⅱ〉	裂开；绽开；破灭
不動産(ふどうさん)②	〈名〉	房地产；不动产
投機(とうき)①⓪	〈名〉	投机；投机买卖
増やす(ふやす)②	〈他Ⅰ〉	增加；繁殖
破産(はさん)⓪	〈名·自Ⅲ〉	破产
続出(ぞくしゅつ)⓪	〈名·自Ⅲ〉	接连出现；不断发生
取り立て(とりたて)⓪	〈名〉	催缴；催收；征收；凸显
貸付け金(かしつけきん)⓪	〈名〉	贷款；放款
抱える(かかえる)⓪	〈他Ⅱ〉	抱着；拥有；承担
経営(けいえい)⓪	〈名·他Ⅲ〉	经营；（企业）管理；开发
極端(きょくたん)③	〈名·形Ⅱ〉	极端
悪化(あっか)⓪	〈名·自Ⅲ〉	恶化
たとえる(例える)③	〈他Ⅱ〉	比喻；比作；举例说明
血液(けつえき)②	〈名〉	血液
循環系(じゅんかんけい)⓪	〈名〉	循环系统
循環(じゅんかん)⓪	〈名·自Ⅲ〉	循环
-系(けい)		～类的；～系统的
果たす(はたす)②	〈他Ⅰ〉	完成；实现
金融(きんゆう)⓪	〈名〉	金融；通融资金
仕組み(しくみ)⓪	〈名〉	结构；构造
働く(はたらく)⓪	〈自Ⅰ〉	起作用
平成(へいせい)⓪	〈固名〉	（年号）平成（1989年为平成元年）
不況(ふきょう)⓪	〈名〉	萧条；不景气
貿易(ぼうえき)⓪	〈名·自Ⅲ〉	贸易
大幅(おおはば)⓪	〈名·形Ⅱ〉	（变动的程度、范围）大幅度
輸出(ゆしゅつ)⓪	〈名·他Ⅲ〉	出口
超過(ちょうか)⓪	〈名·自他Ⅲ〉	超过；超额
乗用車(じょうようしゃ)③	〈名〉	轿车；卧车；小汽车

工業製品(こうぎょうせいひん)⑤	〈名〉	工业产品
好調(こうちょう)⓪	〈形Ⅱ〉	顺畅；走势好
アジア諸国(Asia しょこく)④	〈名〉	亚洲各国
目覚ましい(めざましい)④	〈形Ⅰ〉	惊人的；异常的
国々(くにぐに)②	〈名〉	各国；各地
伸びる(のびる)②	〈自Ⅱ〉	（时间、长度等）延长；（能力、势力等）扩展；发展
制御(せいぎょ)①	〈名·他Ⅲ〉	控制；驾驭；操纵
工作機械(こうさくきかい)⑥	〈名〉	机床
自動車(じどうしゃ)②	〈名〉	汽车
電気機器(でんききき)④	〈名〉	电器
部品(ぶひん)⓪	〈名〉	零件；部件
依然として(いぜんとして)⓪	〈副〉	依然；仍旧；照旧
依然(いぜん)⓪	〈副〉	依然；仍旧；照旧
大国(たいこく)⓪	〈名〉	大国；强国
健在(けんざい)⓪	〈名〉	健在
ひとくち(一口)②	〈名〉	一口；一点儿；一句话；三言两语
ハード·ウエア(hard ware)⑤	〈名〉	硬件
うまい(上手い)②	〈形Ⅰ〉	巧妙；高明；好
半導体(はんどうたい)⓪	〈名〉	半导体
ソフト·ウエア(soft ware)⑤	〈名〉	软件
後れをとる(おくれを取る)⓪-①		落后；输给别人
後れ(おくれ)⓪	〈名〉	落后
優れる(すぐれる)③	〈自Ⅱ〉	出色；杰出；卓越
アニメーション(animation)③	〈名〉	动画片
3次元(さんじげん)③	〈名〉	三维
立体画像(りったいがぞう)⑤	〈名〉	立体图像
ゲーム機(gameき)③	〈名〉	游戏机
ゲーム·ソフト(game software)④	〈名〉	游戏软件
全世界(ぜんせかい)③	〈名〉	全世界
熱狂的(ねっきょうてき)⓪	〈形Ⅱ〉	热烈的；狂热的
手塚治虫(てづか-おさむ)⓪-⓪	〈固名〉	（人名）手塚治虫
宮崎駿(みやざき-はやお)②-⓪	〈固名〉	（人名）宫崎骏
ポケモン(和製pokemon)⓪	〈固名〉	（任天堂游戏软件「ポケットモンスター」(pocket monsters）的略称）宠物小精灵；口袋精灵；口袋妖怪
博する(はくする)③	〈他Ⅲ〉	博得;赢得

第10課

美意識(びいしき)②	〈名〉	审美意识
職人的(しょくにんてき)⓪	〈形Ⅱ〉	手艺人的
職人(しょくにん)⓪	〈名〉	手艺人；工匠
技(わざ)②	〈名〉	技能;手艺
創り出す(つくりだす)④	〈他Ⅰ〉	创造出
コンテンツ(contents)①	〈名〉	内容
魅力(みりょく)⓪	〈名〉	魅力
画像(がぞう)⓪	〈名〉	图像
動画(どうが)⓪	〈名〉	动画
描く(えがく)②	〈他Ⅰ〉	描绘；描写
コマ⓪	〈名〉	影像动画中最小单位的单幅影像画面（相当于电影胶片上的每一格镜头）；帧
セル画(セルが)⓪	〈名〉	动画胶片
丹念(たんねん)①	〈形Ⅱ〉	精心；细心
職人芸(しょくにんげい)③	〈名〉	（杰出的手艺人、工匠才有的）高超技艺
芸(げい)①	〈名〉	武艺；技能；技艺；演技
熟練(じゅくれん)⓪	〈名・自Ⅲ〉	熟练
製作(せいさく)⓪	〈名・他Ⅲ〉	制作
コスト(cost)①	〈名〉	成本；价格
現場(げんば)⓪	〈名〉	现场；第一线；实地；场地
移る(うつる)②	〈自Ⅰ〉	迁移；变迁
動き(うごき)③	〈名〉	动作；活动；变动；动向
セルアニメ(cell-animation)③	〈名〉	手工（单帧制作的）动画
支える(ささえる)⓪	〈他Ⅱ〉	支持；支撑；阻止
人材(じんざい)⓪	〈名〉	人才
育成(いくせい)⓪	〈名・他Ⅲ〉	培养；培育；培训；扶植
分野(ぶんや)①	〈名〉	领域；范围；方面
安泰(あんたい)⓪	〈形Ⅱ〉	安泰；安宁
輸出入額(ゆしゅつにゅうがく)④	〈名〉	进出口额
額(がく)⓪②	〈名〉	额数；金额；数量
推移(すいい)①	〈名・自Ⅲ〉	推移；变迁；发展
億(おく)①	〈名〉	亿
飛躍(ひやく)⓪	〈名・自Ⅲ〉	飞跃；跃进；跳跃
再び(ふたたび)⓪	〈副〉	再；又；重
急激(きゅうげき)⓪	〈形Ⅱ〉	急剧；急速；骤然
減少(げんしょう)⓪	〈名・自他Ⅲ〉	减少
上回る(うわまわる)④	〈自Ⅰ〉	超过；超出

解説・語彙

1. 目の色を変える

这是一个惯用短语，形容人生气、吃惊、兴奋或热中于某一事物时的样子。例如：

(1) 企業も個人も、不動産や株式の投機によってお金を簡単に増やす「金づくり」に**目の色を変えていた**。

(2) 受験の季節が近づいてきたら、弟は**目の色を変えて**勉強し始めた。

(3) 私が何より驚いたのは、介護の仕事をするつもりはないのに、資格をとることには**目の色を変える**人がこんなにいるという事実である。

(4) 年末には、大勢の人々が**目の色を変えて**買い物に殺到《さっとう》する[殺到する：蜂拥而至]。

2. 抱える

「かかえる」的本义为“（双手）抱；夹”，例如「両手に大きな荷物をかかえている」。在本课中，「かかえる」意为“持有（问题）；承担、担负（责任、压力等）”。例如：

(1) 銀行などは取り立てができなくなった貸付け金を**抱えて**、経営が極端に悪化した。

(2) 都市開発は多くの場合、住民の反対という問題を**抱える**。

(3) たくさんの仕事を**抱えていて**、どこへも出かけられない。

3. 役割を果たす

这是一个常用短语，意为“起作用；发挥作用”。例如：

(1) 人間の体にたとえれば血液の循環系の**役割を果たす**金融の仕組みがうまく働かなくなったために、平成の時代に入ってからの日本経済は、長く続く不況に悩まされることとなった。

(2) 国際社会において重要な**役割が果たせる**人材を養成することが本学部の目的です。

(3) 「遣唐使の会」は中日友好《ゆうこう》に大きな**役割を果たして**いきたいと考えています。

4. 仕組み

「仕組み」在本课中意为“结构；构造”，例如：「自動車の仕組み」「銀行の仕組み」「組織の仕組み」「選挙の仕組み」「市場流通の仕組み」等。例如：

(1) 人間の体にたとえれば血液の循環系の役割を果たす金融の**仕組み**がうまく働かなくなったために、平成の時代に入ってからの日本経済は、長く続く不況に悩まされることとなった。

(2) 私たちの体の**仕組み**と働きに関する知識は必ずしも十分だとは言えません。

(3) 科学博物館は、自動車の**仕組み**などを学ぶ科学体験教室を小学生を対象に開催している。

5. 働く

「働く」的本义是劳动、工作，例如「汗水《あせみず》たらして働く」。在本课中是“发挥作用”的意思。例如：

(1) 人間の体にたとえれば血液の循環系の役割を果たす金融の仕組みがうまく**働かなくなった**ために、平成の時代に入ってからの日本経済は、長く続く不況に悩まされることとなった。

(2) 今日は寝不足で頭が**働かない**。

(3) 自慢話《じまんばなし》[自慢話：夸口；吹牛]をする人は自分が上であることを示したいという心理が**働いている**そうだ。

6. 悩む

「悩む」的意思是“烦恼；苦闷”，常用的搭配形式是「～に悩む」，意为“因……而烦恼”。例如：

(1) 人間の体にたとえれば血液の循環系の役割を果たす金融の仕組みがうまく働かなくなったために、平成の時代に入ってからの日本経済は、長く続く不況に**悩まされる**こととなった。

(2) 北京は水不足に**悩んでいる**。

(3) 日本に来たばかりのとき、ごみをどう分別《ぶんべつ》[分别：分类]していいかわからなくて**悩んでいました**。

7. 伸びる

「伸びる」在本课中意为“（数量、能力等）增加；提高；扩大”。例如：

(1) またさらに、中国をはじめとするアジア諸国·地域が目覚ましい経済成長を続けると、それらの国々への輸出も大きく**伸びた**。

(2) 国内の留学生の総数が12万人にまで**伸びた**。

(3) あの学生は日本語の力がぐんと**伸びた**。

8. 依然として

「依然として」在句中的作用相当于副词，意为“依然；仍旧”。例如：

(1) つまり、「物づくり」の面では、日本の国際競争力は、**依然として**強かった。

(2) 東北地方では、**依然として**大雨が続いている。

(3) この商品は発売されてからずいぶん経っているが、**依然として**人気が高い。

9. 後れをとる

「後れをとる」是一个惯用短语，意为“落后”。如果要表达“落后于～”，应说「～に後れをとっている」。例如：

(1) たとえば、半導体やコンピュータ本体を作るのはうまいものの、それを動かし利用するソフト・ウエアでは、アメリカに大きく**後れをとっている**。
(2) A社は、研究開発の面で他社に**後れをとっている**。
(3) この企業は、環境対策で**後れをとっている**。

10. 丹念

「丹念」是Ⅱ类形容词，其连用形修饰谓语动词，意为“精心地；细心地”。例如：

(1) 基本動画を描き、それを少しずつ変化させた一コマセル画を**丹念に**作っていく作業は、職人芸とも言える熟練を必要とする。
(2) 母が**丹念に**焼き上げたチーズケーキは、とてもおいしい。
(3) この着物は祖母が一針《ひとはり》ずつ**丹念に**縫《ぬ》い上げて作ってくれたものだ。

11. 支える

「支える」的本义是（用手或棒状物等）支、支撑，例如「杖《つえ》で体を支える」。在本课中意为“（经济或精神上的）支持；支撑；维持”。例如：

(1) 日本のアニメ産業を**支える**人材の育成についての不安もあり、アニメーション分野での日本の競争力が、いつまでも安泰であるとは言えないのが現状である。
(2) 苦しい時や悲しい時に、この本は私の心を**支えて**くれた。
(3) 先生方や友達に**支えられて**楽しく高校生活を過ごすことができました。

解説・文法

1. ～こととなる＜结果＞

「こととなる」接在动词或形容词的连体形后面，表示事物发展的必然结果或某种决定所造成的结果。「こととなる」较之「ことになる」文言色彩更浓一些，多用于书面语。例如：

(1) 人間の体にたとえれば血液の循環系の役割を果たす金融の仕組みがうまく働かなくなったために、平成の時代に入ってからの日本経済は、長く続く不況に悩まされる**こととなった**。
(2) 賛成29票、反対31票で、その計画は実施されない**こととなった**。
(3) 消費者は費用《ひよう》の３割を負担すればいい**こととなった**。

2. Nをはじめとする<代表、典型>

第二册第23课第3单元学习了「Nをはじめ」，除此之外，还可以使用「Nをはじめとして」或「N_1をはじめとするN_2」的形式提出一个代表或典型，相当于汉语的“以～为首～；以～为代表～”等。例如：

(1) またさらに、中国**をはじめとする**アジア諸国・地域が目覚ましい経済成長を続けると、それらの国々への輸出も大きく伸びた。

(2) ボランティア活動**をはじめとする**市民活動が盛《さか》んになってきた。

(3) その国際会議では、地球温暖化**をはじめとして**、様々な環境問題について議論された。

3. ひとくちに～といっても<补充说明>

这个句式表示不能一概而论，其功能是强调后句所陈述的内容，“～”的部分多为名词。相当于汉语的“虽然都是～，但是～”。例如：

(1) **ひとくちに**「物づくり」**といっても**、日本が得意なのは、ハード・ウエアである。

(2) **ひとくちに**お茶**といっても**、その種類は千差万別《せんさばんべつ》だ。

(3) **ひとくちに**豊かな暮らし**といっても**、どんな暮らしを豊かだと感じるかは人それぞれ違います。

4. ～ものの<转折>

「ものの」接在动词或形容词的连体形后面，构成表示转折关系的从句，主句的谓语一般采用非意志性的表达方式。相当于汉语的“虽然～”。例如：

(1) たとえば、半導体やコンピュータ本体を作るのはうまい**ものの**、それを動かし利用するソフト・ウエアでは、アメリカに大きく後れをとっている。

(2) 今日中にこの仕事をやりますと言った**ものの**、まだ半分もできていない。

(3) 説明会に行った**ものの**、入社試験は受けなかった。

(4) 適当な運動と食生活は体にいいとわかってはいる**ものの**、なかなか実行できない。

5. Nによる<手段>

「による」接在部分指称事物的名词后面，做后续名词的连体修饰语，表示实现后续名词所示动作的手段。也可以使用「Nによって」做连用修饰语。相当于汉语的“通过～；以～为手段”。例如：

(1) しかし、製作コストの面から、製作現場が日本から韓国や中国に移る動きが目立ち、コンピュータ**による**画像製作ソフトも進歩して、セルアニメからデジタルアニメの時代に移りつつある。

(2) 東京では多言語**による**医療相談、生活相談などが行われている。

(3) 緊急時にはeメール**によって**安全確認を行うことができる。

6. Vつつある＜持续性的变化＞

「つつある」接在动词第一连用形后面，表示状态的持续变化。一般接在变化动词的后面，多用于书面语。相当于汉语的“正在～”。例如：

(1) しかし、製作コストの面から、製作現場が日本から韓国や中国に移る動きが目立ち、コンピュータによる画像製作ソフトも進歩して、セルアニメからデジタルアニメの時代に**移りつつある**。

(2) インターネットがもはや子どもの世界でも不可欠《ふかけつ》なものと**なりつつある**。

(3) 北京の交通事情は目に見えて**改善《かいぜん》されつつある**。

(4) 中国では高齢化が**進みつつある**。

練習用単語

源(みなもと)⓪	〈名〉	起源；源头
取り扱う(とりあつかう)⓪⑤	〈他Ⅰ〉	办理；经管；操作；对待
多数(たすう)②	〈名〉	多数；许多
進出(しんしゅつ)⓪	〈名・自Ⅲ〉	进入；打入；参加；进展
囲む(かこむ)⓪	〈自他Ⅰ〉	围上；包围；围绕
急速(きゅうそく)⓪	〈名・形Ⅱ〉	迅速；快速
ライフスタイル(life style)⑤	〈名〉	生活方式
ライフ(life)①	〈名〉	生活
スタイル(style)②	〈名〉	方式；样式；体型；发型
緩やか(ゆるやか)②	〈形Ⅱ〉	缓慢；缓和；宽松
増減(ぞうげん)⓪	〈名・自Ⅲ〉	增减
わずか(僅か)①	〈形Ⅱ・副〉	仅仅；一点点；微小
はなはだしい(甚だしい)⑤	〈形Ⅰ〉	很；甚；太；非常
一進一退(いっしんいったい)③	〈名・自Ⅲ〉	一进一退；时好时坏
女子(じょし)①	〈名〉	女子；女性
進学率(しんがくりつ)④	〈名〉	升学率
上昇(じょうしょう)⓪	〈名・自Ⅲ〉	上升；上涨
男子(だんし)①	〈名〉	男子；男性
境(さかい)②	〈名〉	界线；界限；界；边界
GDP(ジーディーピー)⑤	〈名〉	国内生产总值
実質成長率(じっしつせいちょうりつ)⑦	〈名〉	实际增长率
実質(じっしつ)⓪	〈名〉	实际；实质；本质
成長率(せいちょうりつ)③	〈名〉	增长率；生长率；生长速度

練　習

A．内容確認

1．読解文を読んで、表を完成させてください。

1980年代後半 バブル経済	(1)＿＿＿＿＿＿＿＿＿＿に必死だった。
バブルが弾ける	(2)＿＿＿＿＿＿が続出し、銀行などの経営が（3)＿＿＿＿＿した。
平成の時代	(4)＿＿＿＿＿＿＿＿＿＿が続いた。 しかし、(5)＿＿＿＿＿＿＿＿＿＿の輸出は好調だった。 (6)＿＿＿＿＿＿＿＿大国として健在だった。 日本が得意なのは(7)＿＿＿＿＿＿＿＿＿＿＿＿である。 ソフト・ウエアの技術のなかで優れている分野は（8)＿＿＿＿＿と (9)＿＿＿＿＿＿＿＿＿＿＿である。

2．読解文の内容に合っているものに○を、合っていないものに×をつけてください。

(1)（　　）平成大不況のため、日本は輸入が輸出を大幅に超過していた。

(2)（　　）品質の良さは日本の工業製品の競争力の源である。

(3)（　　）中国をはじめとするアジア諸国の経済成長は日本経済をさらに悪化させた。

(4)（　　）日本のハード・ウエアは優れているが、ソフト・ウエアはアメリカに比べて後れをとっている。

3．　読解文について、次の質問に答えてください。

(1)「「物づくり」大国としての日本」（14･15行目）とはどういう意味ですか。

(2) なぜ、日本のゲームやアニメが世界中で人気を集めているのですか。

(3) 筆者が「アニメーション分野での日本の競争力が、いつまでも安泰であるとは言えないのが現状である」（30･31行目）と考える理由は何ですか。

B．文法練習

1．①②は（　）の中の言葉を正しい順番に並べてください。③は文を完成させてください。

(1) ～こととなる

① (が・入手できる・世界の情報・いつでも)

インターネットの普及によって、＿＿＿＿＿＿＿＿＿＿＿＿こととなった。

② (に・与える・大きな・大学経営・影響を)

少子化は、＿＿＿＿＿＿＿＿＿＿＿＿＿＿＿＿＿＿＿ことととなった。

③問題の解決のために＿＿＿＿＿＿＿＿＿＿＿＿＿＿＿＿ことととなった。

(2) Nをはじめとする

①（英語・各国語の翻訳・をはじめとする）

この会社では、＿＿＿＿＿＿＿＿＿＿＿＿＿＿＿を取り扱っている。

②（や・を・はじめ・として・学生・研究者・ボランティア）

環境対策プロジェクトには＿＿＿＿＿＿＿＿＿＿＿が大勢参加した。

③北京には＿＿＿＿＿＿をはじめとする有名な自動車会社が進出している。

(3) Nによる

①（による・では・インターネット・調査）

＿＿＿＿＿＿＿＿＿、就職について不安に思っている若者が増えていることがわかった。

②（注文・も・を・メール・受け付けている・による）

この商品＿＿＿＿＿＿＿＿＿＿＿＿＿＿＿＿＿＿＿＿＿＿＿。

③文字による記録のおかげで＿＿＿＿＿＿＿＿＿＿＿＿＿＿＿＿＿。

(4) Vつつある

①（変わり・もの・に・現実的な・つつある）

大学生の意識が＿＿＿＿＿＿＿＿＿＿＿＿＿＿＿＿＿＿＿＿ようだ。

②（多様化・価値観の・が・進み・急速に・つつある）

ライフスタイルの変化によって、＿＿＿＿＿＿＿＿＿＿＿＿＿＿。

③最近ネットショップが＿＿＿＿＿＿＿＿＿＿＿＿＿＿＿＿＿つつある。

2．次の①②はaまたはbの正しいほうを選んでください。③は文を完成させてください。

(1) ひとくちに～といっても

①ひとくちにりんごといっても、＿＿＿＿＿＿＿＿＿＿＿＿＿＿＿＿＿。

a．あまり種類は多くない　　　b．いろいろな種類がある

②ひとくちに中国といっても、＿＿＿＿＿＿＿＿＿＿＿＿＿＿＿＿＿＿。

a．様々な文化や習慣がある　　b．大陸ならではの文化がある

③ひとくちに大学と言っても、＿＿＿＿＿＿＿＿＿＿＿＿＿＿＿＿＿＿。

(2) ～ものの

①チャイナドレスを買ったものの、＿＿＿＿＿＿＿＿＿＿＿＿＿＿＿＿。

a．よく着ている　　　　　　　b．なかなか着る機会がない

②できるだけのことはすると約束したものの、＿＿＿＿＿＿＿＿＿＿。

a．早速計画を立てている　　　b．何をどうしたらいいか、わからない

③いろいろやってみたいことはあるものの、＿＿＿＿＿＿＿＿＿＿＿。

C．発展練習

1．(1) ～ (3) のグラフを説明する表現として適切でないものを一つ選んでください。

(1)

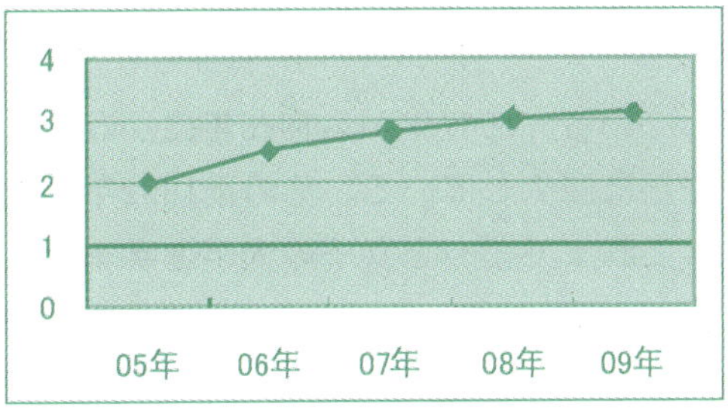

a．緩やかに伸びている
b．飛躍的に伸びている
c．少しずつ伸びている
d．徐々に伸びている

(2)

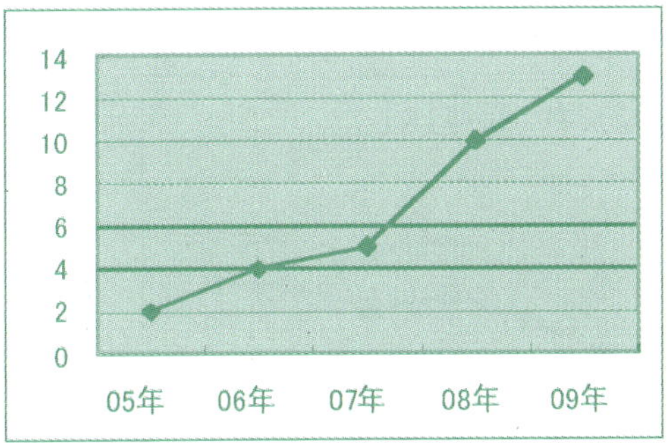

a．最近、急激な伸びを見せている
b．最近、大幅な伸びを見せている
c．最近、緩やかな伸びを見せている
d．最近、めざましい伸びを見せている

(3)

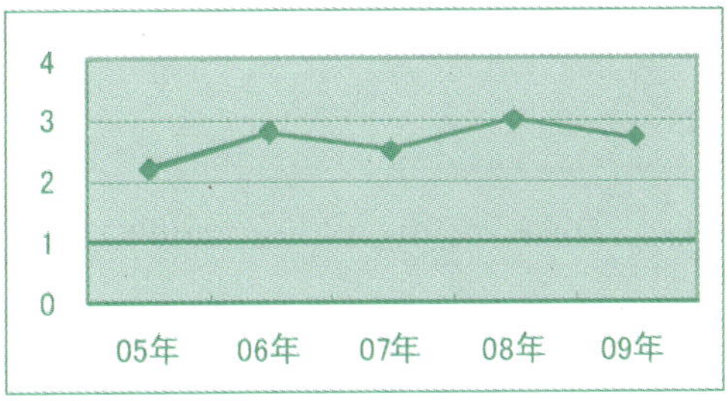

a．増減の変化はごくわずかだ
b．増減の変化ははなはだしい
c．増減の変化は一進一退である
d．増減の変化はほとんどない

2．次のグラフの説明(1)(2)は、A・Bどちらのグラフを表していますか。

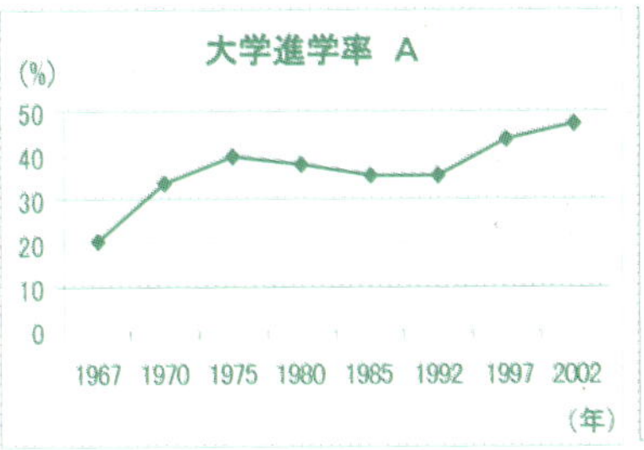

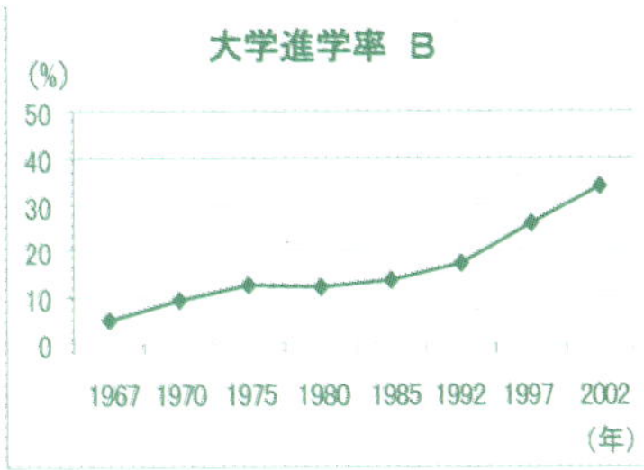

参考
http://www.mext.go.jp/b_menu/shingi/chousa/shougai/008/toushin/030301/07.htm
(2010年7月参照)

(1) （　　　）

このグラフは女子の大学進学率を示している。1992年から2002年にかけては、大幅な伸びを示しているが、それまでは緩やかに上昇していた。1975年から1985年の間の10年間はほとんど変化はなかった。

(2) （　　　）

このグラフは男子の大学進学率を示している。1967年から1975年にかけて、めざましい伸びを示しているが、その後緩やかに減少している。その後1992年を境に再び増加している。男子の大学進学率は、これまでずっと女子の大学進学率を上回っている。

3．次の文はグラフを説明したものです。適当な答えを選び、説明文を完成させてください。

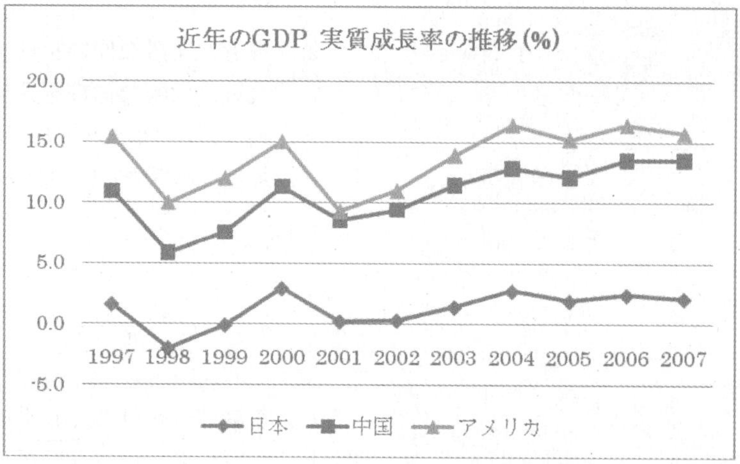

参考　http://www.stat.go.jp/naruhodo/c1data/04_01_stt.htm（2010年7月参照）

グラフは、近年の中国・アメリカ・日本のGDP実質成長率の推移を示している。1997年から1998年には、どの国も成長率が（緩やかに／急激に）落ちていて、世界的な経済不況であったことがわかる。その後2000年にかけて（大幅な／わずかな）伸びを見せているが、2001年には再び（緩やかに／急激に）下がっている。その後、中国やアメリカは（緩やかな／飛躍的な）成長を見せていることがわかる。

4．次のどちらかのテーマを選んで話してください。

(1) あなたが好きな映画やアニメを一つ選んで、まだ見たことのない人にわかるように話してください。

(2) 日本のアニメ産業について考えたことを発表してください。

日本的动画片

日本动画协会专务理事山口康男在他编著的《日本のアニメ全史《ぜんし》》一书中提到目前全球各电视台播出的动画片中约有60%是日本动画片，日本动画产业的市场规模在日本国内约为2000亿日元，动画相关产业在全球将达到2～3兆日元。

在英语中，“动画片”一词是“animation”，美国的动画片传入日本后，日本人借用英语的发音，把“动画片”称为「アニメーション」，简称为「アニメ」。日本的动画片发展成熟并大量输出到海外后，西方人又借用日语「アニメ」的发音，把日本的动画片称为“anime”。另外还有一个词“Japanimation”也表示“日本动画片”的意思。这个词是由“Japan（日本）”和“animation（动画片）”两个词合成而来的，由此可见日本动画片在世界动画产业中的优势地位和特殊身份。

日本动画片的历史可以追溯到1917年，下川凹天在这一年发表了他的作品《芋川椋三玄関番《いもかわむくぞうげんかんばん》の巻《まき》》，这是日本的第一部动画片。随后，幸内纯一和北山清太郎也先后发表了作品。日本动画史上值得一提的是1963年富士电视台（フジテレビ）播出的动画连续剧《铁臂阿童木（鉄腕《てつわん》アトム）》。该片是手塚治虫根据他本人连载在漫画杂志《少年》（光文社）上的科幻漫画创作的，讲的是生活在21世纪的少年机器人“阿童木”的故事。该片在长达3年的播出期间（1963～1966年）内，平均收视率超过30%，其后又在世界各地播出，获得了巨大成功。该片是日本的第一部电视动画片，此前的动画片都是在影院放映的。《铁臂阿童木》为日本动画业开辟了独具特色的新道路，被公认为日本动画片史上的里程碑。

日本动画片以其内容丰富、成本低、数量多的特点赢得了广大海外市场，倍受全世界瞩目。日本动画大师宫崎骏执导的《千《せん》と千尋《ちひろ》の神隠《かみかく》し（千与千寻）》荣获第52届柏林电影节最高荣誉奖“金熊奖”和第75届奥斯卡长篇动画奖提名。山村浩二执导的《頭山《あたまやま》（头山）》在第27届安锡（Annecy）国际动画电影节的短片展播中荣获最高奖项，又获第75届奥斯卡短篇动画奖提名以及广岛国际动画电影节最优秀奖。

在日本，每周都有70部以上的动画片播出，不只是儿童和青少年，各年龄层的人都很喜欢动画片。动画片不仅是一种娱乐方式，也是一种教育手段。过去的教学片以纪录片为主，现在用于教学的动画片越来越多。此外在一些宣传活动中也广泛使用动画片，可以说动画片反映和影响着日本的社会生活。

1．文京区千石と猫のピーター

村上春樹

三鷹のアパートで二年暮らしてから、文京区の千石《せんごく》というところに引っ越した。小石川植物園の近くである。

どうして郊外からまた一気に都心に戻ってきたかというと、結婚したからである。僕《ぼく》は22でまだ学生だったから女房《にょうぼう》の実家に居候《いそうろう》させてもらうことにしたのだ。

女房の実家は布団屋《ふとんや》をやっていたので、そのトラックを借りて引越しをした。引越しといっても、荷物は本と服と猫《ねこ》くらいしかない。猫はピーターという名前で、ペルシャと虎猫《とらねこ》の混血の、犬みたいに大きな雄猫だった。

本当は布団屋さんじゃ猫は飼えないから連れてきちゃだめだと言われてたのだけれど、どうしても置いていくことができなくて、結局は連れてきてしまった。

女房の父親はしばらくぶつぶつ言ってたけどそのうちに——僕に対するのと同じように——あきらめてくれた。とにかくなんでもかんでもすぐにあきらめてくれる人で、その点については僕はすごく感謝している。

しかし猫のピーターは最後まで都会生活になじむことはできなかった。いちばん困ったのはあたりの商店からのべつまくなしモノをかっぱらってくることだった。

もちろん本人には罪の意識はまるでない。何故《なぜ》なら彼は生まれてこのかた三鷹の森の中でモグラをとったり鳥を追いかけたりして生きてきたからである。モノがあればとる。当然である。

でも猫にとっては当然のことでも、こちらとしては立場上すごく困る。そのうちに猫のほうでもだんだん価値観が錯乱してきたようで慢性の神経性下痢《げり》になってしまった。

結局ピーターは田舎の知り合いにあずけられることになった。それ以来彼には一度も会っていない。話によると近所の森の中に入ったきりで家にもほとんど戻ってこないそうである。生きていれば13か14になる。

『村上朝日堂』　新潮文庫　1987年

2. 風を巻き起こす宮崎アニメ

秦《しん》　剛《ごう》

宮崎駿のアニメーション映画では、風の要素が欠かせない。野原の草や稲穂が風になびき、登場人物の髪の毛も服の裾も風にそよぐ。宮崎駿自身の作詞による「となりのトトロ」のイメージソング「風のとおり道」に歌われた通りである。

森の奥で　生まれた風が
見えない手　さしのべて
麦の穂　フワリ　かすめ
あなたの髪を　ゆらして
通り過ぎてく

静止する絵に動きを与えることが、アニメーションの使命である。風を取り入れることで刻一刻の変化を表現することは、人物の動きを描くのと同様に、アニメ制作の重要な手法だと考えられる。だが、宮崎アニメの風は、方法論の問題だけにはとどまらない。

「天空の城ラピュタ」のオープニングでは、雲の間から姿を現した風の女神の息吹がラピュタの大地に命を吹き込む。人類の文明が自然の懐の中で育まれたことが視覚的なイメージで語られている。風とともに生きること、すなわち自然との共生が、宮崎アニメの一貫した主題なのである。

「風の谷のナウシカ」では、自然そのものの表象としての風が、主役的な要素になっている。海から吹く風によって瘴気の毒から守られている「風の谷」では、風車の回転が命の営みの存続を意味している。谷を破滅から救った王女ナウシカ。彼女の生まれつきの自然との一体感が、メーヴェで空中を軽快に舞うその姿に端的に示されている。風に乗って空を飛ぶことは、自然と一体化することの象徴にほかならない。

飛翔シーンが定番になっている宮崎アニメでは、ナウシカだけではなく、「魔女の宅急便」のキキも、「紅の豚」のポルコも、自由自在に空を飛ぶ。

ところが、「千と千尋の神隠し」の主人公はごく普通の10歳の少女に設定されている。彼女は、ナウシカや魔女キキのように思うままに風を操る力がない。千尋が驚きと恐れのために体が動かなくなったとき、謎の少年ハクが彼女に次のような呪文を掛けた。「そなたの内なる風と水の名において、解き放て」と。そこで、千尋がハクに連れられて疾走し、地面すれすれに風を切っていく。この場面の風とは、10歳の少女の体に潜んでいる生きる力の象徴なのだ。この生きる力を取り戻す物語の中でも、風は相変わらず重要なメタファーになっている。

「となりのトトロ」では、メイとサツキが夢の中でトトロの体に乗って、満月の夜空を飛び回るという印象的なシーンがある。足先を急速にかすめていく田畑を見て歓声を上げながら、サツキが妹に「メイ。わたしたち、風になっている！」と大声で言う。空を飛ぶことの究極的な意味と、宮崎アニメにおける「風」の秘密を、この一言のセリフが暗示しているのではないのか。

空を羽ばたきたいとひそかに夢想している人間に、登場人物とともに「風になる」空間を提供してくれたからこそ、われわれは宮崎アニメに心地よい解放感と深い感動を覚えるにちがいない。

3．記憶は寝ながら整理される

米山公啓

宮じつはこの現象、休んでアタマがすっきりしたからストーリーを思いついたというわけではないようです。

1920年に行われた古い研究ですが、二人の被験者に三文字の無意味の綴りを10個記憶させ、眠ってしまった場合と起きていた場合とを比較したところ、覚えたあとすぐに寝てしまった人のほうがいい成績を残せた、というのがあります。

眠ると半分くらいを忘れてしまいますが、それ以上忘れないので、ある程度記憶が保たれたからです。あるいは、寝てしまうことでよけいな脳の活動がなくなり、記憶が保たれたとも考えられています。

最近の研究では、2000年に行なわれたハーバード大学のものがあります。24人の学生を使って検査をしました。

ある画像を記憶させ、当日睡眠をとるグループと睡眠をとらないグループをつくり、二日目、三日目はどちらも記憶の訓練をせず、眠ったあとの四日目に検査をすると、一日目に眠ったグループの成績がよかった、という結果がでました。また、睡眠時間でみても、短かい人たちのほうが悪い成績がでました。

この研究から推測できることは、睡眠とは、脳を休ませるだけでなく、もっと積極的に、脳に入ってきた情報を整理し、記憶を鮮明にする働きがある、ということです。

たとえば、試験勉強にしても、試験前日に徹夜するよりも、ある程度勉強したら寝てしまい、脳の中で知識の整理が行なわれるのを待つほうが効率がいいということです。

これはスポーツの世界でも同じです。ゴルフがうまくなりたいと、一日いくら打ちっぱなしの練習をしたところで、その日のうちに急に上達することはありません。しかし、翌日になって、急にうまくなっていることはよくあります。

コンピューターゲームも同じです。シューティングゲームなどは、初めは高得点がでますが、次第に疲労もあって高得点を上げることができなくなります。しかし、翌日やってみると必ずといっていいほど、昨日よりいい得点を上げることができます。

『脳が若返る30の方法科学が示してくれた脳の育て方』　中経出版　2003年

4．言葉についての敏感さ

大野晋

言葉づかいが適切かどうかの判断は、結局それまでに出あった文例の記憶によるのです。人間は人の文章を読んで、文脈ごと言葉を覚えます。だから、多くの文例の記憶のある人は、「こんな言い方はしない」という判断ができます。

よい行動をしていきたいと思う人は、よいことをした人の話を聞いて見習うでしょう。同じように、鋭い、よい言葉づかいをしたいと思う人は森鴎外、夏目漱石、谷崎潤一郎とか、現代だったら誰でしょうか、言葉に対してセンスが鋭い、いわゆる小説家・劇作家・詩人・歌人たち、あるいは適切な言葉を使って論文を書く学者、そういう人たちの作品・文章を多く読んで、文脈ごと言葉を覚えるのがよいのです。

骨董の目利きになるためには、よい物を、まず一流品を見続けなければだめだといいます。二流品を見ていては眼がだめになる。文章もそれと同じです。よいと思われるもの、心をひくものを見馴れているうちに、ああ、これは雑だなとか、ここはおかしいなとか気づくようになる。自分を引きつけるものはその人にとってよいものなのです。だから、自分を引きつけるものを熟読して、それをいっそう鋭く深く受け取るようにすること。次に、よい文章といわれるものを読んで、どこが違うか、どちらがよいかを自分の目で判断すること。

ときには、「新しい言葉」をつくる人もいます。新しい言葉をつくろうと、現在は落語家や漫才師、あるいはコピーライターがしのぎを削っています。戦後にアジャパーだとかトンデモハップンだとか、一時は流行する表現がつくられました。その大部分は10年もたたずに消えました。それはつくられたものの底が浅かったのです。

久米正雄が「微笑」でもない「苦笑」でもない笑いを表現したいと思って、「微苦笑」という新語をつくった。この単語は現在、和英辞典にも項目として立っています。これは人間社会にある一つの事実を的確にとらえて言語化したから、社会に存在を認められたのです。「わざと変な言葉」を使うと、その場だけは面白がられたりするでしょう。それと社会で存在権を認められる単語とは別です。

人間の行為・行動に、社会のいろいろな状況に応じて新しい行動が出てくるように、必要から新しい言葉が出てきます。それがいい言葉かどうかを感じる鋭い感覚が必要です。そこで必要なことはまず区別できる単語の数を増やすこと。自分が区別して使える語彙が多くなくては、ぴったりした表現ができない。

自分の語彙を増やすことに関しては、小説家とか歌詠みたちなどは、みんな非常な苦心をしています。例えば、与謝野晶子とか斉藤茂吉などの歌人は、辞書を読んでいって単語を拾ったようです。井上ひさしさんは、辞書をたくさん買って頭からそれを読むようですし、大江健三郎さんは、あの堅牢な製本の『広辞苑』を3取り替えたという噂です。『広辞苑』はそう簡単にはこわれない。だから、大江さんがいかに辞典を引いたか分かります。普通の人間は、せいぜい5、6万語知っていれば多い方でしょう。しかし、彼は20万語の日本語を消化しようとしたように見えます。しかも覚えた単語をそのままは使わない。大江さんには『万延元年のフットボール』とか『芽むしり仔撃ち』とか、普通にはない単語の組み合わせがあるでしょう。それは単語そのものではなくて、単語の組み合わせ方において新しくしようとしたのでしょう。

よい言い方、よくない言い方の問題として、「見れる」とか「起きれる」とかの「ラ抜き言葉」が問題にされることがあります。ラ抜き言葉をとがめだてするのも一つの言語感覚です。しかし「見れる」「起きれる」は可能動詞というべきもので、江戸時代に「書かる」から新たに「書ける」という、古典語にはなかった可能動詞がつくられて、今は普通に行われていることを思えば、日本人の意識には「可能動詞」を欲する根源的な欲求があり、それに応えるように新形ができる。その一環として、「見れる」「起きれる」が数10年前から方言的に生じてきたわけで、それが今や広く使われるにいたった。私はこれを使いませんが、この発達は日本語としては自然な動きで、止めることはできないでしょう。

人の話す言葉のどれが正しいとするかは、なかなかむずかしいことです。それはどこに基準点をおくか、いつの時代、どこの言葉を基準とするかによります。どれが正しいかというところに踏みこむと、保守的な態度の人、新しいことを好む人、いろいろあって、その人の人生や世界に対する考え方が言葉の選択の上に出てきます。今から何千年も昔の楔形文字を解読したところ、「このごろの若者の言葉づかいが悪くて困る」とあったそうです。言葉は人間の行為だから、保守的、改新的という相違があるのは当然です。

私が「単語に敏感になろう」、「違い目について感覚のある人間になりましょう」と言っていることに注意して下さい。言葉をどう使うかは、その人が保守的な態度をとるのか、新しい態度をとるのかによって違う。それはその人その人なのです。これだけが正しい言い方だなどと簡単にはいえない。「言葉の違いに敏感になろう」。鈍感ではだめです。「ちっとも」と「さっぱり」は違うのか、違わないのか。「お客がちっとも来ない」と「お客がさっぱり来ない」とをくらべると、「さっぱり」には店主の期待はずれの感じがあるなと思うか思わないかです。

単語を的確に使うということで、大事なことが一つあります。例えば、「臆病な人」を「慎重な人」といったら、それは不的確ということになるでしょう。しかし、「臆病」と「慎重」とではまったく別の言葉で間違えようはありません。不的確な表現になった原因は単語にはなく、事実を見る眼が曇っているのです。ほんとうは「臆病」なのに、それを「慎重」な態度だというのは、あるいは真実を避けて表現しているのかもしれません。「臆病な政治家」を「あの人は臆病だ」とはっきりと表現するのは、単に言葉に敏感になるだけでなく、事実そのものをよく見る眼と心とが要ることです。はっきり見てきちっと表現する心がまえがなくては、言葉を的確に運用できないのですね。

『日本語練習帳』　岩波書店　1999年

5．さつまいも

外山滋比古

二十二里という名の和菓子をもらった。家のものは、なんだろうと言って、見当もつけられないが、いも好きのこちらにはすぐピンとくる。

古来、さつまいもは、栗（九里）より（四里）うまい十三里と言われる。十三里のいもと九里の栗を合わせると二十二里という勘定になる。いもと栗を合わせた菓子に違いない。そう見当をした。そして、その通りだった。

昔のこどもは、おやつをもらわなかった。しかし、季節季節の食べものはあった。いもはもっとも大事な間食になった。

寒いときはずっと、イモキリボシというものを食べる。どこのうちでも自家製である。いもは水いも。そのままでぐしゃぐしゃしてさっぱりうまくない。水いものことを女郎いもと言ったような記憶がある。

これをふかすのだが、鍋や釜（かま）では間に合わない。風呂おけに入れてゆでるようにふかす。それをスライスするのだが、機械があるわけではないから、めいめいでつくる。脚の高い四角の枠をこしらえる。その枠に等間隔の細い針金を張って両端をしっかり固定する。幅3ミリくらいで針金が20本か30本張られるのである。

ふかしたいもをタテ長にしてこの金網におしつける。下から何枚ものスライスが出てくる寸法である。このスライスされたいもの1枚1枚がすの子に並べられる。風でも吹けば一晩でかなり堅くなる。二、三日も乾燥させれば、食べごろである。冬中保存がきく。

学校から腹をすかせて帰ってきたこどもはこのイモキリボシをひとつかみして、羽織のたもとに入れて、パンキというメンコ遊びをしに出る。

遊びながら、イモキリボシをほうばる。たもとには糸くず、ごみくずなどがあるから、くっついて、いっしょに口に入る。ぺっぺっと、異物ははき出さなくてはならない。いまのきれい好きな母親だったら気絶するかもしれない。

10歳くらいまでの子はたいてい、青バナをたらしていた。たれてくると、羽織の袖口でぬぐう。やがて乾いたころにまた、ハナをこすりつける。どのこどもも、袖口はぴかぴか光っているようでないと貫禄がない。

どうして、あのころのこどもはハナをたらした“ハナたれ小僧”だったのか。ずっとのちになってお医者からきいたところによると、栄養が悪かったからだという。

さつまいもは、やはり、焼いたのがうまい。しかし、たいていのうちがふかしたのは、焼くのは手間がかかるからであろう。イモキリボシにしても手がかかるが、大量に一度にできるし、保存がきくから面倒でもつくったのであろう。

焼きいもをまったくつくらなかったわけではない。秋になると、もみがらで焼きいもを焼いた。

稲を刈り入れてもみがらのもみをとりのぞく。そのもみがらが、どこの農家でも庭先にちょっとした山になる。そうすると、ある日をきめて、焼く。この灰がたいへんよくきく肥料になると言われていた。

今日、もみがらを焼くときめると、隣近所にふれてまわる。そうすると、どのうちからもバケツに入れたいもをもちよる。それをもみがらの山の裾《すそ》へもぐらせるのである。夕方になると、焼きあがる。ほぼ1日がかりでゆっくり燻製《くんせい》よろしく焼きいもが焼き上がる。外からはまるでこげ目などはついていないが、二つに割ると、中の黄金色のいもが湯気を立てる。たそがれ時、フーフー言いながら食べる。この焼きいもは天下一品のうまさである。これなら、栗よりうまい十三里と言ってもいい。

同じ日に焼いては、たのしみがないから、日をずらせて、あちこち順ぐりに焼いていくから、3べんや4へんはこのもみがらの焼きいもを食べることができた。

郷里を出て何10年もたったとき、昔の友だちが、すこしも帰ってこないが、たまには顔を見せたらどうだと言ってきた。それに対して、あのもみがらで焼いた焼きいもが食べたいと言ったら、それは無理だ、われわれだってもすいぶん久しく食べたことがなくて、味を忘れたくらいだと言う。このごろは、だいたいもみがらなんか出ない。焼きたくても焼けないのだそうである。

この焼きいもの味につられて、中学校のとき、学校で焼きいもをやって、あやうく退学になりかけた。そのことはまたあとで書く。

『少年記』　展望社　2004年

索引

新出単語・練習用単語

（R：練習用単語）

あ

あいきょう（愛嬌）〈3-2〉
あいじょう（愛情）〈9-1R〉
あいづち（相槌·相鎚）〈8-1R〉
あいづちを打つ（あいづちをうつ）〈8-1R〉
あいなる（相成る）〈7-2〉
あえて（敢えて）〈9-1〉
あおき（青木）〈8-1〉
あがる（上ル）〈5-2〉
あきぞら（秋空）〈8-2〉
あきる（飽きる）〈7-2R〉
あくまで（飽くまで）〈1-2〉
あげさげ（上げ下げ）〈7-2〉
-あげる〈7-2〉
あこがれる（憧れる）〈3-2R〉
あさい（浅い）〈5-2R〉
あさいち（朝市）〈7-2〉
あさのうみ（朝の海）〈3-1〉
アジアしょこく（Asia 諸国）〈10-2〉
あじつけ（味付け）〈1-1R〉
あじわう（味わう）〈6-1〉
あす（明日）〈8-1〉
あたたかい（温かい）〈7-2R〉
アタック（attack）〈3-1R〉
あたる（当たる）〈6-1R〉
あっか（悪化）〈10-2〉
アップシフト（up shift）〈1-1R〉
あとにする（後にする）〈8-2〉
アニメーション（animation）〈10-2〉
アニメかんとく（animation監督）〈8-1〉
あの〈1-1〉
あふれる（溢れる）〈6-1R〉
アモイ（葡萄牙语Amoy）〈1-1〉
あやまり（誤り）〈6-2〉
あやまる（誤る）〈6-1R〉
あらかじめ（予め）〈6-2〉
あらたまる（改まる）〈9-1R〉
あらためて（改めて）〈7-2〉
あるいは（或は）〈7-2〉
あるなし（有る無し）〈5-2〉
あわてる（慌てる）〈5-1〉
あん（案）〈8-1R〉
あんたい（安泰）〈10-2〉
あんてい（安定）〈1-1R〉
あんないしょ（案内書）〈9-2〉
あんまり〈7-1〉

い

いいあらそう（言い争う）〈7-2〉
いいかける（言いかける）〈8-2〉
いいん（委員）〈8-2〉
いかがなものか（如何なものか）〈9-1〉

いきいき（生き生き）〈8-2R〉
いきさき（行き先）〈7-2〉
いきなり〈6-2〉
いくせい（育成）〈10-2〉
いこく（異国）〈7-2〉
いじめ〈7-1R〉
いずれも〈3-2〉
いせい（異性）〈10-1R〉
いぜん（依然）〈10-2〉
いぜんとして（依然として）〈10-2〉
いそいそ〈8-2〉
いただきもの（戴き物）〈7-1〉
いちいん（一員）〈1-2R〉
いちじ（一時）〈4-1〉
いちじきこく（一時帰国）〈4-1〉
いちど（一度）〈1-1〉
いちぼく-いっそう（一木一草）〈5-2〉
いちれい（一礼）〈6-1〉
いちれん（一連）〈4-2〉
いつしか〈8-2〉
いっしゅん（一瞬）〈9-1〉
いっしん（一新）〈9-1〉
いっしんいったい（一進一退）〈10-2R〉
いってい（一定）〈7-2〉
いっぱん（一般）〈3-2R〉
いっぽう（一方）〈3-2〉
いっぽうてき（一方的）〈1-2〉
いつまでも（何時までも）〈7-1〉
いぶんか（異文化）〈1-1〉
イベント（event）〈8-2〉
いまや（今や）〈3-2〉
いやし（癒し）〈1-1R〉
いよいよ〈3-1〉
いらい（依頼）〈8-1〉
いらいら〈7-1R〉
イラスト（「イラストレーション」illustrationの略語）〈4-1R〉
いらだち（苛立ち）〈9-1〉
いり（入り）〈3-2〉
いれる（入れる）〈6-1〉
いわえん（頤和園）〈5-1R〉
いんしょく（飲食）〈5-1〉
いんたい（引退）〈3-2〉
イントネーション（intonation）〈1-1R〉
いんよう（引用）〈9-1R〉

う

ウイルス（拉丁语virus）〈6-1R〉
うけとる（受け取る）〈4-1R〉
うけみ（受身）〈3-1R〉
うごき（動き）〈10-2〉
うちじゅう（家中）〈5-1R〉
うつ（打つ）〈6-1R〉
うつす（移す）〈5-2〉
うつる（移る）〈10-2〉
うなずく（▼頷く）〈8-2〉
うまい（上手い）〈10-2〉
うめたてる（埋め立てる）〈5-2〉
うやまいあう（敬い合う）〈6-2〉
うらおもて（裏表）〈5-2〉
うらせんけ（裏千家）〈6-2〉
うらない（占い）〈5-1〉
うわさ（噂）〈4-1R〉
うわまわる（上回る）〈10-2〉

え

エアコン（「エアコンディショナー」air conditionerの略語）〈1-1R〉
えいがスター（映画star）〈2-1〉
えがく（描く）〈10-2〉
えきまえ（駅前）〈2-1R〉
エッセイ（essay）〈7-2〉
エベレスト（Everest）〈2-1R〉
える（得る）〈2-2〉
えんしゅうしつ（演習室）〈1-1〉
えんりょ（遠慮）〈3-1〉

お

おう（追う）〈5-1〉

おうじる（応じる）〈1-1R〉

おうせつま（応接間）〈4-1〉

おうだく（応諾）〈10-1R〉

おうとう（応答）〈9-1〉

おうよう（応用）〈6-2〉

おお-（大-）〈3-1〉

おおう（覆う）〈5-2〉

おおさか（大阪）〈4-1R〉

おおずもう（大相撲）〈3-1〉

おおぜき（大関）〈3-2〉

おおどおり（大通り）〈5-2〉

おおはば（大幅）〈10-2〉

オーブン（oven）〈10-1R〉

おおや（大家）〈7-1〉

おおやけ（公）〈4-2〉

おおやま（大山）〈1-1R〉

おおよろこび（大喜び）〈8-2〉

おかえし（お返し）〈7-1〉

おがわ（小川）〈1-1R〉

おきにいり（お気に入り）〈7-1R〉

おく（億）〈10-2〉

おくびょう（臆病）〈3-2R〉

おくゆかしい（奥ゆかしい）〈4-2〉

おくれ（後れ）〈10-2〉

おくれをとる（後れを取る）〈10-2〉

おさえる（押さえる）〈1-1R〉

おじいちゃん〖お祖父ちゃん〗〈9-1〉

おしゃれ〖お洒落〗〈1-1R〉

おしり（お尻）〈3-2〉

おす〈2-1〉

おせじ（世辞）〈7-1R〉

おそい（遅い）〈1-1〉

おそらく（恐らく）〈9-1〉

おたがいに（お互いに）〈6-2〉

オッケー（OK）〈2-1〉

おっちょこちょい〈1-1〉

おてかず／てすうをかける（お手数をかける）〈8-1R〉

おてまえ（お点前）〈6-2〉

おどろき（驚き）〈5-2〉

オノマトペ（onomatopoeia）〈8-2R〉

おみえになる（お見えになる）〈6-1〉

おもいこみ（思い込み）〈2-2R〉

おもいこむ（思い込む）〈3-1R〉

おもいだす（思い出す）〈6-2〉

おもいでばなし（思い出話）〈7-1R〉

おもえば（思えば）〈8-2〉

おもみ（重み）〈7-2〉

おもむき（趣き）〈6-1〉

おもわく（思惑）〈3-1R〉

おもわず（思わず）〈4-2〉

おやかた（親方）〈3-2〉

おわらい（お笑い）〈8-2〉

か

か（可）〈2-2〉

が〈5-2〉

カーテン（curtain）〈9-2〉

カード（「クレジットカード」credit cardの略語）〈5-1R〉

-かい（-界）〈3-2〉

かいかん（開館）〈5-1R〉

かいご（介護）〈9-1〉

がいして（概して）〈1-2〉

かいす（解す）〈7-2〉

ガイド（guide）〈5-1R〉

がいねん（概念）〈9-1〉

がいらいご（外来語）〈9-1〉

かえる（換える）〈6-1〉

かおり（香り）〈6-1〉

かかえる（抱える）〈10-2〉

かかわり（関わり）〈4-2〉

かぎをかける（鍵を掛ける）〈6-1R〉

がく（額）〈10-2R〉

かくど（角度）〈1-2〉

がくゆう（学友）〈1-2〉

かくりつ（確立）〈1-2〉
がくれき（学歴）〈6-1R〉
かげ（影）〈9-1〉
かけなおす（かけ直す）〈8-1R〉
かける（掛ける）〈4-1〉
かこむ（囲む）〈10-2R〉
かしつけきん（貸付け金）〈10-2〉
かしょ（箇所）〈8-2〉
かす（課す）〈9-1R〉
かする（化する）〈7-2〉
かせぐ（稼ぐ）〈9-1R〉
かぜぐすり（風邪薬）〈5-2R〉
かせん（河川）〈5-2〉
がぞう（画像）〈10-2〉
かた（型）〈2-1〉
かた（肩）〈5-1〉
カタカナご（片仮名語）〈9-2〉
かたくるしい（堅苦しい）〈4-1〉
かたこと（片言）〈7-2〉
かたりあう（語り合う）〈8-2R〉
かたる（語る）〈3-2〉
かち（価値）〈4-1R〉
かちかん（価値観）〈1-2R〉
かつ（勝つ）〈3-1〉
がっかり〈4-2R〉
がっしゅく（合宿）〈2-2〉
がっしょう（合唱）〈10-1R〉
かって（勝手）〈4-2〉
カップめん（cup麺）〈4-2〉
かつやく（活躍）〈1-1R〉
かていきょうし（家庭教師）〈7-1R〉
かなあ〈10-1〉
かなざわ（金沢）〈5-2〉
かぼちゃ〈8-1R〉
かまう（構う）〈4-1〉
かみをとかす（髪を梳かす）〈4-2R〉
かむ（嚙む）〈5-1〉
ガム（gum）〈5-1〉
カメラ（camera）〈5-1〉
-がら（-柄）〈9-1〉
からて（空手）〈1-1R〉
からてぎ（空手着）〈 2-1〉
かれし（彼氏）〈8-2R〉
カロリー（calorie）〈3-1R〉
がわ（側）〈5-2〉
かわでしょぼうしんしゃ（河出書房新社）〈7-2〉
かわり（代わり）〈7-1R〉
かんかく（感覚）〈5-2〉
かんげいかい（歓迎会）〈1-1〉
かんけつ（簡潔）〈6-2R〉
かんご（漢語）〈9-1〉
かんこうち（観光地）〈2-1R〉
かんさい（関西）〈4-1R〉
かんさつ（観察）〈4-2〉
かんしん（感心）〈4-2〉
がんじんわじょう（鑑真和尚）〈5-1〉
かんせい（感性）〈1-2R〉
かんせん（感染）〈6-1R〉
かんそう（乾燥）〈6-1〉
かんとく（監督）〈8-1〉
カンフー（Kungfu）〈2-1〉
かんゆう（勧誘）〈2-1R〉

き

き（機）〈2-2〉
-き（記）〈8-2〉
-ぎ（着）〈2-1〉
きえい（気鋭）〈8-2〉
きか（帰化）〈3-2〉
きがある（気がある）〈7-1R〉
きがえる（着替える）〈6-1R〉
きがきく（気が利く）〈4-1R〉
きかく（企画）〈7-2R〉
きがない（気がない）〈7-1R〉
ききて（聞き手）〈1-1R〉
ききとる（聞きとる）〈7-2〉
きぎょう（企業）〈10-2〉
きげん（期限）〈5-1R〉

きこう（紀行）〈7-2〉
きごう（記号）〈7-2〉
きず（傷）〈6-1R〉
きすう（奇数）〈5-2R〉
きずがつく（傷がつく）〈6-1R〉
きずつく（傷つく）〈7-2〉
きそく（規則）〈5-1R〉
きたい（期待）〈1-1R〉
きたえる（鍛える）〈2-2〉
きちょう（貴重）〈6-1〉
きちょうひん（貴重品）〈5-1〉
きつい〈7-1R〉
きつえん（喫煙）〈5-1R〉
きづかう（気遣う）〈4-1R〉
きづく（気付く）〈9-1〉
きにいる（気に入る）〈4-1R〉
きにかける（気にかける）〈4-2〉
きになる（気になる）〈4-2R〉
きのう（機能）〈7-1R〉
きほんてき（基本的）〈9-1〉
ぎむ（義務）〈1-2R〉
ぎむきょういく（義務教育）〈5-1R〉
きむら-あゆみ（木村あゆみ）〈1-1〉
ぎゃくてん（逆転）〈3-1R〉
きゅうげき（急激）〈10-2〉
きゅうそく（急速）〈10-2R〉
きゅうむ（急務）〈9-1〉
きゅうゆう（級友）〈8-1〉
きよう（器用）〈4-2〉
きょう（興）〈7-2〉
きょうい（脅威）〈8-2〉
ぎょうぎ（行儀）〈4-2R〉
きょうぐ（教具）〈1-2〉
きょうざい（教材）〈1-2〉
ぎょうじ（行司）〈3-2〉
きょうじゅ（教授）〈8-1〉
きょうしゅく（恐縮）〈7-1〉
きょうせい（共生）〈8-1〉
きょうせいしょう（陝西省）〈3-1R〉
きょうぞん・きょうそん（共存）〈8-2〉
きょうをそそる（興をそそる）〈7-2〉
きょか（許可）〈5-1R〉
きょくたん（極端）〈10-2〉
きょたい（巨体）〈3-2〉
きよめる（清める）〈6-2〉
きよらか（清らか）〈6-2〉
きり〈7-2〉
きりがない〈7-2〉
ぎりぎり〈10-1R〉
-きる〈7-1〉
きれる（切れる）〈6-1R〉
きろく（記録）〈3-2〉
きをよくする（気をよくする）〈7-2〉
きんえん（禁煙）〈5-1R〉
きんじょ（近所）〈7-1〉
きんだいしょうせつ（近代小説）〈2-1R〉
きんぼし（金星）〈3-2〉
きんゆう（金融）〈10-2〉

く

ぐうすう（偶数）〈5-2R〉
くうせき（空席）〈7-1R〉
クーポン（法语coupon ）〈5-1R〉
くぎり（区切り）〈1-2〉
くずす（崩す）〈2-2R〉
くずれる（崩れる）〈7-2R〉
くせに〈7-1〉
くちにあう（口に合う）〈4-1R〉
くちょう（口調）〈7-2〉
くちをきく（口を利く）〈7-1R〉
クッキー（cookie）〈10-1R〉
グッズ（goods）〈1-1R〉
くつろぐ（寛ぐ）〈6-1〉
くにぐに（国々）〈10-2〉
くばる（配る）〈5-1〉
くふうちゃ（工夫茶）〈6-1〉
くみ（組）〈7-2〉
くもり（曇り）〈6-2〉

くりかえす（繰り返す）〈7-1R〉
くるしみ（苦しみ）〈6-1R〉
クレジットカード（credit card）〈5-1R〉
くろう（苦労）〈3-2〉
くろさわ（黒沢）〈8-1〉
くわわる（加わる）〈9-1〉
くんれん（訓練）〈1-1R〉

け

ケア（care）〈9-1〉
ケアマネージャー（care manager）〈9-1〉
-けい（-系）〈10-2〉
げい（芸）〈10-2〉
けいい（敬意）〈4-2〉
けいえい（経営）〈10-2〉
けいかん（景観）〈5-2〉
けいこ（稽古）〈2-2〉
ゲームき（game 機）〈10-2〉
ゲーム・ソフト（game software）〈10-2〉
ゲーム大会（gameたいかい）〈8-2〉
けしゴム（荷兰语 消しgom）〈10-1R〉
けつえき（血液）〈10-2〉
けっして（決して）〈7-2〉
けってん（欠点）〈4-2R〉
けつろん（結論）〈9-1R〉
ける（蹴る）〈7-2〉
けん（件）〈8-1〉
げんかん（玄関）〈3-1R〉
げんきん（現金）〈5-1R〉
けんざい（健在）〈10-2〉
げんしてき（原始的）〈7-2〉
げんしょう（現象）〈3-2〉
げんしょう（減少）〈10-2R〉
げんだいてき（現代的）〈5-2R〉
げんてい（限定）〈5-1R〉
けんとう（検討）〈2-2R〉
げんば（現場）〈10-2〉
けんり（権利）〈9-2〉

こ

こ（個）〈4-2〉
こい（恋）〈5-1〉
ごうい（合意）〈5-2〉
ごういん（強引）〈4-1〉
こうえい（光栄）〈8-1〉
こうか（効果）〈5-2〉
こうか（高価）〈7-1〉
こうが（黄河）〈5-2R〉
こうかい（公開）〈1-2R〉
こうき（後期）〈2-2〉
こうぎ（講義）〈1-2〉
こうぎょうせいひん（工業製品）〈10-2〉
こうさい（交際）〈9-1R〉
こうさくきかい（工作機械）〈10-2〉
こうした〈4-2〉
こうじょう（向上）〈9-2〉
こうせい（構成）〈9-1R〉
こうそう（高層）〈5-2〉
こうそうビル（高層building）〈5-2〉
こうそくどうろ（高速道路）〈5-2〉
こうちょう（好調）〈10-2〉
ごうどう（合同）〈2-2〉
こうにゅう（購入）〈3-2R〉
こうはん（後半）〈3-1R〉
こうはんき（後半期）〈10-2〉
こうふくじ（興福寺）〈5-1〉
こうりょ（考慮）〈5-2〉
こうれいしゃ（高齢者）〈5-2R〉
こえをかける（声をかける）〈7-1R〉
コード（cord）〈6-1R〉
ゴール（goal）〈3-1R〉
ごく（極）〈7-2〉
こくぎ（国技）〈3-2〉
こくぎかん（国技館）〈3-1〉
こくせき（国籍）〈8-1〉
こくみん（国民）〈1-2R〉
こくりつこくごけんきゅうしょ（国立国語研究所）〈9-1〉

索引

こころがまえ（心構え）〈6-2〉
こしかける（腰掛ける）〈4-1〉
こじんてき（個人的）〈4-2〉
コスト（cost）〈10-2〉
こせい（個性）〈3-2R〉
こたえる（応える）〈4-2R〉
こだま〈2-2〉
こだわる（▼拘る）〈8-1〉
ごとく（如く）〈6-2〉
こどもっぽい（子供っぽい）〈8-2〉
ことわり（断り）〈10-1R〉
ごばん（碁盤）〈5-2〉
ごばんのめ（碁盤目）〈5-2〉
コピー（copy）〈1-1〉
ごぶさた（御無沙汰）〈4-1〉
こべつ（個別）〈9-1〉
こぼす（零す・溢す）〈3-2〉
こぼれる〖零れる〗〈6-1R〉
コマ〈10-2〉
ごまかす（誤魔化す）〈7-1R〉
ごみばこ（ゴミ箱）〈4-2〉
-こむ〈4-2〉
こめる（込める・籠める）〈4-1R〉
こもる（籠る）〈8-2R〉
こもん（顧問）〈1-1R〉
こゆう（固有）〈3-2〉
こらい（古来）〈9-1〉
ごらく（娯楽）〈8-2〉
これはこれは〈4-1〉
こわばる（強張る）〈7-2〉
こんがっき（今学期）〈1-1〉
こんきょ（根拠）〈9-1R〉
コンクリート（concrete）〈5-2〉
コンクリートづくり（concrete造り）〈5-2〉
コンセント（和製concentric plug）〈6-1R〉
コンテンツ（contents）〈10-2〉
コンビニ（「コンビニエンス・ストア」convenience storeの略語）〈10-1R〉
こんぽんてき（根本的）〈4-2〉
こんらん（混乱）〈9-1〉

さ

さあさあ〈4-1〉
サーブ(serve)〈3-1R〉
さい（際）〈3-2〉
さいそく（催促）〈7-1〉
サイト（site）〈9-1R〉
さかい（境）〈10-2R〉
さがる（下ル）〈5-2〉
-さき（-先）〈2-2〉
さきほど（先ほど）〈8-1〉
-さく（作）〈8-2〉
さくひん（作品）〈2-2R〉
さける（避ける）〈3-1R〉
ささえる（支える）〈10-2〉
さしつかえ（差し支え）〈8-1〉
さしつかえる（差し支える）〈8-1〉
さす（指す）〈6-2R〉
さすが〈3-1〉
ざせき（座席）〈5-1〉
さつえい（撮影）〈5-1〉
さっかく（錯覚）〈7-2〉
ざっかん（雑感）〈8-2〉
ざっかんき（雑感記）〈8-2〉
さっさと〈8-2〉
さっそう（▼颯▼爽）〈8-2〉
さんじげん（3次元）〈10-2〉
さんせいは（賛成派）〈9-2〉
さんぴ（賛否）〈5-2〉

し

-し（-氏）〈8-1〉
じいんと（多くは「じんと」）〈8-2〉
しがいせん（紫外線）〈7-2R〉
しかく（資格）〈1-1R〉
しかしながら〈4-2〉
じかんたい（時間帯）〈1-2〉

索引

じょうきゃく（乗客）〈4-2〉
しょうきょくてき（消極的）〈2-1R〉
しょうじき（正直）〈8-2〉
しょうじょ（少女）〈7-2〉
じょうしょう（上昇）〈10-2R〉
しょうしん（昇進）〈3-2〉
しょうだく（承諾）〈2-1〉
しょうち（承知）〈9-1〉
じょうない（場内）〈8-2〉
しょうひしゃ（消費者）〈7-2R〉
じょうようしゃ（乗用車）〈10-2〉
しょうりゃく（省略）〈5-1R〉
じょうれい（条例）〈5-2〉
しょくいん（職員）〈6-1R〉
しょくぎょう（職業）〈1-1R〉
しょくぎょうがら（職業柄）〈9-1〉
しょくにん（職人）〈10-2〉
しょくにんげい（職人芸）〈10-2〉
じょし（女子）〈10-2R〉
じょしだいせい（女子大生）〈4-1R〉
じょしゅ（助手）〈6-1〉
じょじょに（徐々に）〈9-1R〉
しょせん（所▼詮）〈7-2〉
しょたいめん（初対面）〈1-1R〉
しょぼう（書房）〈7-2〉
しょるい（書類）〈2-2R〉
しり（尻）〈3-2〉
しりあがり（尻上がり）〈7-2〉
しろ（城）〈2-1R〉
しんがく（進学）〈2-2R〉
しんがくりつ（進学率）〈10-2R〉
じんざい（人材）〈10-2〉
しんしゃ（新車）〈5-1R〉
しんしゅつ（進出）〈10-2R〉
しんじょう（心情）〈8-2R〉
しんちょう（慎重）〈3-2R〉
しんぼくかい（親睦会）〈8-1〉
しんらい（信頼）〈7-2R〉

す

すいい（推移）〈10-2R〉
すいじゅん（水準）〈9-2R〉
すいぞくかん（水族館）〈5-1R〉
すいどう（水道）〈7-2〉
スーッと〈7-2〉
すえ（末）〈3-2〉
すがすがしい（▽清▽清しい）〈8-2〉
すがた（姿）〈5-2〉
スキャナー（scanner）〈2-1R〉
すくなからず（少なからず）〈4-2〉
すくなくとも（少なくとも）〈9-1〉
すくめる（竦める）〈5-1〉
すぐれる（優れる）〈10-2〉
スケジュールちょう（schedule帳）〈8-2〉
すごすご（と）〈5-1〉
すずしい（涼しい）〈1-1R〉
-すすめる（-進める）〈9-1〉
スタイル（style）〈10-2R〉
スタッフ（staff）〈5-1R〉
ずつう（頭痛）〈5-2R〉
すでに（既に）〈8-2〉
ストライプ（stripe）〈4-1R〉
すなわち（即ち）〈4-2〉
スピーチコンテスト（speech contest）〈8-2〉
スポット（spot）〈3-1R〉
すもう（相撲）〈3-1〉
ずらり（と）〈8-2〉
ずれ〈4-2〉
すわりこむ（座りこむ）〈4-2〉

せ

ぜ（是）〈9-2〉
-せい（-性）〈1-2〉
せいあん（西安）〈5-2〉
せいい（誠意）〈7-1〉
せいいっぱい（精一杯）〈3-1〉
せいかつようしき（生活様式）〈9-2R〉

せいぎょ（制御）〈10-2〉
せいげん（制限）〈9-1〉
せいこう（成功）〈3-1R〉
せいご（成語）〈6-2R〉
せいさく（製作）〈10-2〉
せいさくこうりょう（政策綱領）〈9-1〉
せいじ（政治）〈9-1〉
せいしつ（性質）〈9-2〉
せいそく（生息）〈3-1R〉
せいちょうりつ（成長率）〈10-2R〉
せいねん（青年）〈8-2〉
せいりつ（成立）〈9-2〉
せきわけ（関脇）〈3-2〉
せつ（説）〈3-2〉
セット（set）〈3-1R〉
ぜつみょう（絶妙）〈5-2〉
ぜひ（是非）〈9-1〉
セミナー（seminar）〈5-1R〉
セルアニメ（cell animation）〈10-2〉
セル画〈10-2〉
-せん（-戦）〈2-2〉
せんきょ（選挙）〈9-1〉
せんくしゃ（先駆者）〈3-2〉
ぜんご（前後）〈4-1R〉
ぜんじつ（前日）〈8-2〉
せんせいしょう（陝西省）〈3-1R〉
ぜんせかい（全世界）〈10-2〉
せん-そうしつ（千宗室）〈6-2〉
せんねん（千年）〈5-2〉
ぜんはん（前半）〈3-1R〉
ぜんぱん（全般）〈4-2〉
せんびき（線引き）〈4-2〉
せんもんようご（専門用語）〈7-1R〉

そ

ぞ〈3-1〉
そういえば（そう言えば）〈4-1〉
ぞうか（増加）〈8-2R〉
ぞうきん（雑巾）〈6-2〉
ぞうげん（増減）〈10-2R〉
そうたいてき（相対的）〈3-2〉
そうとう（相当）〈5-2R〉
ぞうとう（贈答）〈4-1R〉
そうなん（遭難）〈5-1〉
ぞくしゅつ（続出）〈10-2〉
-そだち（-育ち）〈2-1R〉
そだてる（育てる）〈3-2〉
そっか〈10-1R〉
そつろん（卒論）〈1-1〉
そのまま〈9-1〉
そのもの〈5-2〉
ソファー（sofa）〈4-1〉
ソフト（soft）〈7-1R〉
ソフト・ウエア（soft ware）〈10-2〉
そまる（染まる）〈8-2〉
それはそれは〈8-1〉
そんごくう（孫悟空）〈7-1R〉

た

たい（対）〈3-1R〉
ダイエット（diet）〈3-1R〉
たいおう（対応）〈5-1R〉
だいがくいんせい（大学院生）〈2-1R〉
たいきょくけん（太極拳）〈2-1〉
たいこく（大国）〈10-2〉
たいしょ（対処）〈6-2R〉
たいしょうてき（対照的）〈5-2R〉
たいだん（対談）〈4-2〉
だいとうじだい（大唐時代）〈5-2〉
タイプ（type）〈2-1R〉
タイミング（timing）〈8-1R〉
たいら（平ら）〈7-2〉
たいりょく（体力）〈7-1R〉
ダウンシフト（down shift）〈4-1R〉
たえぬく（耐えぬく）〈3-2〉
たおす（倒す）〈3-2〉
たかが〈7-2〉
たかみやま（高見山）〈3-2〉

たくましい（逞しい）〈4-1〉
たしか（確か）〈3-1〉
たしかに（確かに）〈3-1〉
たすう（多数）〈10-2R〉
たずねる（尋ねる）〈4-1R〉
ただいま（ただ今）〈9-1〉
たたかう（戦う）〈3-1R〉
たちあげる（立ち上げる）〈2-1R〉
たちいりきんし（立ち入り禁止）〈5-1R〉
たちよる（立ち寄る）〈4-1R〉
たつ（発つ）〈4-1R〉
たっせい（達成）〈7-2〉
たった今（たったいま）〈9-1R〉
だって〈10-1R〉
たとえる（例える）〈10-2〉
たびたび〈4-2〉
タブー（taboo）〈7-1R〉
たべきる（食べ切る）〈7-1〉
たまたま〈7-1R〉
たまひろい（球拾い）〈7-1R〉
たよる（頼る）〈5-2〉
たる〈5-2〉
たわら-まち（俵万智）〈7-2〉
だんし（男子）〈10-2R〉
たんしゅく（短縮）〈9-1R〉
だんじょ（男女）〈5-2R〉
ダンスパフォーマンス
（dance performance）〈8-2〉
だんたいせん（団体戦）〈2-2〉
だんてい（断定）〈3-1R〉
たんに（単に）〈1-2〉
たんねん（丹念）〈10-2〉
だんわしつ（談話室）〈7-1〉

ち

ちい（地位）〈3-2〉
チーム（team）〈3-1R〉
ちく（地区）〈2-2〉
ちっとも〈7-1R〉
チャリヤー（泰语caryā）〈5-1〉
ちゃわん（茶碗）〈6-1〉
チャン・ツィイー〈4-1R〉
ちゅうかんそん（中関村）〈2-2R〉
ちゅうじつ（忠実）〈4-2R〉
ちゅうしゃ（駐車）〈6-1R〉
ちゅうもく（注目）〈1-1R〉
ちゅうりん（駐輪）〈4-2R〉
ちゅうりんじょう（駐輪場）〈4-2R〉
ちょうあん（長安）〈5-2〉
ちょうか（超過）〈10-2〉
ちょうこう（長江）〈5-2R〉
ちょうじかん（長時間）〈10-1R〉
ちょうしゅう（聴衆）〈8-1R〉
ちょうしゅん（長春）〈6-1〉
ちょうせい（調整）〈8-1〉
ちょうだい（頂戴）〈6-1〉
ちよのはな（千代乃花）〈3-1〉
ちんもく（沈黙）〈7-2〉

つ

-ツアー（tour）〈5-1〉
つい〈4-1〉
ついに〈10-1R〉
てかず/てすう（手数）〈8-1R〉
つく（付く）〈6-1R〉
つぐ（次ぐ）〈3-2〉
つくづく〈7-2〉
-づくり（-造り）〈5-2〉
つくりあげる（作りあげる）〈7-2〉
つくりだす（創り出す）〈10-2〉
つくる（造る）〈3-1R〉
っけ〈1-1〉
つげる（告げる）〈7-2〉
～ったら〈10-1〉
～つつ〈8-2〉
～つつある〈10-2〉
つとめる（務める）〈1-2〉
つねに（常に）〈4-2〉

つば（唾）〈4-2R〉
-っぱなし〈7-1〉
-っぽい〈8-2〉
つゆ（梅雨）〈2-2R〉

て

ていあん（提案）〈10-1R〉
ていえん（庭園）〈5-2〉
ていか（低下）〈4-2〉
ていしゅつ（提出）〈2-2R〉
ていちゃく（定着）〈9-2〉
ていど（程度）〈2-2〉
デート（date）〈8-2R〉
てかず（手数）〈8-1R〉
でかせぎ（出稼ぎ）〈3-2R〉
てきぱき〈8-2〉
てざわり（手触り）〈7-2〉
デジカメ（「デジタルカメラ」digital camera の略語）〈1-1R〉
てだすけ（手助け）〈1-2〉
てづか‐おさむ（手塚治虫）〈10-2〉
てっていてき（徹底的）〈9-2R〉
テニスぶ（tennis部）〈1-1〉
でね〈10-1〉
テレビ・コマーシャル（television commercial）〈3-2〉
てわたす（手渡す）〈8-2〉
てん（点）〈3-2〉
でんきききき（電気機器）〈10-2〉
てんじ（展示）〈8-2〉
てんだんこうえん（天壇公園）〈2-1R〉
でんわをきる（電話を切る）〈6-1R〉

と

というのは（と言うのは）〈9-1〉
といかけ（問いかけ）〈4-2〉
といかける（問いかける）〈4-2〉
といっても〈1-1〉
とう（棟）〈2-2〉
とう-（当）〈5-1R〉
どうい（同意）〈9-1R〉
どういう〈6-2〉
どうが（動画）〈10-2〉
とうがらし（唐辛子）〈1-1R〉
とうき（投機）〈10-2〉
とうきょうそだち（東京育ち）〈2-1R〉
どうぐ（道具）〈7-2〉
とうざいなんぼく（東西南北）〈5-2〉
とうし（投資）〈7-1〉
とうじつ（当日）〈8-1〉
とうじょう（登場）〈7-2〉
とうしょうだいじ（唐招提寺）〈5-1〉
どうじる（動じる）〈6-2〉
どうせ〈8-2〉
とうせいか（等生化）〈9-2〉
とうぜん（当然）〈3-1R〉
とうだいじ（東大寺）〈5-1〉
とうちゃく（到着）〈4-1〉
どうてん（同点）〈3-1R〉
どうどうと（堂々と）〈4-2〉
とうにょうびょう（糖尿病）〈3-2R〉
とうの（当の）〈4-2〉
どうぶつえん（動物園）〈3-1R〉
とうぶん（当分）〈7-1R〉
とうホテル（当ホテル）〈5-1R〉
どうよう（同様）〈7-2〉
とうろん（討論）〈1-2〉
とおり（通り）〈5-2〉
とおる（通る）〈7-2R〉
とかす（梳かす）〈4-2R〉
ときどき（時時）〈5-2〉
どきょう（度胸）〈7-2〉
とくぎ（特技）〈1-1R〉
どくじ（独自）〈9-1〉
とくしゅう（特集）〈2-2〉
とくてい（特定）〈9-1〉
どくりつ（独立）〈6-2R〉

ところが〈5-2〉
としより（年寄り）〈9-1〉
とたん（途端）〈8-2〉
どちらかと言えば〈9-1R〉
とつぜん（突然）〈4-1R〉
とても〈9-2〉
とどける（届ける）〈5-2R〉
ととのえる（整える）〈9-1R〉
とどろき（轟）〈1-1R〉
となえる（唱える）〈6-2〉
どひょう（土俵）〈3-2〉
とまどう（戸惑う）〈2-2〉
ともかく〈5-2〉
トラブル（trouble）〈8-2〉
とりあげる（取り上げる）〈2-2R〉
とりあつかう（取り扱う）〈10-2R〉
とりくみ（取り組み）〈3-2〉
とりたて（取立て）〈10-2〉
とりたてる（取り立てる）〈5-2R〉
とりのぞく（取りのぞく）〈6-2〉
とれる（取れる）〈6-1〉
どろ（泥）〈6-2〉
とんでもない〈3-1〉

な

なーんだ〈7-1R〉
ないかく（内閣）〈9-1〉
なおる（直る）〈6-1R〉
ながい（永井）〈9-1〉
なかがいい（仲がいい）〈10-1〉
ながねん（長年）〈5-2〉
なかま（仲間）〈2-1R〉
なかよく（仲良く）〈6-2〉
ながれる（流れる）〈7-2〉
なぐる（殴る）〈7-2〉
なげく（嘆く）〈6-2〉
なす（成す）〈4-2〉
なぜか（何故か）〈8-2〉
なっとく（納得）〈7-1R〉
なにごと（何事）〈7-1〉
なにより（何より）〈2-2〉
なのに〈7-1〉
なのる（名乗る）〈8-1R〉
なまいき（生意気）〈7-1R〉
なみ（波）〈5-2〉
ならう（倣う）〈5-2〉
ならぶ（並ぶ）〈1-2〉
-なん（-難）〈3-2R〉
なんて（何て）〈2-1〉
なんで（何で）〈7-1〉
なんといっても（何と言っても）〈3-1〉
なんとか（何とか）〈3-1R〉

に

～にあたり〈2-2〉
～において〈1-2〉
～におうじて（～に応じて）〈9-1〉
～における〈1-2〉
～にかけて〈2-2〉
～にかんして（～に関して）〈9-2〉
～にかんする（～に関する）〈9-1〉
にぎりしめる（握り締める）〈8-2〉
にぎわう（▼賑わう）〈8-2〉
にこにこ〈7-1R〉
にしいる（西入ル）〈5-2〉
にっこり（と）〈8-2〉
にほんごきょういく（日本語教育）〈1-1〉
にゅうぶ（入部）〈1-1R〉
にゅうもん（入門）〈3-2〉
にらむ（▼睨む）〈7-1R〉
にんきもの（人気者）〈3-2〉

ぬ

ぬき（抜き）〈3-2〉
ぬきだす（抜き出す）〈2-2R〉
ぬく（抜く）〈6-1R〉
-ぬく〈3-2〉

ぬける（抜ける）〈6-1R〉
ぬれる（濡れる）〈3-1R〉

ね

ねっきょうてき（熱狂的）〈10-2〉
ネットショップ（netshop）〈4-2R〉
ねぼう（寝坊）〈1-1〉
ねんしょうしゃ（年少者）〈1-1〉
ねんぱい（年配）〈4-2R〉

の

ノートパソコン（和製notebook personal computer）〈5-1R〉
ノーマライゼーション（normalization）〈9-2〉
のこった〈3-1〉
のこる（残る）〈4-1R〉
のぞく〖▼覗く〗〈2-1〉
のびる（伸びる）〈10-2〉
のみ①〈副助〉〈5-1R〉
のりおくれる（乗り遅れる）〈6-1R〉
のる（載る）〈4-2〉
のる（載る）〈7-1〉

は

-は（-派）〈9-2〉
ハード・ウエア（hard ware）〈10-2〉
はいかん（拝観）〈5-1〉
はいちょう（拝聴）〈8-1〉
はいりょ（配慮）〈10-1R〉
はいる（入る）〈8-1〉
はかい（破壊）〈5-2R〉
はかる（図る）〈9-1〉
はぎ（萩）〈5-2〉
はく（吐く）〈4-2R〉
はくする（博する）〈10-2〉
はさん（破産）〈10-2〉
はじ（恥）〈6-2〉
はじける（弾ける）〈10-2〉
はしゃぐ〈8-2〉
ばしょ（場所）〈3-2〉
はじらい（恥じらい）〈4-2〉
はじをかく（恥を掻く）〈6-2〉
はせがわ（長谷川）〈9-1〉
はせる（馳せる）〈5-2〉
はたす（果たす）〈10-2〉
はたらく（働く）〈10-2〉
はちこう（ハチ公）〈4-2R〉
ばっきん（罰金）〈9-1R〉
ばつぐん（抜群）〈1-1R〉
はっけよい〈3-1〉
はっする（発する）〈7-2〉
はったつ（発達）〈1-2〉
ハッと〈6-2〉
はつわ（発話）〈9-1〉
はなす（離す）〈6-1〉
はなはだしい（甚だしい）〈10-2R〉
パネルディスカッション（panel discussion）〈9-1〉
パフォーマンス（performance）〈8-2〉
バブル（bubble）〈10-2〉
バブルけいざい（bubble経済）〈10-2〉
はやくち（早口）〈7-2〉
はらう（払う）〈6-2〉
はらだ（原田）〈8-1〉
ハラハラ〈3-1〉
バランス（balance）〈5-2〉
バリア（barrier）〈9-1〉
バリアフリー（barrier free）〈9-1〉
バリエーション（variation）〈9-1〉
はりきる（張り切る）〈1-1〉
はるか（遥か）〈5-2〉
ハワイ（Hawaii）〈3-1〉
ハングリー（hungry）〈3-2〉
はんだん（判断）〈1-2〉
はんどうたい（半導体）〈10-2〉
はんろん（反論）〈7-1R〉

ひ

ひ（非）〈9-2〉
びいしき（美意識）〈10-2〉
ひえる（冷える）〈6-1R〉
ひきうける（引き受ける）〈8-1〉
ひきこむ（引き込む）〈8-2〉
ひく（引く）〈1-2〉
ひけつ（秘訣）〈8-1R〉
ひごろ（日頃）〈7-2R〉
ビジネスセンター（business center）〈5-1R〉
ひしひし〈8-2〉
ひっかかる（引っ掛かる）〈6-1R〉
ひっし（必死）〈7-2〉
ひっしゃ（筆者）〈3-2R〉
ひっしゅう（必修）〈1-2〉
ぴったり〈2-1R〉
ヒット（hit）〈8-2〉
ヒットさく（hit作）〈8-2〉
ひていけい（否定形）〈8-1R〉
ひとくち（一口）〈10-2〉
ひとまえ（人前）〈3-2〉
ひとめ（人目）〈4-1〉
ひとりたび（一人旅）〈5-2〉
ひはん（批判）〈9-2〉
ひはんてき（批判的）〈4-2〉
ひま（暇）〈10-1R〉
ひみつ（秘密）〈8-2R〉
ひやく（飛躍）〈10-2R〉
ひやす（冷やす）〈6-1R〉
ひょうおんもじ（表音文字）〈9-2〉
ひょうか（評価）〈9-2〉
ひょうき（表記）〈9-2〉
ひょうじょう（表情）〈7-2〉
ひょうめい（表明）〈9-1R〉
ひらまく（平幕）〈3-2〉
ピリピリ〈8-2〉
びん（瓶）〈6-1R〉
ひんしつ（品質）〈5-2R〉
ひんしゅく（顰蹙）〈4-2〉
ひんしゅくをかう（顰蹙を買う）〈4-2〉

ふ

ファックス（fax）〈6-1R〉
ぶいん（部員）〈1-1R〉
ふう（風）〈7-2〉
ふーん〈3-1〉
ふうん（不運）〈7-2R〉
ふきとる（拭き取る）〈6-2〉
ふきょう（不況）〈10-2〉
ふくそう（服装）〈6-2〉
ふくぶちょう（副部長）〈1-1〉
ふくめる（含める）〈3-2〉
ふざい（不在）〈3-2〉
ふさわしい（相応しい）〈1-2〉
ぶじ（無事）〈8-2〉
ぶしつ（部室）〈1-1R〉
ふしょうぶしょう（不承不承）〈2-1〉
ふすま（襖）〈4-2〉
ふたたび（再び）〈10-2〉
ふたん（負担）〈7-1〉
ふちゅうい（不注意）〈6-1〉
ぶっきょう（仏教）〈5-1〉
ぶつける〈6-1R〉
ふっけんしょう（福建省）〈6-1〉
ぶつぶつこうかん（物々交換）〈7-1〉
ふどうさん（不動産）〈10-2〉
ぶどうじょう（武道場）〈2-2〉
ぶひん（部品）〈10-2〉
ぶぶん（部分）〈1-1R〉
ふやす（増やす）〈10-2〉
ぶよう（舞踊）〈5-1R〉
ブラジル（Brazil）〈3-1R〉
フリー（free）〈9-1〉
ふりこみ（振込み）〈5-2R〉
ふりむく（振り向く）〈7-1R〉
ふりょう（不良）〈2-2R〉
プリンター（printer）〈2-1R〉
プリント（print）〈7-1R〉

プリントアウト（printout）〈6-1R〉
ブルガリア（Bulgaria）〈3-2〉
ふるきよき（古きよき）〈5-2〉
ふるまい（振る舞い）〈4-2〉
ふるまう（振る舞う）〈4-2〉
フロア（floor）〈9-1〉
ブログ（blog）〈8-2〉
プロジェクト（project）〈8-1〉
ぶんや（分野）〈10-2〉

へ

べい（米）〈5-1R〉
へいあんきょう（平安京）〈3-1R〉
へいき（平気）〈4-2〉
へいじょうきょう（平城京）〈5-2〉
へいせい（平成）〈10-2〉
へいわ（平和）〈2-1R〉
べつ（別）〈9-1〉
ヘディング（heading）〈1-1R〉
ベテラン（veteran）〈5-2R〉
ヘルパー（helper）〈9-1〉
へんかん（変換）〈9-1〉

ほ

ポイント（point）〈1-1R〉
ぼうえき（貿易）〈10-2〉
ほうがく（法学）〈1-2〉
ポーズ（pause）〈8-1R〉
ほうそう（包装）〈6-1R〉
ほうそうし（包装紙）〈4-1R〉
ほうそく（法則）〈7-2〉
ほうふ（豊富）〈5-2R 〉
ボールあそび（ball　遊び）〈6-2〉
ほくせいざん（北星山）〈3-1〉
ポケモン（和製pokemon）〈10-2〉
ぼご（母語）〈9-2R〉
ぼこう（母校）〈5-1R〉
ぼこくご（母国語）〈1-1R〉
ほこり（埃）〈6-2〉
ほしゅてき（保守的）〈5-2〉
ホストファミリー（host family）〈7-1〉
ほぞん（保存）〈5-2〉
ほほえむ（微笑む）〈8-2〉
ほんがく（本学）〈1-2〉
ほんぎょう（本業）〈3-2R〉
ほんけ（本家）〈5-2〉
ホンコン（香港）〈2-1〉
ほんじつ（本日）〈5-2R〉
ほんの〈7-1〉
ほんのり〈8-2〉
ほんぶん（本分）〈9-1R〉
ほんらい（本来）〈7-2〉

ま

まあね〈7-1R〉
まあまあ〈3-1〉
マイク（Mike）〈2-1〉
マイク・ジェイソン（Mike Jason）〈2-2〉
まいる（参る）〈2-1〉
まかす（任す）〈1-2〉
まかせる（任せる）〈9-1〉
まくうち（幕内）〈3-2〉
まげ（髷）〈3-2〉
まける（負ける）〈1-2R〉
まごつく〈3-2〉
まこと（誠）〈7-2〉
まさつ（摩擦）〈7-1〉
まさに〈5-2〉
まず（先ず）〈5-2〉
マスコミ（mass communication）〈1-2〉
まちがう（間違う）〈6-1R〉
まちなみ（町並み）〈5-2〉
まっさお（真っ青）〈8-2R〉
まで〈4-2〉
マニフェスト（意大利语manifesto）〈9-1〉
マネージャー（manager）〈2-2〉
まほう（魔法）〈2-1R〉
まもなく（間もなく）〈8-2〉

索引

まよう（迷う）〈1-2〉
マラソン（marathon）〈3-2R〉
マリー（法语Mary）〈5-1〉
マンション（mansion）〈1-1R〉
まんぞく（満足）〈7-1R〉

み

み-（未-）〈2-2〉
みうける（見受ける）〈7-2〉
みえる（見える）〈1-1〉
みかける（見かける）〈4-2〉
みかた（味方）〈3-1R〉
みかた（見方）〈3-2〉
みぎがわ（右側）〈1-1R〉
みぎひだり（右左）〈5-2〉
みけいけんしゃ（未経験者）〈2-2〉
ミス（miss）〈3-1R〉
みずや（水屋）〈6-1〉
みちづれ（道連れ）〈5-2〉
みどころ（見所）〈5-1R〉
みとめる（認める）〈2-2R〉
みなおし（見直し）〈9-1〉
みなす（見做す）〈3-2〉
みなみこうぎとう（南講義棟）〈2-2〉
みなもと（源）〈10-2R〉
みにつく（身に付く）〈5-2〉
みまもる（見守る）〈4-1R〉
みまん（未満）〈5-1R〉
みみにする（耳にする）〈9-2〉
みやこ（都）〈5-2〉
みやざき-はやお（宮崎駿）〈10-2〉
みょう（妙）〈4-2〉
みよし-まなぶ（三好学）〈1-1〉
みらい（未来）〈6-2〉
みりょく（魅力）〈10-2〉
みるみる（見る見る）〈7-2〉
みをおく（身を置く）〈7-2〉
みんしゅしゅぎ（民主主義）〈1-2〉
みんぞく（民族）〈5-1R〉
みんぞくぶよう（民族舞踊）〈5-1R〉

む

むかい（向かい）〈7-2〉
むかしふう（昔風）〈3-2〉
むじゅん（矛盾）〈9-1R〉
むしろ（寧ろ）〈3-2〉
ムスリム（Muslim）〈7-2R〉
むせきにん（無責任）〈7-2R〉
むだ（無駄）〈9-1R〉
むちゅう（夢中）〈3-1R〉
むやみ（無闇）〈9-1〉
むらかみ（村上）〈9-1〉
むろん（無論）〈1-2〉

め

めいかく（明確）〈9-2〉
めいさん（名産）〈6-1R〉
めいわく（迷惑）〈2-1〉
めいわくをかける
（迷惑をかける）〈4-2R〉
めうえ（目上）〈5-1R〉
めがあう（目が合う）〈7-1R〉
めぐる〈8-2〉
めざましい（目覚ましい）〈10-2〉
めだつ（目立つ）〈3-2〉
メッセージ（message）〈8-1〉
めにつく（目に付く）〈4-2〉
めにはいる（目に入る）〈4-1〉
めにみえる（目に見える）〈6-2〉
めのいろをかえる
（目の色を変える）〈10-2〉
めのまえ（目の前）〈4-2R〉
めんどうくさい（面倒くさい）〈6-1R〉

も

もうける（設ける）〈1-2〉
もぎしけん（模擬試験）〈3-1R〉

もしかしたら〈6-1R〉
モダン（modern）〈5-2〉
もちいる（用いる）〈7-2〉
もちこむ（持ちこむ）〈4-2〉
もちはこぶ（持ち運ぶ）〈2-1R〉
もちもの（持ち物）〈1-1R〉
モットー（motto）〈2-2〉
もっとも（尤も）〈7-1〉
モデル（model）〈1-1R〉
もと（下）〈1-2〉
もとづく（基づく）〈7-2〉
もとむ（求む）〈2-2〉
ものすごい（物凄い）〈7-1〉
もらいっぱなし〈7-1〉
もりあがる（盛り上がる）〈7-1〉
もりつけ（盛り付け）〈1-1R〉
もりやま（森山）〈6-1〉
モンゴル（Mongol）〈3-1〉

や

やく（役）〈1-2〉
やくがく（薬学）〈5-1〉
やくにたつ（役に立つ）〈7-2〉
やくわり（役割）〈10-2〉
やしなう（養う）〈1-2〉
やたい（屋台）〈8-2〉
やまのて（山の手）〈1-2〉
やりとり（やり取り）〈7-2〉
やりなおし（やり直し）〈6-1R〉
やるき（やる気）〈2-2〉

ゆ

ゆう（結う）〈3-2〉
ゆうき（勇気）〈2-2〉
ゆうしゅう（優秀）〈4-1R〉
ゆうせんせき（優先席）〈4-2R〉
ゆうどう（誘導）〈8-2〉
ゆうやけ（夕焼け）〈8-2〉
ゆうりょう（有料）〈9-1R〉
ゆか（床）〈4-2〉
ゆしゅつ（輸出）〈10-2〉
ゆしゅつにゅうがく（輸出入額）〈10-2〉
ゆずる（譲る）〈4-2R〉
ユニーク（unique）〈9-1〉
ユニバーサルデザイン（universal design）〈9-2〉
ゆにゅう（輸入）〈9-1〉
ゆるやか（緩やか）〈10-2R〉
ゆれる（揺れる）〈4-2〉

よ

よう（楊）〈2-1R〉
よう（要）〈7-2〉
ようい（容易）〈4-2〉
ようけん（用件）〈8-1R〉
ヨガ（yoga）〈6-2R〉
よく（良く）〈4-1〉
よけい（余計）〈3-1R〉
よこづな（横綱）〈3-1〉
よごれ（汚れ）〈6-2〉
よじ（四字）〈6-2〉
よしだ（吉田）〈1-1〉
よせる（寄せる）〈5-2〉
よつば（四つ葉）〈7-2〉
よのなか（世の中）〈9-1〉
よびだし（呼び出し）〈3-2〉
よみすすめる（読み進める）〈9-1〉
よろこばしい（喜ばしい）〈3-2〉

ら

らいにち（来日）〈4-1〉
ライフ（life）〈10-2R〉
ライブ（live）〈8-2〉
ライフスタイル（life style）〈10-2R〉
ラッシュアワー（rush hour）〈2-2R〉
ラブラブ〈5-1R〉

り

リード（lead）〈3-2〉
りきし（力士）〈3-1〉
りきゅう（利休）〈6-2〉
りこん（離婚）〈8-2R〉
りしゅう（履修）〈1-2〉
りしゅうガイド（履修guide）〈1-2〉
リズム（rhythm）〈1-1R〉
りったいがぞう（立体画像）〈10-2〉
りてん（利点）〈5-2R〉
リハーサル（rehearsal）〈8-2〉
りゅうほう（劉芳）〈1-1〉
りょうごく（両国）〈3-1〉
リラックス（relax）〈1-2R〉
りんりつ（林立）〈5-2〉

る

るすばん（留守番）〈8-2〉

れ

れいにとる（例にとる）〈9-1〉
レジ（「レジスター」registerの略語）〈5-1R〉
レジュメ（法语résumé）〈1-1〉
れっしゃ（列車）〈7-2〉
れんぞく（連続）〈3-1R〉
れんらくさき（連絡先）〈2-2〉

ろ

ろくおん（録音）〈8-1R〉
ロシア（Russia）〈3-2〉
ろんじる（論じる）〈3-2R〉

わ

わかて（若手）〈8-1〉
わかのふじ（若の富士）〈3-1〉
わく（枠）〈9-1〉
わくわく〈8-2〉
わけ〈1-2〉
わけい-せいじゃく（和敬清寂）〈6-2〉
わご（和語）〈9-1〉
わざ（技）〈10-2〉
わざわざ〈4-1R〉
わしあう（和し合う）〈6-2〉
わしゃ（話者）〈9-2R〉
わずか（僅か）〈10-2R〉
わふく（和服）〈3-2〉
わりびき（割引）〈5-1R〉
わんしょう（腕章）〈8-2〉

を

～をつうじて（～を通じて）〈1-2〉
～をとおして（～を通して）〈1-2〉

ＤＶＤ（ディーブイディー）〈2-1R〉
ＧＤＰ（ジーディーピー）〈10-2R〉
ＯＢ（オービー/ＯＢ:old boy）〈8-1〉

索引

解説・語彙

項目　課・ユニット

索引

索引

解説・文法

項目　　課・ユニット

～以上＜推理的根据＞……9-2

［Vる］一方だ＜不断增强的势头＞……9-2

［Vる］一方（で）／その一方（で）＜另外一种情况＞……3-2

［N］以来／［V］て以来＜时间状语＞……5-1

［V］（よ）うではないか／じゃないか＜号召＞……2-2

［V］（よ）うものなら＜条件＞……8-2

～おかげだ＜积极结果的原因＞……10-1

［V］かける＜动作的阶段＞……8-2

［疑问词＋］～かというと＜设问＞……6-2

［V］かねない＜负面的可能性＞……9-1

～かのようだ＜印象、比喻＞……4-2

～からこそ＜凸显原因＞……4-2

［N］からすれば＜判断的角度＞……4-2

～からといって～（とは限らない）＜转折＞……2-1

［N_1］から［N_2］にかけて＜时间、空间范围＞……2-2

［V］きる／きれる／きれない＜动作彻底与否＞……7-1

～くせに＜转折＞……7-1

～けれども＜单纯接续＞……6-2

こそ＜凸显＞……1-2

～こととなる＜结果＞……10-2

～ことに＜主观评价＞……8-2

～ことになっている＜约定、惯例＞……1-2

［Vる］ことはない＜无必要＞……4-2

～際＜时点＞ …… 3-2
［N（＋格助词）］さえ＜凸显代表性的事物＞ …… 5-2
さえ～ば＜充分条件＞ …… 8-1
さすが＜评价＞ …… 3-1
［N］じゃあるまいし＜否定性原因＞ …… 7-1
～末（に）＜结果＞ …… 3-2
すなわち＜换言＞ …… 4-2
［V］ずにはいられない＜不由自主＞ …… 7-1
～せいだ＜消极结果的原因＞ …… 10-1
［V］（さ）せられる＜不自主＞ …… 4-2
ぞ＜加强语气＞ …… 3-1
そういえば＜展开话题＞ …… 4-1
それで～んだ＜结果＞ …… 3-1
それに対して／～（の）に対して＜对比＞ …… 5-2
それより（も）＜递进＞ …… 2-1
［V］た［N］＜连体修饰＞ …… 1-1
～だからといって＜转折＞ …… 5-2
～だけ＜限定＞ …… 2-1
～だけあって＜成正比的因果关系＞ …… 8-2
～だけに＜成正比的因果关系＞ …… 3-2
［V］たとたん（に）＜契机-出现＞ …… 8-2
（だった）っけ＜确认＞＜询问＞ …… 1-1
［N］ったら＜（负面）评价的对象＞ …… 10-1
［V］つつ＜同时进行、转折＞ …… 8-2
［V］つつある＜持续性的变化＞ …… 10-2
～っぱなし＜放任＞ …… 7-1
～っぽい＜性质、倾向＞ …… 8-2
［Vている／Vた］つもりだ＜主观感受＞ …… 3-1
［V］てからでないと＜必要条件＞ …… 8-2
［A／V］て（で）ならない＜极端的心理状态＞ …… 5-2
［V］てはならない＜禁止＞ …… 3-2
［V］てみせる＜演示＞＜决心＞ …… 2-1
～ということだ＜间接引语＞ …… 4-2
～ということは～（ということ）である＜解释、说明＞ …… 1-2
～というのは～（の）ことである＜解释、说明＞ …… 1-2
～というわけだ＜说明＞ …… 5-2
～といえば＜提出话题＞ …… 2-1
といっても＜补充说明＞ …… 1-1
～といってよい＜评价＞ …… 6-2

索

引

～とか＜不确切的间接引语＞……4-2
[Nの／A]ところ（を）＜对方所处的状态＞……8-1
ところが＜转折＞……5-2
[N]として（は）＜具体化的对象＞……2-2
～とすれば＜条件＞……6-2
～とともに＜共同动作主体＞＜同时＞……1-2
～とともに＜变化＞……9-2
[N]となっている＜既定＞……5-1
[Vる]な＜禁止＞……3-1
～ないことはない＜双重否定＞……10-1
[N_1]ならではの[N_2]＜特有的事物＞……6-1
～なり（～なり）＜二者择一＞……6-2
[N／Vる]にあたり／にあたって＜进行动作行为的时间＞……2-2
[N]に応じて＜根据＞……9-1
[N]における／において＜空间＞＜时间＞……1-2
～にかかわらず＜无区别＞……5-2
[N]に限らず＜非限定＞……2-2
[N]に関する／に関して＜内容＞……9-1
～に決まっている＜确信、断定＞……8-2
～に比べて＜比较＞……4-1
[N]にしてみれば＜看法＞……5-2
～にすぎない＜程度低＞……9-1
[N]にすれば＜思考的角度＞……9-2
[N]に対して＜对象＞……4-1
～にちがいない＜有把握的判断＞……9-2
[N]による＜手段＞……10-2
[V]ねばならない＜义务＞……6-2
[N]のことだから＜对人物的判断＞……1-1
[Vる]のだった＜后悔＞……6-2
[N]のもとで＜影响、支配＞……1-2
[V]ばいいじゃない＜建议＞……3-1
～ばかりか＜附加、递进＞……4-2
～ばかりに＜消极性的原因＞……6-1
[N]はともかく（として）＜另当别论＞……5-2
～はもちろん～（も）＜代表性事物＞……3-2
ひとくちに～といっても＜补充说明＞……10-2
～ほどである＜程度＞……3-2
まで＜极端的事例＞……4-2
[N]までして／[V]てまで＜极端的程度＞……5-1

索
引

[Vる]までもない<没有必要> …… 5-2
～みたいだ<推测> …… 3-1
[N]向け<对象> …… 8-1
むしろ<比较、选择> …… 3-2
～もかまわず<无视> …… 4-1
～もの<强调原因、理由> …… 10-1
～ものだ<事物的本质> …… 6-1
～ものだから<理由> …… 4-1
～ものの<转折> …… 10-2
～やら～やら<并列> …… 2-2
～ように<铺垫> …… 5-2
よく～<评价> …… 4-1
～わけじゃない／ではない<否定> …… 4-1
～わけだ<说明> …… 1-2
[Vる]わけにはいかない<不可能> …… 3-2
～わりには<不一致> …… 1-1
[N]を通じて<手段、方法><贯穿> …… 1-2
[N_1]を[N_2]とする<确定> …… 1-1
[N]を問わず<无区别> …… 5-2
[N_1]を[N_2]に<作为～、当做～> …… 2-2
[N]を抜きにして<排除> …… 3-2
[N]をはじめとする<代表、典型> …… 10-2
～んじゃない<肯定性的判断> …… 1-1

索引

解説・会話

索引

索引

解説・表現

項目　課・ユニット

索引

コラム一覧

参考书目

教育部高等学校外语专业教学指导委员会日语组编《高等院校日语专业基础阶段教学大纲》，大连理工大学出版社，2001，第1版
新屋映子・姫野伴子・守屋三千代『日本語教科書の落とし穴』、アルク、1999
阪田雪子編著、新屋映子・守屋三千代『日本語運用文法——文法は表現する』、凡人社、2003
池上嘉彦・守屋三千代『自然な日本語を教えるために—認知言語学をふまえて—』、ひつじ書房、2009
铃木康之主编《概说・现代日语语法》，吉林教育出版社，1999（彭广陆编译）
白川博之監修、庵功雄・高梨信乃・中西久実子・山田敏弘『中上級を教える人のための日本語文法ハンドブック』、スリーエーネットワーク、2001
鈴木重幸『日本語文法·形態論』、むぎ書房、1972
高橋太郎ほか『日本語の文法』、ひつじ書房、2005
グループ・ジャマシイ『教師と学習者のための日本語文型辞典』、くろしお出版、1998
国際交流基金日本語国際センター『日本語教授法実践の手引き』、1993
高見澤孟監修『はじめての日本語教育　基本用語事典』、アスク講談社、1997
NHK放送文化研究所編『ＮＨＫ日本語発音アクセント辞典』新版、NHK出版、2002、第19刷
みんなの教材サイト　http://minnanokyozai.jp/__（本教材从中借用部分插图，特此鸣谢。）

后 记

《综合日语》第一版问世以来，因语言地道，内容反映时代的气息，贴近中国大学生的实际生活，情节引人入胜，索引完备，有配套的练习册和教师用书等显著特点而在大学日语专业的主干教材中独树一帜，受到日语界的好评，也多次加印。

此次修订，除陈布新，增删内容，调整版面，力求为学生的学习提供最优质的帮助。

修订方针均经中日双方编委会讨论商定，各册成书时由总主编和分册主编负责统稿和定稿。第3册第7、8、10课的课文部分进行了更换和调整，「読み物」更换了一篇；生词表和词汇索引在形式上有所改动，与第1册、第2册保持了一致；解说和练习部分进行了较大的改进。

修订版第3册的修订工作由主编王轶群、今井寿枝，副主编孙佳音、野畑理佳负责具体策划和统稿，各部分执笔工作具体分工如下：

会话、课文：今井寿枝、野畑理佳、押尾和美（第一版执笔者）、国松昭（第一版执笔者）、阿部洋子（第一版执笔者）、谷部弘子（第一版执笔者）

单词及其索引：孙建军、郭胜华（第一版执笔者）

词语讲解及其索引：孙佳音

语法讲解及其索引：王轶群、周彤、彭广陆（第一版执笔者）

会话讲解及其索引：李奇楠、彭广陆（第一版执笔者）

表达讲解及其索引：王轶群、彭广陆（第一版执笔者）

练习：何琳、今井寿枝、野畑理佳、守屋三千代（第一版执笔者）、押尾和美（第一版执笔者）、阿部洋子（第一版执笔者）、谷部弘子（第一版执笔者）、冷丽敏（第一版执笔者）

专栏：孙佳音

声调审定、录音指导：守屋三千代

为了给使用《综合日语》的广大教师和学生提供一个信息交流的平台，打破纸质教材的局限性，增加编写者与使用者以及使用者之间的互动，充分发挥网络的功能，我们建立了专门的博客（http://blog.sina.com.cn/zongheriyu），今后将不断提供教学中可以使用的素材，交流教学体会，与大家一起探讨教学中出现的问题及其解决方法。今后我们还将建立《综合日语》的网页，为教学工作提供后续支持，为学习者提供学习的园地。

最后，衷心感谢所有使用本教材的教师和同学，感谢大家对《综合日语》提出的宝贵的意见、中肯的批评和热情的鼓励。

感谢日方编委会顾问、日本著名的日语教学专家阪田雪子女士对修订工作给予的热情关怀和具体指导。

感谢北京大学出版社外语编辑室主任张冰女士为修订版的出版提供的帮助，感谢本书责任编辑、北京大学出版社的兰婷女士为修订版的出版所付出的努力。

本教材的录音工作得到了小堀直子、山口贵树、皆见明希、阪上聪美、岛津良行的大力协助，修订版的录音得到了丹羽直子（旧姓北川）、山口贵生的热情帮助，保证了本教材的形式与内容的完美统一，谨此向他们致以真诚的谢意。

《综合日语》修订版编辑委员会

2010年8月10日

第 1 课

第 2 课

第 3 课

第 4 课

第 5 课

第 6 课

第 7 课

第 8 课

第 9 课

第 10 课